融合型·新形态教材
复旦社云平台 fudanyun.cn

U0731057

普通高等学校学前教育专业系列教材

学前儿童体育

（第二版）

汪 超 著

复旦大学出版社

内容提要

本书以《幼儿园教育指导纲要(试行)》及《3—6岁儿童学习与发展指南》为指导,吸收学前儿童体育的最新研究成果,针对学前教育专业的在校学生及幼儿园教师而编写。书中力求从全新的视角解读幼儿园的各类集体体育活动,全面、系统地展现幼儿园体育活动的全貌,为学前教育提供新的知识体系。

本书特别强调幼儿教师在幼儿园体育活动中应掌握的基本理论、技能及具体的操作方法,并运用300多种全新的体育活动案例进行说明,力求解决幼儿园体育活动中所存在的现实问题。其中,各种体育活动设计方法的生活化和创新性、材料使用的常规性和创造性、队列队形活动的游戏化、手指技巧能力发展的趣味性和功能性、活动价值取向的多元性等方面的思考,都在试图为幼儿园体育活动的开展打开一扇全新之门。

书中配套了大量的示范视频,直观生动,便于读者准确、快速地掌握本书内容。本书既适合各类院校学前教育专业学生使用,也可作为幼儿教师继续教育和进修的参考用书。本书配套的课件等教学资源,可登陆复旦社云平台(http://www.fudanyun.cn)查看。

复旦社云平台
数字化教学支持说明

　　为提高教学服务水平，促进课程立体化建设，复旦大学出版社建设了"复旦社云平台"，为师生提供丰富的课程配套资源，可通过"电脑端"和"手机端"查看、获取。

【电脑端】

　　电脑端资源包括PPT课件、电子教案、习题答案、课程大纲、音频、视频等内容。可登录"复旦社云平台"（fudanyun.cn）浏览、下载。

　　Step 1　登录网站"复旦社云平台"（fudanyun.cn），点击右上角"登录／注册"，使用手机号注册。
　　Step 2　在"搜索"栏输入相关书名，找到该书，点击进入。
　　Step 3　点击【配套资料】中的"下载"（首次使用需输入教师信息），即可下载。音频、视频内容可点击【数字资源】，搜索书名进行浏览。

📱 【手机端】

PPT 课件、音视频、阅读材料：用微信扫描书中二维码即可浏览。

扫码浏览
➡️

📖 【更多相关资源】

更多资源，如专家文章、活动设计案例、绘本阅读、环境创设、图书信息等，可关注"幼师宝"微信公众号，搜索、查阅。

平台技术支持热线：029-68518879。

"幼师宝"微信公众号

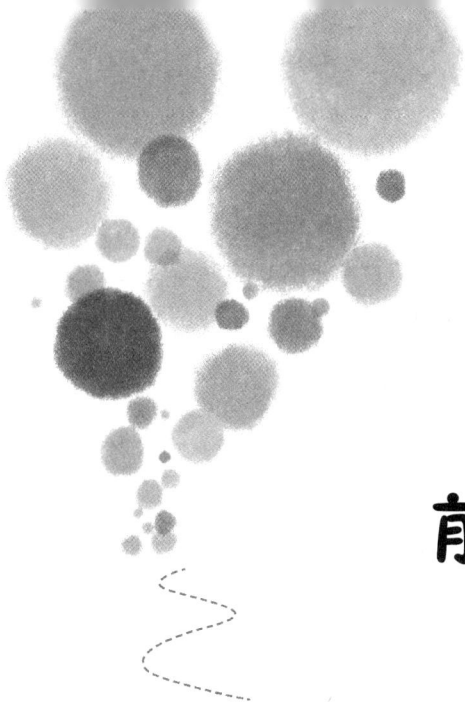

前　言

　　二十多年来，我在高校中一直从事着学前儿童体育的教学与研究，多年的经验与总结，陆续推出了一系列相关的教材。从幼儿大肌肉活动、精细动作发展、运动材料运用等多个视角，分别撰写了《幼儿园体育活动设计与指导》《幼儿手指技能游戏》《幼儿园体育材料的设计与运用》等教材。《学前儿童体育》这一教材期望展现出更为全面、系统的幼儿园体育活动课程，期望能给本专业学生此方面的学习及一线幼儿园教师对幼儿体育的理解与实际操作带来一些帮助。

　　学前儿童体育活动的综合性发展价值越来越多地得到广大教育者的认可，不论在服务于幼儿身体的生长上，还是在调节、塑造幼儿健康心理上；不论在幼儿各种动作技能的获得上，还是在社会性能力的发展上，幼儿体育活动都起着积极的影响作用。学前儿童体育逐渐成为幼儿综合发展的基本平台是必然的趋势。挖掘学前儿童体育的内涵，并不断转换成可操作的、有效的内容体系，是每个学前教育工作者不断努力的方向。

　　本教材是以《幼儿园教育指导纲要（试行）》及《3—6岁儿童学习与发展指南》为依托，吸收了各种最新的研究成果进行撰写。在其中，努力完善整个学前儿童体育这一学科的知识体系。从审视幼儿生理及心理发展特点出发，尝试以更为合理的途径和方法，去解决幼儿自我需求和社会期望之间的关系，梳理"玩、练、学"之间的合理搭配，从而努力实现个体的自然发展与教育之间的融合。因此在本教材中，对学前儿童体育的目的、任务、活动类型、组织形式、内容选择、操作方法及评价等都进行了全面、深入的思考与分析，并给出了许多创新性思路与实际操作的案例，以帮助学习者能更为容易地获得对本教材的理解。

　　本教材依托学前儿童体育活动的任务，在理论和实践两个方面进行内容的构建。在理论方面，以三个章节，围绕着幼儿生长中的生理及心理特点，体育活动与健康之间关系，体育活动在学前教育中的地位、作用及价值，幼儿园体育活动的各种类型与特点，学前儿童体育中应遵循的原则与规律，学前儿童体育活动的有效组织方法，体育活动的内在结构等方面进行阐述。期待学习者能获得更多与学前儿童体育相关的专业知识，不断形成此方面的专业思维能力。

　　在实践部分，紧紧围绕幼儿园体育活动开展的各种形式进行详实的分析。以六个章节，分别对幼儿基本动作及基本动作技能活动、幼儿园队列队形活动、幼儿园早操活动、学前儿童基本体操、学前儿童体育游戏及幼儿园集体体育教学活动进行了系统的阐述。试图解决每种活动形式在现实教育中的各种难点，梳理清楚不同年龄段应获得的运动能力，及各种体育活动开展过程中的层次、方式和方法。

　　第四章节中分析了学前儿童体育活动在操作层面主要的行为依托及发展方向，即基本动作及基本动作技能。强调学前儿童体育活动首先是以人类特有行为为基础，在遵循人的生理结构的基础上，形成各种有效动作手段,在合理时间及合理身体负荷的安排下,发展身体素质,获得多元行为表现,从而增强体质。因此,对幼儿的基本动作如何在幼儿园体育活动中运用,可以获得哪些方面的基本动作技能都进行了系统性的分类,并指明每种体育活动对幼儿的发展可能存在的价值,为学习者提供了极为丰富的教学手段。

队列队形的活动作为幼儿园活动开展的难点,一直以来都是幼儿园急需解决的问题之一。在队列队形活动中,应选择何种内容、何种方式、期望达到怎样的效果,才能符合幼儿的年龄特点,才能体现队列队形活动在幼儿教育中的作用? 本书力求以幼儿可接受的方式和游戏化的教学来解决此问题,期待幼儿在愉快、互动中不断形成一定的规范性。本章主要针对教师所需的教学技能、基本的组织方法、集合、分组、集体行进、队形的变化等方面提出了各种具体的、新颖的操作方案及多种游戏操作案例。期望学习者能在此方面有更多的关注与思考。

在幼儿园早操活动这一章,进一步明确了早操存在的价值及可能形成的模式。提出了幼儿园早操活动应成为幼儿每日一练的重要平台,因此需要以更为科学的体育视角和方法进行设计,强调早操活动的群体性、规范性、层次性、娱乐性、专业性、身体练习的有效性应得以表现。

学前儿童基本体操这一章,针对幼儿园的实际需求提供了更多可操作的内容。基本体操不但在早操中被运用,也可以在各种体育活动中进行运用,既可成为热身活动方式,也可成为主要的练习内容。本章从基本体操类型的划分,到幼儿体操编排的方法、各种关节可形成的基本动作、记录的方法、体操活动中各种元素的分析、不同类型体操形成的价值取向、体操节奏控制的方法等方面都作了细致的分解。

在学前儿童体育游戏这一章中,首先对体育游戏的发展、幼儿园体育游戏的基本概念、幼儿园体育游戏存在的主要形式、体育游戏对幼儿发展存在的价值及不同年龄段幼儿进行体育游戏的特点等方面进行了阐述。然后从九个不同的视角对幼儿园体育游戏进行了细致的分类,同时对教师在组织开展不同年龄段体育游戏过程中,应把握的原则和方法提出了各种建议。在实际操作部分,本教材主要从感知运动类体育游戏、基本动作技巧性体育游戏、基本身体素质发展的体育游戏、各种运动材料形成的体育游戏这几个方面进行设计,提供了200多个实际操作的案例。在设计中努力把握幼儿的年龄特点及可能存在的发展价值,同时对各种游戏的操作方法、组织方式及可能存在的多样性变化都进行了较为全面的解析和论述,为学习者提供了进一步思考的空间。力求展现出更多具有创新性、可操作性、趣味性、身体活动有效性的幼儿园体育游戏。

幼儿园集体体育教学活动一直以来也是幼儿园教育中的一大难点。集体体育教学活动强调在玩的过程中,不断渗透对幼儿的影响,是教师与幼儿最高质量的互动过程,为幼儿带来更多新的经验,从而产生有效的促进功能。在最后一章,试图通过各种理论的分析,寻求幼儿园体育教学的合理模式,形成教师对幼儿体育教学活动特点的认知。从体育教学可呈现的多元价值入手,以目标分析为导向,提出了多种课的形式,进一步强调幼儿园集体体育教学活动是幼儿全面发展的重要平台之一。同时在教案的设计与编写、教学的思路、教学的评价等方面提出一定的建议。

多年来,许多幼儿园为我提供了大量入园指导、交流、研讨的机会,几乎每周不少于一次的入园,不断为我提供了更多新的思考空间和内容;我的许多学生在我完成这一教材过程中,也提供了大量的帮助;复旦大学出版社的编辑们更是细致入微,一丝不苟地工作,为完善这一教材付出了许多的努力。在此一并表示最诚挚的谢意。

在完成这一教材之时,更多的困惑又再次涌起,学习、探索永无止尽。本书力求更加全面地展现幼儿园体育教育的全貌,但由于学识浅陋,视角局限,依然存在许多不足之处,望同行和读者多多批评指正。

汪　超

宁波大学学前教育系

2020 年 6 月 6 日

目　录

第一章　学前儿童体育活动的基本知识

目标导航

1. 理解并掌握学前儿童体育的基本概念
2. 初步了解幼儿园体育活动的作用及任务
3. 了解人体的基本结构,对幼儿身体结构有一定的评估能力
4. 掌握不同年龄段幼儿身体发展的基本特征
5. 理解幼儿身体的发展与体育活动之间的关系
6. 理解幼儿体育运动与其他年龄段运动之间的发展价值差异性
7. 理解幼儿体育对幼儿生理、心理、认知思维及社会性发展的价值

第一节　学前儿童体育活动的基本概念

在新的社会历史背景下,随着社会的进步、经济的不断发展,人们愈来愈关注和重视幼儿身体的健康问题,并且意识到了学前儿童体育教育活动与人的健康和整体发展之间的密切关系,对于学前体育教育的期望也不断升高。

在幼儿园教育中,体育活动一直作为幼儿整体教育中重要的组成部分,是促进幼儿全面、和谐发展教育的重要途径。一名合格的学前儿童教育工作者,应懂得与幼儿体育活动相关的各种知识,不断提高体育文化修养,塑造对幼儿体育的情怀。应在理解《幼儿园教育指导纲要(试行)》及《3—6岁儿童学习与发展指南》基础之上,能清晰了解学前儿童体育活动与各个领域目标之间的关系;能较好把握不同年龄段幼儿身心发展的特点,掌握一定的科学的幼儿体育锻炼基本知识、技能和方法;能合理地组织和开展幼儿园体育活动;具有一定指导幼儿身体锻炼与评估幼儿发展的能力;能结合体育活动掌握一定的幼儿保健知识;树立科学的儿童体育价值观。

一、体育和体育教育

体育是随着人类社会的发展而产生和发展的。在进化过程中,人类为了生存,于适应自然界环境的

过程中,发展出了走、跑、跳、投掷、攀、钻、爬、搬运、游泳以及其他各种技能,并以此获得必要的生活资料。因此,体育活动中的各种形式的产生,与人类早期的生产和生活技能密切相关。生产过程中的身体活动旨在谋生,而生活过程中的身体活动更多为身体的锻炼。

19 世纪欧洲提出"体育"(physical education)一词,其含义是指维持和发展身体的各种活动有关联的一种教育活动。随着人类社会的不断进步和体育实践的日益丰富,体育的概念及其内涵和外延不断发展变化。当今,广义的体育概念:体育是以一种有目的、有意识进行锻炼身体、增强体质、促进健康为基本特征的教育过程和社会文化活动,是一种特殊的社会现象。这里包含了体育教育、竞技运动和身体锻炼三方面内容。

体育是为一定的社会政治、经济服务的,同时也受一定的社会政治、经济的影响和制约。

体育教育又称狭义的体育,在我国通常又称为学校体育。学校体育是体育的重要组成部分,也是学校教育的重要组成部分,同时,它也是全民体育的基础。学校体育作为体育和教育的交叉点与结合部,是整个国家体育事业发展的战略重点。从教育和发展身体的总目标出发,不同层次的学校体育按不同年龄阶段、年龄特点和教育阶段,借助于体育课程、课余体育活动和课外体育运动训练这三种基本组成形式,围绕"增强体质"这一中心,全面实现学校体育的各个任务。由于学校体育处在学校这个特定环境,其实施内容被纳入学校的总体计划中,实施效果又有相应的措施得以保证,从而与其他教育环节共同构成了一个完整的教育过程,目的在于使学生在德、智、体、美等方面得到全面发展。

二、学前儿童体育教育

(一) 学前儿童体育的基本概念

学前教育一般是指对 3—6 岁的儿童进行的幼儿园教育。学前儿童体育教育是学前教育的重要组成部分,但是由于我国学前教育没有完整的体系并且不属于义务教育范围内,所以至今人们对学前儿童体育的认识仍然处于不完善的阶段,对于学前儿童体育的定义各有不同理解。

一些学者直接将学前儿童体育定义为 0—6 岁儿童的体育教育和体育锻炼。还有一些文献资料直接将学前儿童体育活动和身体活动性游戏混为一谈。目前,学术界对学前儿童体育的定义尚未形成一致的观点。

1996 年 6 月 1 日国家教委公布新的《幼儿园工作规程》中,幼儿园的保教目标首先是促进幼儿身体正常发育和机能的协调发展,增强体质,培养良好的生活习惯、卫生习惯和参加体育活动的兴趣。

2001 年 6 月颁发的《幼儿园教育指导纲要(试行)》中,把幼儿园的课程分为健康、社会、语言、科学与艺术五大领域。各领域都有明确的目标,健康领域的目标为:"身体健康,在集体生活中情绪安定、愉快;生活、卫生习惯良好,有基本的生活自理能力;知道必要的安全保健常识,学习保护自己;喜欢参加体育活动,动作协调、灵活。"

2012 年 9 月国家教育部正式颁发《3—6 岁儿童学习与发展指南》,进一步对于幼儿园体育活动提出了具体的目标要求,并针对幼儿身体运动发展提供了相关的建议,要求每天的户外活动时间一般不少于 2 小时,其中体育活动时间不少于 1 小时,季节交替时要坚持。对于幼儿身体的协调能力、平衡能力、灵敏性、身体和力量及耐力、手的动作灵活协调能力等发展给予了更多的关注。

从上可以看出,在学前教育中,对学龄前儿童生命健康和正常生长发育的保证是学前教育的基础,是学龄前儿童获得全面发展的重要条件。健康的身体是学龄前儿童进行后续学习的物质基础,也是学龄前儿童形成良好的个性、情感及品质的物质基础。因此,学前儿童体育的目的和任务就是保证和促进学龄前儿童的生命健康和正常的生长发育。

学前儿童体育可以从广义和狭义两个视角进行定义。广义的学前儿童体育是按照幼儿身心发展规律,以维护和促进幼儿身心健康为目的所进行的各种形式的体育活动,既包括幼儿园体育活动,也有家庭、社会等体育活动形式。狭义的学前儿童体育即幼儿园体育活动,是建立在幼儿园体育活动课程的基础之上,有计划、有目的、有组织、有评价的,对幼儿的成长施加积极影响的体育活动,是通过教师照护幼儿,引导及指导幼儿掌握保健知识、发展动作、增强体质的教育过程。

(二) 体育教育在学前教育中的地位

学前儿童体育教育是学前教育中的重要组成部分,是促进幼儿身体健康的主要途径,而健康的身体是保证人的一切发展的物质基础。因此,学前教育以"体"为先,承担着以促进幼儿正常的生长发育、增强体质、提高健康水平、促进身心和谐发展为目的教育活动。

学前儿童体育教育类似于学校体育教育,但由于学前儿童体育教育活动面对的是幼儿时期,因此存在着其独特性。学前儿童体育教育是把幼儿最基本的活动能力与最大限度的人的全面、整体的成长结合在一起,而成为行为多样化的重要源泉。学前儿童体育教育活动是幼儿综合发展的重要平台之一,是幼儿全面发展的重要途径之一,是幼儿各种能力"发展"的高度概括。学前儿童体育教育存在的价值取向,在幼儿教育中,不但表现为关注身体的发展,同时对于幼儿认知的发展、思维的发展、心理健康的发展、社会情感的发展、技能的发展等都起着重要的作用。

学前儿童体育教育是生命教育的重要组成部分,更多关注着幼儿各种身体活动能力的发展,是一切独立行为能力的起端,同时也是培养自我保护所需能力的重要渠道。因此,学前儿童体育教育也是安全教育的重要途径之一。

学前儿童体育教育是终身体育建设的基础,在学前阶段,幼儿应逐步养成运动的习惯,形成一定的运动认知,培养对运动的情感,获得一定的运动能力与技能。使体育逐步成为生活中不可缺失的一部分,为终身体育情怀的形成打下基础。

健康的身体是一切发展的物质基础,幼儿整体的发展,都是建立在此基础之上进行的教育,不论是未来的生活、学习、工作、娱乐等能力的获得,都需要从身体的发展开始。因此,学前体育是最根本、最主要、最优先的教育。

(三) 学前儿童体育教育的目的和任务

(1) 不断展开和科学培养幼儿参加体育活动的兴趣,使幼儿养成有规律运动的良好习惯。

(2) 增强幼儿体质,促进幼儿身体的正常发育,养成正确的身体姿势,提高机体对环境的适应能力,促使身体得以健康发展。

(3) 通过各种有效体育活动的开展,不断提高幼儿动作的协调能力、灵敏性及平衡能力的发展。

(4) 通过各种形式的体育教育活动的开展,不断丰富幼儿的各种认知能力,培养坚强、勇敢、不怕困难和主动、乐观、合作的良好意志品质与个性,促使幼儿健康心理的发展。

(5) 提高幼儿自我保护的意识和能力。

第二节　幼儿身体发展的特征

一、人体的基本结构

正确的人体结构是身体姿势评价的重要指标。正确的身体姿势,可使人体各部位的空间位置处于最省力的状态,从而减少疲劳,并且有利于运动能力的发挥。不正确的身体姿势,就会造成人体形态发生变化,使骨关节、肌肉、内脏器官等的功能在错误的力学作用下遭到损害。

人体由头部、躯干部、上肢及下肢构成。骨的结构主要由颅骨、下颌骨、上臂骨、下臂骨、掌骨及指骨、肋骨、胸骨、脊椎骨、盆骨、大腿骨、小腿骨、跟骨及趾骨构成。人体运动通过骨与骨之间的关节连接，完成各种动作。各主要运动关节如下：

颈椎关节俗称颈关节，带动头部的运动；

胸椎关节俗称胸关节，带动胸背部的运动；

腰椎关节俗称腰关节，带动腰背部的运动；

肩关节，带动上肢的整体运动；

肘关节，带动前臂的整体运动；

腕关节，带动手掌的运动；

手指关节，带动手指的运动；

髋关节，带动整个下肢的运动；

膝关节，带动小腿的运动；

踝关节，带动脚的运动；

脚趾关节，带动脚趾的运动。

(一) 直立姿势

人体在立正时，从身体的前后位观察到头、脊柱和两足间应在一竖直线上，两肩、两髂嵴应各在同一水平线上；侧面可以观察到头顶经耳屏前、肩峰、股骨大转子、腓骨和外踝尖的各点在同一直线上。

(二) 脊柱形状

人体的姿势是否正确，主要取决于脊柱的形状。脊柱是由 7 块颈椎、12 块胸椎、5 块腰椎和 1 块骶骨组成。在脊柱的周围有韧带、肌腱协同工作，完成脊柱的功能。

1. 脊柱的前后弯曲

脊柱具有正常的前后生理弯曲，成年人在颈部和腰部各有 3—5 厘米的凹陷，胸曲呈正常的均匀弧形。幼儿在颈部有 3—4 厘米、腰部有 2—3.5 厘米的凹陷。脊柱前后弯曲不正常，可使腰骶部的力学结构发生改变，对进行运动有不良影响。

2. 脊柱背向

从背面看，脊柱正常的情况下，两肩在同一水平上，两肩胛骨，特别是肩胛骨的下角在同一水平面上，脊柱中心线在一条直线上垂直于地面。

(三) 腿部的形状

腿的形状正常表现为在立正时，两足并拢而两膝能同时靠拢，盆骨、两膝、两内踝在同一水平上。

(四) 足弓的形状

人体的足弓由内侧弓、外侧弓和横弓组成。足弓主要依靠周围的肌肉、肌腱及韧带等的作用维持其形状。

在足印的内侧自大拇趾内缘至足跟内缘画一切线，在足印的外侧自小指趾至足跟外缘画一切线。足弓空心区与实心区比例为 2：1 者，为正常足弓。

二、幼儿身体发展的基本特征

人体的生长发育不是直线上升的，而是呈波浪式的，发展的速度是不等速的，有时快，有时慢，交替进行。不同的个体，其发展速度也不一样，有些幼儿发育得早，有些幼儿发育得相对较慢。幼儿时期主要表现为两个阶段：一是从出生到 2 岁，发育十分迅速；二是从 2 岁至 6 岁，发育较为平缓，但总体的发育速度快于 6—12 岁。

（一）身高和体重发展的特点

幼儿身体发展的重要标志是身高和体重。它们标志着内部器官，如呼吸、消化、排泄等系统以及骨骼的发育。幼儿出生一般体长在 50 厘米左右，从出生后一年内，幼儿身长增加到 20—25 厘米；体重增加 6—7 千克。第二年幼儿的发展速度也较快，身长增加 10 厘米左右，体重增加 2.5—3.5 千克。在 3—6 岁期间幼儿身体与体重的变化依然很快，机体组织和各器官都发生着急剧的变化，身高平均每年增长 5 厘米左右，体重增加 2 千克左右。参考指标如"幼儿身高体重标准参考"表所示。

幼儿身高体重标准参考

年龄	男		女	
	身高（CM）	体重（KG）	身高（CM）	体重（KG）
3—4 岁	94.9—111.7	12.7—21.2	94.1—111.3	12.3—21.5
4—5 岁	100.7—119.2	14.1—24.2	99.9—118.9	13.7—24.9
5—6 岁	106.1—125.8	15.9—27.1	104.9—125.4	15.3—27.8

幼儿正常的发展遵循两项原则：头尾发育的原则和近远发育的原则。

头尾发育的原则，是指身体各部分的发展必须从头部延伸到身体的下半部。次序是头部→颈部→躯干→下肢。头部发育早于颈部，颈部发育早于胸部，胸部发育早于腰部，上肢发育早于下肢。出生以后，这些部分的发育依旧先于身体的下半部。因此，整个身体的各部分比例显得不相称，直到部分的发育赶上来时，这种不相称的现象才会消失。

近远发育的原则，是指个体发展是从身体的中部开始，然后延伸到边缘部分，头部和躯干比四肢先发育，手臂和腿比手指和脚趾先发育。

了解幼儿身体发展具有波浪形而不是直线上升的这个特点，就应该根据不同年龄时期全身及身体各部的发育速度，安排各年龄段幼儿的活动和保证营养供应，以促进幼儿的正常发育。

（二）幼儿运动系统的特点

运动系统主要包括人体的肌肉、骨骼和关节。

幼儿时期骨骼中存在着较多的软骨，正处于不断骨化的过程。同时，幼儿的骨骼中含水量较高，有机物较多，无机盐相对较少，因此表现出骨骼的弹性较大，可塑性较强，同时也表现出骨骼的坚固性较差，易出现变形弯曲等特点。

幼儿时期肌肉组织较少，肌纤维较细，含水量较高。表现出肌肉力量较弱、能量储备较少等特点。

幼儿的关节主要表现为关节窝较浅，关节周围的肌肉较弱，韧带较松，牢固性较差。

（三）幼儿大脑神经系统的特点

个体出生后，脑和神经系统的发育最快，在最初的 6 年内，继续以最快的速度发展，学前期已基本接近成人水平。脑和神经系统是幼儿心理发展的物质基础，对于人体的持续发展及人体的运动起着重要作用。

1. 脑的重量

脑是优先发育的，出生后，新生儿的脑重一般为 390 克左右，是成人脑重的 25% 左右（同时期新生儿的体重仅为成人体重的 5%）。出生后的幼儿脑重量随年龄而增长，增长的速度是先快后慢。第一年，脑重增加最快，以每天 1 克左右递增，9 个月时达到 660 克左右；2.5—3 岁时脑重量发展到 900 至 1 011 克，相当于成人脑重的 75% 左右。此后几年发展渐缓，到六七岁时儿童脑重接近成人水平，为 1 280 克左右，达到成人脑重量的 90%。幼儿时期是脑发育最快的时期，也是幼儿智力水平发展的最快时期。

2. 幼儿脑的发展

幼儿脑的发展成熟问题是研究幼儿发展的中心问题之一。有关研究证明,幼儿脑的发展有其严格的程序性,它的发展基本上是逐渐的与连续的,而不是等速的、直线的。人在成长过程中,有两个时期脑的发展表现出显著的加速:第一个时期是5—6岁;第二个时期在13—14岁。这两个时期在一定程度上呈现一种"飞跃"的状态。

总的来说,幼儿具有神经系统较脆弱、大脑神经细胞容易疲劳、脑组织对于缺氧十分敏感且其耐受力较差等特点。

(四) 身体其他各系统的特点

1. 血液循环系统

血液循环系统是一个封闭的管道系统,由心脏与血管组成,也称心血管系统。心脏是血液循环的动力器官,血管是运动血液的通道,而血液起运输各种养分的作用。幼儿时期血液循环系统主要表现出心肌收缩力量较弱,心脏容量较小,每次心脏的输出量较少,心脏还未完全发育成熟等特点。但是,幼儿新陈代谢又十分旺盛,因此,心率较快以适应机体的需要,年龄越小心率越快。

2. 呼吸系统

呼吸系统是由呼吸道(包括鼻、咽、喉、气管、支气管)和肺组成。呼吸道是传递气体、排出分泌物的管道,肺是气体交换的场所,呼吸系统主要功用在于进行气体的交换,以满足人体新陈代谢的需要。幼儿时期呼吸系统主要表现出呼吸道狭窄,黏膜柔嫩,血管丰富,易发生感染等特点。

3. 淋巴系统

淋巴系统的发育,在第一个十年中表现出一种特殊的速度。这是因为幼儿时期机体对疾病的抵抗能力较弱,需要强有力的淋巴系统来进行保护;10岁左右发展达到最高峰,表明10岁左右的儿童已获得相当的免疫力,身体健康处于最良好的阶段。幼儿时期则表现出不断增长的趋势。

4. 生殖系统

生殖系统的发育在幼儿期没有太多的发展,只有到达第二次发育开始才迅速发展。这说明个体在全身没有达到成熟时,生殖各级组织的迅速发育是没有必要的。

第三节　幼儿体育运动的作用

幼儿期是建立人的全面发展的关键时期。环境、生活方式、生活习惯、营养等各种外部因素对幼儿的生长发育起着重要的作用。体育运动也是促进身体发育和增强体质的重要因素。在保证影响身体发展各种基本因素的前提下,科学的、适合幼儿身体运动的各种体育活动,是幼儿展开身体的生长潜能、有效利用各种营养物质以促进人体的新陈代谢、调整心理平衡、适应外界各种环境的变化、从而全面提高幼儿体质的有效手段。

一、体育活动促进幼儿身体各项功能的发展

人体独特的系统结构决定着其特殊的功能,遗传所带有的功能随着幼儿的成长不断展开。幼儿有意识的身体运动进一步促使人体系统功能得以不断完善。通过人类所具有的各种走、跑、跳、投、攀、钻、爬等基本动作的反复练习,能够对身体的骨骼、关节、肌肉、呼吸系统、神经系统以及心血管系统等多个方面产生相应的影响。

(1) 幼儿的骨骼骨质中所含的有机物和无机物约各占一半,骨骼弹性好、可塑性大,新陈代谢旺盛,

通过合理的体育运动的开展,能够有效促进幼儿骨密质、骨直径的增大以及骨矿含量的增多,从而有效改善骨骼的机能。

(2)科学的体育运动还有助于幼儿关节韧带、关节周围的肌肉以及关节囊的发展,有利于幼儿关节灵活性的提高。

(3)幼儿的肌肉力量比较弱,力量素质比较差,通过体育运动,机体各种肌肉参与完成各种动作,能够有效改善幼儿肌肉的血液循环情况,提高肌肉组织的功能,促进幼儿肌肉力量的发展。

(4)适当的体育运动有助于幼儿呼吸肌、胸肌以及肋间肌的发展,有利于幼儿呼吸系统的发育,从而促进幼儿呼吸系统功能的提升。

(5)幼儿心肌收缩的力量比较弱,通过合理的运动能够有效提升血液循环系统的活动能力,从而促进幼儿心血管系统功能的健康发展。

(6)体育运动对进一步促进神经系统的完善也起着重要的作用,可提高幼儿中枢神经的控制能力、调节能力,促进幼儿感知觉得以不断发展。

因此,科学的体育运动能够在多个方面影响幼儿的身体发育,进而对幼儿的身体发展产生重要影响。

二、体育运动促进幼儿思维能力的发展

人类思维能力发展的物质基础是人脑的发育和完善。身体运动对促进人脑的健全发育,进而促进智力发育有着重要作用。幼儿时期是大脑生长发育最快的时期,这个时期给予多种方式的丰富刺激,对于大脑的生长会有更好的效果。身体运动是最好的刺激形式之一,可以促进幼儿神经系统的发育,从而促使头脑灵活、聪明。

(1)现阶段研究表明,思维能力的发展主要源于早期身体运动来建构的。一般说来,幼儿是依靠形态、颜色、声音等感觉来进行思维的。在体育运动中,幼儿在站立、跳跃时都需要很好地把握自己身体的平衡,达到活动目的和要求。这一系列的活动方式刺激着幼儿大脑感知觉(视觉、听觉、嗅觉、味觉、触觉)系统的发展,使之进一步敏感和准确,不断发展和完善。

(2)幼儿进行体育运动时需要识记、保持、再认或回忆体育运动的规则、顺序等,有利于儿童记忆力的发展。

(3)幼儿在体育运动过程中思考、与同伴交流,间接发展幼儿思维、言语交际能力。

(4)体育运动是幼儿主动、自愿的活动,创造力的发展也是幼儿主动自愿的内在需求,即幼儿由内在需要而引起的动机。体育运动是自由的,创造力的培养也需要自由宽松的环境。体育运动可以是一种虚构的活动过程;创造力的发展由灵活多样的活动形式造就。体育运动促进幼儿创造力的发展,游戏材料为幼儿的想象和创造提供了较大的可能性。

三、体育运动促进幼儿健康心理的发展

体育运动中情绪体验的特点是鲜明、强烈、多样、易变的。身体的运动、动作的发展能使幼儿获得丰富的感官刺激,使神经系统综合调节能力得以增强,兴奋与抑制过程得以和谐,从而较好地调节情绪。身体运动可对幼儿进行全方位的信息刺激,使幼儿在与环境交互作用中,获得成功的体验,从而激发内在的积极性。身体运动中由于身体能量的快速代谢,使得幼儿不良情绪得以宣泄,有利于幼儿自身良好情绪状态的保持。幼儿健康心理的形成,有赖于通过身体运动中的大量动作练习,使得幼儿获得对自身动作的感知,促进大脑功能的完善,为各种心理品质的形成奠定基础。因此,通过身体运动有助于情绪、情感、自信心的培养,促进幼儿健康心理的形成。

幼儿时期是人生中被管理与呵护最多的时期,过多的被动接受,必然影响幼儿的心理健康。体育运动不但在活动中充分表现出对自我的掌控,同时也表现出对各种运动材料的掌控,从而使自我操作与被动接受之间达成一定的平衡,有利于幼儿良好情绪的建设。

幼儿园体育活动为幼儿提供了更多人际交往的可能。在体育运动中建立同伴间的交往关系,培养同伴间的情感意识,建立对体育运动的积极态度,逐渐走出"自我中心"的圈子,从而逐步形成集体的观念。体育活动能培养幼儿良好的情感和行为习惯。身体的运动是幼儿最快乐的行为表现,在和谐的活动中幼儿不仅获得身体的发展,还在解决问题的过程中体验到了互相理解、合作、谦让、分享带来的快乐,促进幼儿健康心理的形成。

在许多的体育运动中,都需要幼儿付出较大的体能和坚强的毅力,体育运动对幼儿克服身体的不适、培养良好的意志品质起着重要的作用。在具有一定挑战性的体育运动中,幼儿需要克服内心存在的种种不安,获得各种体验,从而不断提高对自身及对各种事物的理解,以提高幼儿的意志力。体育运动也能提高幼儿的耐挫力。许多体育运动中都存在着规则要求,在面对运动结果不顺利的时候,需要较快转移幼儿自身的不良情绪,从而提高幼儿的耐挫力,以此培养幼儿以积极的心态应对周围的事物。

四、体育运动提高幼儿对环境的适应能力

机体与周围环境是不可分割的关系。幼儿时期身体的生长发育尚未完善,对于外界环境的变化往往表现出不能适应。体育运动更多在户外展开,经常在阳光、空气中锻炼,适应不同季节的变化,有利于幼儿耐寒、抗暑能力的增强。当人体与冷空气或阳光接触时,毛孔和皮下血管会产生收缩或扩大的反射。有目的进行日常性的练习,对于幼儿提高适应外界环境变化的能力会起到很大的帮助。

五、体育运动有助于幼儿获得"运动敏感"

幼儿时期是人的一生当中最关键的时期,在这个阶段幼儿存在着多种高速发展的契机,这时幼儿具备着最优质的生理、心理条件。因此,引导正处于生长发育关键期的学龄前儿童的身体动作的发展,这对于幼儿通过运动获得的"运动敏感"至关重要,对于一生运动能力的发展都会打下较好的基础。而且,这种"运动敏感"也促进身心发展的领先地位保持终生。这有助于引发其他各种能力的发展,从而对幼儿各方面终身的发展奠定良好的基础。

第二章　幼儿园体育活动开展的
基本原则和规律

目标导航

1. 了解幼儿园体育活动的基本原则及原理
2. 牢固掌握幼儿园体育活动的基本规律

幼儿园体育活动的开展是以幼儿心理及生理年龄特点、各年龄段发展水平和要求为基础的,运用科学的方法以及合理的手段,才能达到有效促进幼儿全面发展的目的。为凸显科学性及阶段性,在幼儿园各类体育活动过程中,应遵循一定的原则和规律。

第一节　体育活动开展的基本原则

一、全面性原则

运动能力的发展受着生理特征的影响。幼儿的年龄特征决定了幼儿在此阶段是以基础运动能力发展为根本目的的。只有全面发展幼儿各种运动能力,才能使人体各部位和各器官系统机能得以全面、均衡的提高,才能促进幼儿身体正常的生长与发育。

全面发展幼儿的各种运动能力也是综合提高幼儿各种运动机能的过程。在基础阶段只有全面提高幼儿的协调能力、平衡能力、灵敏性、身体各部位的力量等,才能为一生运动水平的发展奠定良好的基础。

因此,在幼儿园体育活动开展的过程中教师应借助多种形式的运动项目,对于人体的不同部分进行均衡练习。在幼儿园体育相关课程设置中,应考虑到幼儿身体各部位发展的平衡性。对于单一动作的练习,应多采用各种动作轮换的方式进行操作。中、大班中,在基本动作发展的基础之上,也可借助一些技能项目进行练习,技能项目往往需要各种动作相互配合才能完成,从而全面提高幼儿的各项运动机能。

二、合理安排运动负荷的原则

运动负荷又称为运动量,是指运动中身体的生理负荷量,这主要是由运动强度和运动密度决定的。

运动强度是指单位时间内生理负荷量的大小,通常是以运动中的剧烈程度来进行评定的。运动密度是指一次运动中,运动的时间与总时间的比例关系。运动密度＝运动的总时间÷单位总时间×100%。运动密度越大,说明单位时间内活动的时间越多;反之越少。合理的运动负荷,才能有效地发挥运动的价值。运动负荷太小,无法引起机能的变化,达不到锻炼的目的;运动负荷过大,容易引起机体的损伤。幼儿在一次单元体育活动中,一般运动密度控制在50%到70%之间。

幼儿正处于人体生长发育的高峰期,在运动中主要表现出运动连续时间较短,自我控制能力、自我评估能力较差的特点。教师在安排运动内容时,应考虑到幼儿的年龄特点,多采用低强度、高密度的活动内容。同时,在运动中更多运用间歇的方式进行操作,以保证幼儿能在长时间内逐步增大运动量。教师在此过程中做好对每个幼儿的观察评估工作。观察评估主要通过观察幼儿的面色、出汗量、呼吸情况、疲劳程度、情绪表现等进行。

三、循序渐进的原则

循序渐进是指在幼儿体育活动开展过程中,不论是内容、运动量的安排还是教师采用的各种手段和方法,都应遵循由易到难、由小到大、由简到繁的原则逐步提高。由于幼儿的年龄特点,教师在运动量的安排上,应遵循人体生理机能活动变化的规律,使幼儿身体机能由较小运动量逐步适应较大运动量。在技能发展上,要遵循认知发展的规律,使幼儿由简单的能力逐步发展到综合、复杂的能力。在方法的运用上、规则的要求上,很多时候都可采用由部分到整体,由分解到完整的过程,使幼儿更易进入状态,更易获得理解,更科学地得以发展。

四、直观性原则

所谓直观性原则是指利用幼儿的感官(如视觉、听觉、触觉等)和经验,使幼儿对体育的各种活动获得直接的理解,从而能高效领悟体育活动的要求和方法。

人的认知过程总是从具体到抽象、从感性到理性的过程。幼儿阶段,对于复杂的语言表述不易领会,对于动作的模仿能力却很强。在体育活动开展的过程中,教师应更多以示范的方式,或借助挂图、模型等,再结合简单、简洁、易懂的语言进行说明,以便高效地开展体育活动。

第二节　体育活动开展的基本规律

一、人体生理机能活动能力变化的规律

人体的生理机能活动在任何时候都存在着能力变化的规律,这是与人体各系统功能变化密切相关的。人体的各种运动,总是从相对惰性的状态,即系统功能相对低的水平开始的,随着运动的加剧,激发人体活动能力得以不断提升,这一过程称为上升阶段。当人体运动在一段时间内保持着相对稳定的状态时,这个阶段称为平稳阶段。一定时间后,人体功能产生疲劳,机体功能活动能力下降,这一过程称为下降阶段。机体功能活动能力从上升到平稳到下降的过程,就称为人体生理机能活动能力变化的规律。这一规律,不论在任何形式的体育活动中,教师都应该合理遵循。

幼儿体育活动的开展,需要教师在一开始时通过各种手段,积极调动幼儿身体及心理的准备。在这个阶段,由于各器官系统还处于较低的兴奋期,身体还不适应大的运动负荷,因此教师应多采用低强度的活动内

容,逐步展开幼儿的身体功能;在平稳阶段,一般采用较大运动强度的内容来进行,教师应采用合理的组织方式,使幼儿能较长时间地保持在较高水平能力上进行活动;当人体机能走向下降阶段时,教师应引导幼儿积极地进行心理及生理放松,使幼儿尽快恢复到相对安静的状态,从而较好地完成合理的新陈代谢。

二、动作技能形成的规律

幼儿园体育活动是以运动动作发展为主线的,在学习各种相对陌生的动作过程中,主要存在着动作技能形成的规律。

1. 粗略掌握动作的阶段

粗略掌握动作的阶段又称为"泛化"阶段。在这一过程中,幼儿主要表现出学习动作时,动作僵硬、紧张、不协调、不准确、控制能力差,主要依靠视觉表象来控制和调节动作。在这一阶段主要的活动任务是让幼儿形成初步的动作概念,并进行初步的尝试。

2. 改进和提高动作的阶段

改进和提高动作的阶段又称为"分化"阶段。在这一过程中,幼儿主要表现出紧张动作及多余动作逐步减少,能较顺利、较正确地完成动作,已形成完整的动作概念;对视觉表象的依赖减少,动作间的连续性加强。此阶段要求幼儿多进行重复练习,使思维记忆逐步转化为肌肉记忆(动作记忆)。

3. 动作的巩固和运用自如阶段

动作的巩固和运用自如阶段又称为"自动化"阶段。此时幼儿在完成动作的过程中,思维需求进一步减少,肌肉记忆(动作记忆)得以最大加强,视觉依赖进一步减少。此时幼儿能较轻松准确地完成此动作,并能把此动作在各种综合活动中得以较灵活的运用。

教师对于动作技能形成规律的理解,需要认识到动作的发展不是一蹴而就的,越是复杂的动作能力,越需要更多的时间让幼儿逐渐获得。同时,在集体教学活动中动作技能形成的规律也是教学活动需要遵循的规律之一。

第三章　幼儿园体育活动开展的内容简介和方法

目标导航

1. 理解并掌握幼儿园体育活动的主要形式
2. 理解基本动作、基本动作技能及基础专项动作技能之间的关系与差异
3. 牢固掌握幼儿园体育活动的主要内容
4. 了解幼儿园体育活动中各元素存在的价值及各元素之间存在的关系
5. 牢固掌握幼儿园体育活动中的教学方法

第一节　幼儿园体育活动开展的内容简介

一、幼儿园体育活动开展的主要形式

幼儿园体育活动的开展从形式来分,主要包括户外自主性体育活动、室内体育活动、早操活动、集体体育教学活动、户外远足活动及小小运动会等方面。

户外自主性体育活动是指幼儿借助于幼儿园的户外环境、材料、同伴、教师提供的内容及自主形成的活动内容进行的体育活动。此活动方式更多满足了幼儿自主的需求,更多建立在幼儿已有经验的基础之上开展的,是日常性体育活动形式之一。这主要包括户外区域体育活动、以班级为单位的定点户外体育活动、平行年龄段混合的自主性户外体育活动、混龄户外体育活动、以班级为单位的循环式户外体育活动、全开放式户外体育等。

室内体育活动是指幼儿借助于楼层的过道、楼层与楼层之间形成的空间、楼梯及室内环境等进行的体育活动。此类体育活动既有组织性、集体性开展的内容,也有自主性的内容。更多是因天气、气候的局限,或内容本身的需要而进行的组织方式。

早操活动是一种以体操为主要内容的综合性的体育活动形式,主要表现出以教师教学为基础的自主性练习,以较为规范的形式为引导,有一定目的性要求,而进行的日常性体育活动方式。

集体体育教学活动是以教师为主导的,有目的、有组织的,在幼儿能力基础之上促进幼儿发展的体

育活动形式,强调在活动中教师能依据幼儿的需求及发展方向,有目的地提高幼儿某种能力的活动,与幼儿其他形式的体育活动间存在着密切的关系。

户外远足活动是教师带领幼儿进行集体性的较长距离的行走,使幼儿的各项活动与自然环境相融合,从而开阔幼儿的视野,丰富教育的内涵,同时以促进幼儿户外的组织纪律性、提高幼儿心肺功能为目的的组织方式。

小小运动会是一种综合性的体育活动方式,是对幼儿综合能力的直接反映。组织形式多种多样,既有以趣味为导向的体育活动形式,也有以亲子活动为导向的体育活动形式,更多表现为以幼儿园体育课程为基础的体育活动形式。

二、幼儿园体育活动开展的具体内容

幼儿体育的发展在幼儿园教育阶段的主要任务是发展幼儿的基本动作能力及基本的身体素质,以促进幼儿正常的生长发育,并不断提升幼儿的体质。同时,根据幼儿的年龄特点、身心发展的水平和社会性发展的规范取向,幼儿园体育活动呈现多样性内容。一方面存在着幼儿基本动作的不断完善,基本动作技能的扩容与学习;另一方面结合社会性要求形成各种有一定社会性的体育活动内容,包括队列队形的活动、体操活动、各种竞技性体育、拓展性体育项目的运用等。所有体育活动的开展,都更强调以游戏的方式作为基本平台,使幼儿能在愉悦的情绪中进行有效锻炼。同时,运用多样性材料及多元环境的创设,服务于幼儿更多自主性体育活动的开展。

(一) 基本动作、基本动作技能

基本动作是随着幼儿的生长所反映的人类基本动作特性,是幼儿自我形成的动作经验,是一切运动能力发展的基础。主要包括走步、跑步、跳跃、投掷、攀、钻、爬等大肌肉动作,这些基本动作又称为运动的基本能力。基本动作的不断练习,促使动作发展不断成熟,同时也不断促进体质的发展。由于基本动作的成熟阶段主要在学前期,因此幼儿体育教育更多通过基本动作进行身体的练习,也是其他领域教育的重要途径。

各种基本动作技能是在基本动作能力的基础之上形成的,以多样身体表现方式形成新的动作模式,更多表现出有效身体练习的价值取向。基本动作技能是通过学习及自我反复练习才能内化为个体的动作能力的。既有简单技能,也有复杂技能,是更高专项技能动作发展的基础。其主要有三种目标取向,一是在基本动作基础之上,形成一定的变化,呈现新的动作。例如:正常的走步动作作为基本动作来表现,高抬腿走,则表现出基本动作技能,从而使大腿力量得以发展。二是若干基本动作之间形成的有效组合。例如:开并跳跃动作,是在开步跳及并腿跳的基础之上形成的动作技能组合,从而强调两腿之间的协调能力。三是基本动作精细化要求。例如:掷准的动作,要求在基本投掷动作的基础之上,形成更为协调的手眼配合。还有更多技能动作兼有这三个方面的结合表现。

3—6岁是幼儿基本动作发展的关键期,动作的协调与准确,奠定了今后生活、学习、运动能力的质量,也反映出幼儿发育的各项指标,而身体素质及体质的发展也多依托于基本动作的练习来进行的。因此,在幼儿园中有目的地发展幼儿基本动作及基本动作技能的能力非常重要。

图 3-1-1

(二) 体育游戏

体育游戏的形式多种多样,可在任何形式的活动中存在,更多满足着幼儿自身追求快乐的需要,在幼儿园体育活动中主要有以下九种体育游戏形式。

1. 感知运动游戏
这是以发展幼儿多种感知觉为目的的体育游戏(听觉、视觉、触觉等)。

2. **基本动作形成的游戏**

这是以发展幼儿基本动作及动作技能为目的的游戏(走、跑、跳、投、攀、钻、爬等)。

3. **基本身体素质形成的游戏**

这是以幼儿身体机能发展为目的的体育游戏(力量、耐力、平衡能力、灵敏性、柔韧性、速度、协调能力等)。

4. **各种运动器材形成的游戏**

从器材的大小分:大型器材类游戏,轻器材类游戏。

从器材的功能分:单一功能器材的体育游戏,一物多玩的体育游戏。

从器材的复合性分:单一器材的体育游戏,多种器材复合进行的体育游戏。

从器材的可变性分:不可变形器材的体育游戏,可变形器材的体育游戏。

从器材的成品性分:自制器材体育游戏,成品器材体育游戏。

从器材的属性分:体育专属性器材的游戏,非体育专属性器材的游戏等。

5. **身体技巧性游戏**

这主要包括了身体技巧,下肢技巧,手指、手腕、手臂和全身的技巧运动,是以大脑神经发展为主导的体育游戏。

6. **民间传统体育游戏及民族体育游戏**

这是以传承民族文化为特点的体育类游戏,具有很强的文化属性和文化传递的特点。

7. **队列队形游戏**

此类游戏是以队列队形的规范要求为基础,以幼儿可接受的趣味性为基准,旨在幼儿阶段不断浸透集体规范性的要求。

8. **专项运动技能活动形成的体育游戏**

这是以某种运动技能为基础的体育类游戏,结合幼儿可接受的趣味性,旨在游戏中使幼儿获得对某种运动技能的理解和基本的专项运动能力。

9. **综合运动能力发展的游戏**

各种运动内容相结合的游戏方式。

(三) 队列队形活动

队列队形活动浸透在各种集体体育活动中,是集体活动中必须存在的组织方式。队列队形活动不但是幼儿身体正确姿势练习的平台,也是有效开展集体体育活动的重要手段,形成幼儿集体意识的重要途径,同时对于幼儿方位感、节奏感、本位感、协同性等都起到很好的作用。

(四) 结合各种器材的体育活动

体育器材在幼儿园中等同于幼儿的体育玩具,是幼儿最好的伙伴,是激发幼儿运动兴趣、形成各种运动能力的重要媒介,也是幼儿园体育活动中重要的组成部分。每种体育材料都会有自身的运动价值指向,幼儿在此过程中,不但获得身体练习,同时对材料本身的认知也得以提高。

(五) 基本体操

学前儿童的基本体操是促进幼儿机能协调发展的一种形式简便、易于普及的动作内容,是日常体育活动的内容之一,有着多元的发展价值。

(六) 基础专项运动技能

基础专项运动技能,是以各种竞技体育运动项目及群众体育运动项目为基础,形成专项动作能力。例如:足球、篮球、气排球、曲棍球、高尔夫球、门球、轮滑、中华武术、体育舞蹈、运动体操、跆拳道、跳绳等。项目所涵盖的各种单项技能,更强调动作呈现的科学性、有效性。其中许多专项技能是基本动作及基本动作技能的综合运用。根据幼儿的年龄特点,这些项目在幼儿园的运用,主要结合幼儿生长的需求进行活动的开展,许多动作技能的学习、练习与运用更表现出项目的基础性,更具有幼儿化的特点。

（七）拓展性体育活动

拓展性体育活动主要的任务是对幼儿的心理承受能力,即心理负荷进行练习的相关体育活动内容。这些活动旨在使幼儿在体育运动中获得较强的心理素质,是培养幼儿勇敢、坚定的意志品质的途径。

第二节　幼儿园体育活动开展中的基本方法

一、幼儿园体育活动开展中的基本元素分析

在幼儿园体育活动开展中,主要有以下几种基本元素参与其中：幼儿、内容形式、材料、同伴、环境及教师等。对于各种元素进行分析,有利于教师对幼儿园体育活动类型的理解,同时教师也能有目的地进行体育活动的安排。每种元素都存在着多元的取向,各元素之间不同方式的结合也形成了多元的活动形式。

（一）幼儿

在幼儿园中,三个不同年龄段的幼儿有着明显的区别,主要表现在体能、运动能力、兴趣、认知及交往的技能等方面。因此,三个年龄段的幼儿在体育活动的内容、组织方式、目标的指向、评价等方面都需要教师能够区别对待。

1. 小班

在体育活动的开展中一般以情节为主,采用各种模仿性动作；以平行的练习及跟随的组织方法为主,完成基本动作、基本动作技能及基本素质的发展。

2. 中班

在体育活动的开展中可借助一定情节,逐步强调动作与认知相结合,并适当增加一些竞赛性的组织方式,可以以联合的组织形式进行,逐步扩展一些专项技能的综合练习内容。

3. 大班

在体育活动的开展中可选择性地采用少许情节,鼓励幼儿结合材料或与伙伴形成更多创造性的玩法,在活动中逐步增加规则性游戏的内容,提倡幼儿间的合作。

（二）材料

各种材料在幼儿园体育活动中的使用非常频繁,种类也是多种多样的。幼儿在集体活动中因不同性质的体育活动,材料的使用情况也是不相同的。在户外自主性体育活动中,幼儿更多选择自我熟知的材料进行体育活动,以单一材料、成品材料为主,其中大型材料占有较大比例。基本体操活动中的器械操,多使用轻器械为主,其中有一部分成品材料,更多的是教师自制材料或非体育专属性材料。在有组织的集体体育活动中,教师因目标指向不同,材料的使用更加多元化。因某一技能发展,多采用体育专属性的单一材料；因幼儿多种能力发展,多采用各种材料的复合运用；因创造性思维的发展与多种运动能力表现,多采用一物多玩的形式；因户外区域活动的开展,多采用主题式的材料的复合运用等。

（三）伙伴

伙伴是集体体育活动中的重要组成部分,在幼儿园集体体育活动中,伙伴之间主要存在着以下三种结

合方式。

1. 两人或三人间形成的体育活动类型

(1) 相互协同,共同合作完成某一内容。例如:两人三足。

(2) 互为辅助;互为"材料",共同完成某一内容。例如:穿山洞,一个充当山洞,一个钻过。

(3) 以某一幼儿为主,跟随式完成某一内容。例如:你是我的影子。

(4) 相互对抗共同完成某一内容。例如:猜拳跨步。

2. 大集体及小群体组合的方式形成的体育活动类型

(1) 在体育活动中,幼儿以个体独自完成的方式,相互不影响,同时完成相同的体育内容,相互之间形成模仿,多在小班中进行。

(2) 在体育活动中,内容已确定,幼儿以单组个体相互轮换或相互形成一定队形连接在一起的方式进行,共同完成相同的体育内容,没有角色的分配,相互之间形成联合的关系,多在中班进行。

(3) 小组体育活动中,伙伴间为达成统一目的,相互协商,共同完成某一体育活动。

3. 混龄组合形成的体育活动类型

(1) 集体混龄:在不同年龄的两个班级之间进行。多以同一体育主题,在一起以相对独立的方式共同操作。

(2) 定配混龄:不同年龄段的两名幼儿相互结合成相对稳定的关系,在体育活动中,以大带小进行活动。

(3) 择优混龄:选择较大年龄段中社会性发展较好的幼儿,与年龄段较小的幼儿集体之间形成体育活动中的混龄关系等。

(四) 环境

幼儿园中的环境也是可以使幼儿进行体育活动的重要因素之一。一般把幼儿园的环境分为固定性环境和创造性环境两种。

固定性环境主要指幼儿园已存在的建筑物与户外场所及各种设施,建筑物的内部存在着各种可以进行体育活动的场地。例如:借助上下楼梯的攀登,可练习幼儿的下肢力量及耐力;借助楼道,可以练习幼儿的各种迷宫走;借助室内环境,可以练习幼儿的寻物取物及归类;借助不同楼层之间的距离,可以形成提拉物品、传接物品的练习等。户外环境的使用会更多。例如:可以借助小山坡形成各种滚翻的练习;借助各大型体育设备从而进行综合练习;借助过道进行车轮类练习等。

创造性环境主要是指幼儿在教师的指导或辅助下,借助于幼儿园中的各种器材,进行组合而形成的局部性的运动环境。例如:幼儿借助一定数量的轮胎进行堆积,借助大垫子及竹梯在轮胎上进行覆盖,形成人为的小山进行练习等。创造性环境主要以低结构性材料为主体。在体育活动开展过程中,既可以是教师的设计与安排;也可以是师生共同创造,还可以是幼儿为主体进行的设计,其目的是在各种环境的变化中,形成不同的动作表现,为各种身体活动服务。

(五) 内容形式

幼儿园体育活动的丰富多彩,主要包括以下五个方面内容:

(1) 服务于身体发展的内容;

(2) 服务于心理发展的内容;

(3) 服务于社会发展的内容;

(4) 服务于认知思维发展的内容;

(5) 服务于生活常识的内容。

(六) 教师

教师在幼儿园体育活动中的角色存在着多元性,高于幼儿的角色较多,如研究者、计划(策划)者、设计者、管理者、组织者、引导者、激发者、启发者、示范讲解者、支持(鼓励)者、协调(调节)者、倾听者、呵护者、提供者、观察者、评价者等。平行于幼儿的角色，如合作者、参与者、辅助者、协商者等。低于幼儿的角色较少，如跟从者、学习者等。

二、幼儿园体育活动的类型分析

幼儿园的多种元素构成了幼儿园的体育活动，不同元素之间的结合形成了不同价值的体育活动类型。教师可通过各元素的分析，从而全面了解幼儿园体育活动的方式，以对解读及构建不同类型的体育活动带来帮助。

（一）自主性体育活动类型

幼儿＋内容形式
幼儿＋材料＋内容形式
幼儿＋环境＋内容形式
幼儿＋材料＋环境＋内容形式
}个体自主性体育活动

（二）同伴间自主性体育活动类型

幼儿＋同伴＋内容形式
幼儿＋同伴＋材料＋内容形式
幼儿＋同伴＋环境＋内容形式
幼儿＋同伴＋材料＋环境＋内容形式
}同伴间自主性体育活动

（三）引导或指导性体育活动类型

幼儿＋成人＋内容形式
幼儿＋成人＋材料＋内容形式
幼儿＋成人＋同伴＋内容形式
幼儿＋成人＋环境＋内容形式
幼儿＋成人＋材料＋同伴＋内容形式
幼儿＋成人＋材料＋环境＋内容形式
幼儿＋成人＋材料＋同伴＋环境＋内容形式
}引导或指导性体育活动

从以上活动类型中可以看出：第一大类型主要表现出幼儿独自借助各种元素进行体育活动；第二大类型主要表现出幼儿与同伴间进行的体育活动；第三大类型则是在教师的参与下进行的体育活动内容。每一类型中，不同的元素相互结合，形成不同的活动方式，当体育基本元素不断增加时，其功能价值得以不断扩充，对于元素的运用也更为多元化。

教师运用此种分类方式针对某一主题进行体育活动设计时，也可考虑改变或增加不同的元素，使练习的内容或难度得以改变。

三、幼儿园体育活动中教师指导的方法

幼儿体育活动中，教师指导的方法直接决定着教学的效果，因此对于幼儿教师而言，需要在实践中不断探索合理的方式方法，以解决现实中存在的各种问题，这是教学技巧的表现，也是一种教学的艺术。

体育活动中的指导方法多种多样，每种教学方法都有其特殊的作用：传授知识的方法，主要包括情境设置法、讲授法、谈话法、演示法、讲练法、讨论法等；掌握动作技能的方法，主要包括直观示范法、完整练法、分解法、练习法、口令指示法、肢体语言指导法、辅助练习法、暗示法、游戏与竞赛法、纠错法等。

（一）讲授法

幼儿园体育活动中,教师讲解体育活动相关的内容时,应注意到幼儿的年龄特点和目标要求。由于幼儿对于语言的理解能力相对较弱,同时在户外场地中容易受到外界的影响,太多的认知内容和幼儿无法理解的内容,会使得教师的讲解变得无效。因此,在讲解内容时要注意以下四个方面。

1. 主题明确、简明、生动

教师在体育活动中,提炼自己的语言,能从幼儿熟知的事物出发,明确主题要求,同时能以较为生动、夸张的表现形式,引起幼儿的关注。声音的高低,应随着幼儿注意力的变化而改变。

2. 语言表达朴实、易懂

体育活动中存在着许多与体育相关的术语,教师不需要过分强调术语的规范,多运用幼儿可理解的表述方式进行,随着幼儿年龄的增长,不断增加相关的术语内容。

3. 语言多与肢体语言相结合

在讲解过程中,为了使幼儿更高效地明确教师讲解的内容,教师可借助有效的肢体语言帮助幼儿进一步理解,同时也能更好地吸引幼儿的注意力。

4. 多种语言手段的运用

语言表述的方式多种多样,活动开展中教师应有目的性地运用各种语言技巧,如表述式语言、询问式语言、建议式语言、澄清式语言、鼓励式语言、邀请式语言、角色式语言、假设式语言等。

（二）示范法

示范法是幼儿园体育活动中教师最主要的手段,由于幼儿年龄的特性,表现出模仿能力强,大量的体育活动是由教师参与和带领幼儿进行的,因此对教师动作的示范有更高的要求。

1. 动作准确

正确的示范动作,能让幼儿获得准确的信息,熟练、轻盈、优美的动作,同时也能激发幼儿的积极情绪,因此教师应掌握好各种体育动作。

2. 示范的群体效果

教师在示范时,应让每名幼儿都能看见教师完整的动作过程,因此教师在队形的组织中,在自我选择合理位置时,在采用正面、背面、镜面或侧面示范的角度选择中,都应针对不同的内容进行合理的选择。有时需要两种或两种以上的角度搭配进行。

3. 示范与讲解相结合

在幼儿园体育活动开展中,教师的指导要以示范为主导,讲解为辅助,扩大直观教学的效果。

（三）完整练习法

完整练习法是将一个身体练习动作从开始姿势到结束姿势,完整地教给幼儿的一种方法。此种方式是在较为简单的动作教学中运用,不至于割裂练习中的各个部分之间的内在关系,在幼儿园体育活动中,由于幼儿练习多为简单的基础动作,因此在幼儿园的体育活动中是最常见的方法。

（四）分解法

分解法的教学方法在幼儿园的运用,也存在着一定的比例。分解法是把一个完整身体练习的动作,合理地分为几个部分,按部分逐次进行学习与练习的过程。分解法对于有一定难度动作的学习,起到循序渐进的作用,能不断在幼儿已有能力的基础之上提高难度,使幼儿逐步掌握完整的动作。

分解法最终形成完整练习的过程,在教学中教师一般采用两种层次关系,把完整法和分解法相结合。

（1）当不了解幼儿能力的情况下,一般采用先完整、后分解、再完整的层次划分。

（2）对幼儿学习的经验及能力比较了解的情况下,一般采用先引导、后分解、再完整的层次划分。

幼儿园中不仅对于有一定难度的动作会采用分解法,在一些较为复杂的概念上或规则上,都可以采用这种方法,在每一个单元活动中,逐步完善内容,从而得到完整教学的要求。这种方法,方便幼儿不断理解。

(五)重复练习法

重复练习法是指在不改变身体练习的动作、不改变运动量的情况下,进行的反复练习。这种方式在幼儿园运用得较多,主要是以反复巩固动作而采用的方式。在组织中主要采用以下四种方式进行。

(1)在教师带领下进行集体间歇式练习。所有幼儿一起练习,一起休息。

(2)教师把幼儿分成两大组,进行交替练习。此方式主要用于每次练习时间较长,运动负荷不是很大的情况下。

(3)教师把幼儿分成若干组,进行交替练习。此方式用于运动负荷相对较大,不需要个体轮换的方式。

(4)教师把幼儿分成若干组,每组个体间进行轮换的方式交替练习。此方式用于运动负荷较大,需要较长时间进行调整的活动。

(六)变换练习法

变换练习法是指在集体体育练习的过程中,通过改变练习的条件,从而不断改变练习效果。例如:在每个阶段性的练习中,教师调整练习的速度、幅度或采用不等的距离进行调整的方式。

(七)循环练习法

在户外体育活动中,教师设计若干点,并针对这些点设置相等的若干组,每组在一个点上进行练习,一定时间后,每组之间进行交换,直至每组幼儿都在每个点上完成了活动的一种组织方式。

(八)情境创设法

情境创设的教学方法在幼儿园中得以广泛运用,结合了幼儿本身所具有的年龄特点。情境教学法是指教师通过对一定事件的形象化描述,或通过一定环境、材料模拟出特定的场景,使幼儿获得大量生动形象的具体表象,从而达到教学活动顺利开展的教学方法。

"境"是指幼儿进行体育活动的整个背景;"情"是指幼儿的情感体验。教师不但需要在物质环境上、内容创设上进行有效设计,同时更重要的是通过教师的行为、态度及情感等方面的积极表现,从而引起幼儿的共鸣,达到"共情"的效果。

四、幼儿园体育运动中应注意的事项

幼儿身体锻炼的目的是活跃身心,促进机体的新陈代谢机能和丰富内心世界。幼儿具有特殊的生理、心理特点,每个年龄段,每名幼儿之间都存在着一定的差异性。在幼儿园体育活动开展的过程中,教师应注意以下八个方面。

(1)不提倡过多静力性活动,幼儿时期动则快乐着,一定负荷的运动对于幼儿机能及心理都起着很好的调节作用,过多静力性活动无法起到调节身心的作用。

(2)不宜长时间倒立(较长时间或有人扶持的倒立),防止颅内压过分升高,对脑血管、视觉器官等产生不良影响。

(3)小心"推小车"的动作(一幼儿双臂伸直撑地,另一人架起他的双腿前进)。由于幼儿的上肢力量发展普遍较慢,为防止幼儿双臂支撑不住而摔伏在地上,擦伤面部或胸部,可采用前臂支撑的方式进行。

(4)不宜进行"拔河"等憋气性的游戏,幼儿时期心脏发育还未完善,防止双方僵持不下,较长时间屏气用力,致使胸内压升高,对心脑以至头部产生不良影响。

（5）不宜进行较长距离的高速奔跑,防止幼儿的心脏等器官受到损伤。

（6）不宜负重跑或跳:一是防止捆绑沙袋部位血液循环受到影响,而影响该部位肌肉的正常活动与发育;二是防止负重后使动作变形,甚至出现错误动作;三是防止由于长期负重练习,致使局部机体过分劳累,严重时出现慢性劳损。

（7）不宜头顶球（指较重、较硬的球,气球、刺刺球除外）,防止球的重力对大脑产生不良影响。

（8）不宜从过高处落在硬的地面上,以防止幼儿关节出现损伤,或骨盆发生变形。

第四章 基本动作及基本动作技能活动

目标导航

1. 了解各种基本动作的特点
2. 掌握各种基本动作及基本动作技能内容
3. 在实践中进行各种基本动作与基本动作技能的练习
4. 结合各种基本动作及动作技能初步尝试体育游戏的创编

第一节 走步教育

一、走步的基本知识

走步或称为行走,是人体移动位置最基本的一种活动方式。学前阶段正是走步能力发展和身体姿势形成的重要时期,同时也是促进幼儿身体发展的重要手段之一。在幼儿园体育教育中,通过各种材料、环境、动作方式、人员组合等方面的选择,通过一定运动时间的保障,能有效地增强人体各部位的肌肉、骨骼、关节和韧带的生长,发展下肢力量,提高身体的平衡能力和协调能力。走步又是一种以有氧代谢为主的身体运动,因此非常适合学前儿童展开各种活动。

二、正确走步动作的特点和基本要求

正确走步时,身体放松、自然,上体保持正直。行进中,肌肉活动必须是紧张和放松交替,张弛有度,紧张时消耗能量,放松时补充能量、恢复活力,一张一弛,肌肉活动才能持久保持;走步时应保持合理而稳定的节奏,步幅小、步频快或忽快忽慢,都易使身体疲劳;走步时要符合生物力学的原理,应尽量减少身体重心的起伏及摇摆,同时应适度地前后摆动两臂,一方面可以保持身体的平衡,另一方面有助于步幅的均衡,并能对步频进行调节;走步时,脚尖向前,落地要轻,脚跟着地后,自然滚动至前脚掌,前脚掌扒地向前,依次交替。

三、走步动作的练习

(一) 走步基本动作的运用

在幼儿园开展走步教育活动过程中,依据幼儿走步的基本能力,可采用以下方法进行身体的练习。

1. 快步走

在一定的距离内,练习行走的速度。可以是单人进行,也可以是多人以横队或纵队的方式一起行进。个体的快步走,可以运用比赛的方式进行;群体的快步走,可以运用手或脚相连的方式进行,也可以运用各种材料连接幼儿的方式进行。

2. 变向走

练习行走中身体的灵活性。可以形成拆线走、弧线走、圆形走及螺旋形走等方式。

3. 变速走

练习身体的控制能力及身体的灵敏性。常与听(看)信号走进行结合练习,也可以与变向走等方式进行结合练习。

4. 后退走

练习身体前后的平衡控制能力。可以是个人后退走,也可以采用小群体纵队的方式一起后退走。

5. 踩点走

练习脚眼协调能力及身体的灵敏性。可以运用地面各种标识,采用不同距离进行练习。

6. 走走停停

强调身体的灵敏性及控制能力的发展。可以通过各种游戏口令进行练习。此练习过程可以是教师发出口令,也可采用伙伴间相互模仿进行练习。

7. 长距离走

以身体的有氧耐力发展为主,强调心肺功能的发展。多用于远足活动。

8. 闭目行走

强调各种感知觉及方位感的发展。闭目行走的方法,可结合听、触等方式进行练习,也可通过感知判断进行练习。

9. 控物走

用手或脚直接拨动材料,或以手持材料拨动另一材料的方式进行。强调手眼、脚眼协调及身体控制力的发展。控物走动作可以是手的控物,也可以是脚的控物,使被控制的材料与人之间保持合理的距离。

10. 持物走

包括手持物品走、手托物品走、顶物走、夹物走等形式,以平衡能力的发展为主。手持物品走可以形成单手握、双手夹、抱等方式进行;手托物品走可以是单手,也可以是双手,采用一些不稳定材料进行练习;顶物走主要运用身体的头顶、肩、背等部位顶物进行行走;夹物走主要运用肢体与躯干之间的关系,夹紧物品进行行走等。

11. 跨高走

是指幼儿在行走的过程中,不断跨过一定高度的障碍物进行行走。在小班采用连续性的低矮障碍物,练习幼儿身体的控制力及平衡能力。在中、大班采用不同高度的障碍物,练习幼儿的下肢柔韧性、平衡能力及下肢力量。

12. 固定或不稳定材料上走

主要是指幼儿在中、大型固定材料及可组合的小型材料上进行行走,强调幼儿平衡能力及协调能力的发展。例如：踩石、木桩、摇摆桥、小高跷等。

13. 拖拉物品走

轻物拖拉强调幼儿的控制力，重物拖拉强调幼儿身体力量的发展。

14. 推物走

以上肢力量及协调能力的发展为主。例如：推小车、推纸箱等。

15. 双人及多人协同走

主要有间隔协同走、紧密结合协同走两种方式。间隔协同走是指人与人之间间隔一定的距离，但以相同动作进行练习，如各种队列队形的行走；紧密结合走，是通过人与人的肢体连接，或通过某种材料形成人与人之间的连接进行行走，如两人三足、大脚板等，强调身体的控制能力、感知觉能力、灵敏性及协调能力的发展。

（二）走步基本动作技能的学习

在幼儿园走步活动开展过程中，可进行一定的走步动作技能的学习，走步技能主要有以下方法。

1. 全脚掌着地走

身体保持正直，两脚左右开立，双膝伸直不弯曲，两手臂放于身体左右，在行进中，髋关节屈伸，身体左右摇摆，不断向前行进。促进平衡能力的发展。

2. 前脚掌着地走

身体保持正直，两脚起踵，两膝伸直，用两脚的前脚掌着地，髋关节屈伸，两臂前后交替摆动，不断向前行进。促进踝关节力量及平衡能力的发展。

3. 脚跟走

身体前倾，髋关节及膝关节稍弯曲，脚跟着地，前脚掌始终抬起，双手放于体前，可采用向前或向后走的方式进行。促进平衡能力的发展。

4. 侧向并步走

身体重心降低，侧向于行进方向，前侧脚侧出一步，紧接着后侧脚与前侧脚并拢，如此反复进行行走。促进两腿协调能力的发展。

5. 正向交叉走

身体自然正直，在向前行进过程中，每一步两腿都成交叉向前行进。行进过程中，也可不断增加交叉的幅度。促进平衡能力及柔韧性的发展。

6. 侧向交叉走

身体侧于行进方向，两臂呈侧平举。方法一，后侧脚向前交叉于前脚，接着前脚侧向开立，如此反复不断侧向向前行进；方法二，后侧脚向后交叉于前脚，再前脚侧向开立，如此反复不断侧向向前行进；方法三，结合方法一和方法二，后侧脚交叉于前脚，接着前脚侧向开立，第二步，后侧脚向后交叉于前脚，如此一次向前交叉，一次向后交叉，反复交替，侧向向前行进。促进两腿协调能力的发展。

7. 高抬腿走

身体保持正直，面向前方行进，每向前一步，支撑腿尽可能伸直，悬空腿屈髋抬膝达到水平状态，如此反复，两腿交替向前行进。促进大腿力量的发展。

8. 半蹲走

身体呈半蹲，正面向前行进。半蹲动作可以是稍屈膝的动作，也可以采用深屈膝的动作进行。躯干动作可以采用直立或前倾。促进大腿力量的发展。

9. 全蹲走

身体成全蹲，正面向前行进。身体呈全蹲后，双手抓住脚踝，两脚交替向前行进。促进腿部力量的发展。

全脚掌走

前脚掌着地走

脚跟走

侧向并步走

正向交叉走

侧向交叉走

10. 后踢步走

身体自然正直,面向前方,两手伸直放于身体两侧的侧后方,在行进中,悬空腿向后充分屈膝后折,用后脚跟触碰同侧手手掌,如此反复不断向前行进。促进腿部力量及节奏感的发展。

后踢步走

11. 弓箭步走

身体自然正直,面向前方,每一步跨出时,步幅尽可能跨大,使身体呈弓步,此时上身保持正直,跨出腿的小腿与大腿之间呈九十度,大腿与躯干之间呈九十度,另一条腿绷直,前脚掌着地。如此反复,向前行进。促进柔韧性、大腿力量及平衡能力的发展。

弓箭步走

12. 顶脚走

身体自然正直,面向行进方向,前脚伸出后,后脚脚尖顶住前脚脚跟,使两脚在同一直线上,如此反复行进。促进平衡能力的发展。

顶脚走

第二节　跑步教育

一、跑步的基本知识

跑步是人体移动最快的一种运动方式。是幼儿日常生活中最基本的活动技能,同时又是锻炼幼儿身体的重要手段。跑步时几乎全身各部位的肌肉都参与活动,同时由于存在着较大的运动负荷,对于内脏器官的调节也非常明显。学前儿童经常进行跑步运动,可以有效地增强下肢部位的肌肉力量,提高身体的速度、灵敏性、耐力及协调能力等身体素质的发展。而且在快速跑的过程中,对于积累幼儿有关时间与空间的经验,促使其时间知觉与空间知觉的发展都有很好的帮助。

二、跑步的特点和基本要求

跑步时,两脚有一个同时离开地面的过程,称为腾空阶段。具有良好的腾空动作,可以加快人体位移的速度,增大步幅,此特点也是区别于走步的最大特征。跑步时,强调腿、脚的后蹬力量,只有后蹬力量越大,才能使人体位移的速度越快。跑步时,强调两臂的自然前后摆动、摆臂动作,不但能使身体保持良好的平衡状态,也是调整步频和步幅的重要手段。跑步时,强调合理的呼吸配合,特别在较长距离跑时,应用鼻子呼吸,或用鼻子吸气、嘴巴呼气的方法进行。跑步过程中,低头、仰头、身体左右摆动、手臂左右摆动等不良动作,都会影响跑步的速度。

三、跑步动作的练习

（一）跑步基本动作的运用

在幼儿园中,以基本动作为基础的跑步活动开展主要包括以下七种方式。

1. 直线跑

在一定的距离内,以一定的速度强调幼儿控制身体的能力。教师可选择合适的宽度,让幼儿在其中进行直线跑步的练习,强化幼儿正确的跑步动作。

2. 变速跑

练习身体的控制能力及灵敏性。变速跑以速度的调节为主,强调在跑动中速度的变化,是各种跑动技能的基础。对于幼儿而言,更多在教师的带领与要求下形成变速跑的动作。

3. 追逐跑

分为定向追逐跑与四散追逐跑。定向追逐跑,是指在固定的路线上进行的追逐跑;四散追逐跑即无固定路线的随机跑。追逐跑对于身体的综合能力要求较高,在此过程中,既要求神经的反应速度,又对身体的灵敏性有很强的刺激,同时需要良好的下肢力量及心肺功能作为保障,因此对身体具有很好的练习效果。

4. 上坡跑

运用自然跑的动作,练习幼儿大腿及踝关节力量。

5. 下坡跑

运用自然跑的动作,练习幼儿跑动中的频率及身体平衡能力。

6. 走跑交替

发展幼儿的心肺功能。由于幼儿氧的代谢能力较弱,因此在幼儿园,心肺功能主要通过较长距离的走跑交替进行练习。

7. 两人及多人协同跑

与两人及多人协同走的方式相同。由于幼儿之间形成紧密同步协同跑相对较难,一般采用较长的工具或软性材料通过共同手执的方式进行相互的连接。例如:呼啦圈、报纸、短绳等,以横向或纵向结合的方式进行练习。

(二) 跑步基本动作技能的学习

跑步基本动作技能是在一定学习及练习的基础之上形成的动作能力,跑步的动作技能主要包括以下学习内容。

1. 起跑

两脚前后开立,稍小于正常步幅,眼睛平视跑动方向,上体前倾,膝、髋关节稍屈,双脚前脚掌着地,身体重心稍靠前,异侧手臂自然下垂于体前,另一手臂稍抬起于体后。开始起动时,后脚首先用力向前迈出。起跑促进幼儿快速反应能力的发展。

起跑

2. 小步跑

要求上体放松,两臂位于腰间,小幅度的摆动,两脚左右开立与肩同宽,前脚掌着地,两膝稍屈,进行快速小跑。教师注意节奏的控制,促进跑步中节奏感的发展。

小步跑

3. 侧向并步跑

身体重心稍降低,屈髋、屈膝,两臂张开于身体两侧,侧向于行进方向。跑动时,前侧脚侧出一步,紧接着后侧脚与前侧脚并拢,在并拢的一瞬间,前侧脚快速跳出,如此反复侧向快速移动。促进协调能力的发展。

侧向并步跑

4. 跑停

跑停的动作是指在快速跑动过程中,有效停止身体移动。主要在侧向并步跑、间断跑、往返跑等情况下运用。间断跑是指幼儿在一定距离的跑动过程中,间断性地选择几次停止后再快速跑动,直至终点。往返跑是指在一定的距离内,从起点到终点反复来回。跑停的动作是根据距离长短选择不同的跑动方式,短距离多采用侧向并步跑,长距离多采用正向跑的方式。不论采用何种方式跑动,跑停时,多采用降下重心,身体后倾,最后一步有意识增大步幅,使身体快速停止下来。促进身体控制能力及平衡能力的发展。

5. 高抬腿跑

身体保持正直,面向前方进行跑动。在整个跑动过程中,始终保持两脚前脚掌着地。每向前一步,支撑腿尽可能伸直,悬空腿屈髋抬膝,使之达到水平,如此反复,两腿交替向前跑动。促进大腿力量及节奏感的发展。

高抬腿跑

6. 后踢腿跑

身体自然正直，面向前方，在跑动过程中，两脚始终保持前脚掌着地，两手臂前后摆动，悬空腿向后充分屈膝后折，两腿快速交替，如此反复不断向前跑动。促进腿部力量及节奏感的发展。

后踢腿跑

7. 跨大步跑

在跑动过程中，不断增大跑动的步幅，使身体腾空。促进踝关节力量的发展。

8. 变向跑

在跑动过程中快速改变方向。在改变方向时，身体重心稍降低，向前扒地，脚沿跑动方向变为侧向扒地，同时重心侧移，形成身体方位的改变。促进身体灵敏性的发展。

跨大步跑

9. 弧形跑

沿着弧形或圆形跑动，要求身体重心向圆心方向倾斜。速度越快或半径越小，倾斜的角度越大，因此，靠近圆心的内侧脚步幅相对较小，外侧脚步幅较大。促进平衡能力的发展。

10. 跨障碍跑

在直线上放置一定高度的障碍物，幼儿沿直线跑动，遇到障碍物时，身体形成较高腾空跃过障碍物。促进腿部力量及协调能力的发展。

第三节 跳 跃 教 育

一、跳跃的基本知识

跳跃的内容丰富多彩，跳跃的动作具有较强的实用价值。在活动中跳跃的练习具有一定的挑战性，是幼儿非常喜欢的一种活动方式，同时也是生活中重要的活动技能之一。跳跃的教育对于发展儿童下肢爆发力、弹跳能力、协调能力、灵敏性，提高耐力、增强下肢力量及增强优良的心理品质都有着很好的促进作用。

二、跳跃的特点与基本要求

跳跃时根据其路线及方位不同，可分为原地纵跳、向前跳、侧向跳、原地绕转跳、变向跳、向后跳、向下跳及向上跳跃等。以跳跃次数的不同，可分为一次性跳跃、多次及连续性跳跃等。以跳跃的支撑不同，可分为单脚跳跃、双脚跳跃、单双脚的交换跳、跨跳及手臂支撑跳跃等。以跳跃时有无器材或障碍，可分为无器材或无障碍跳跃、有器材或有障碍跳跃等。以人数的多少，可分为单人跳、双人跳及多人协同跳等。由于跳跃动作组合与变换方式较多，可根据幼儿能力的发展需要进行合理设计。

三、跳跃动作的练习

（一）跳跃基本动作的运用

以基本动作为基础的跳跃活动在幼儿园体育活动开展中主要包括以下五种。

1. 并腿纵跳

在原地进行的两腿并拢快速向上跳跃的动作，主要运用直膝纵跳的方式进行，以踝关节

并腿纵跳

为主要发力点向上跳跃的动作。要求身体呈正直,双手叉腰,跳跃时膝关节尽可能不弯曲,用前脚掌反复着地向上跳跃的动作。促进踝关节力量的发展。

2. 并腿向前跳

以微屈膝纵跳为基础向前跳跃的方式。一次性并腿向前跳包括短距离向前跳和长距离向前跳两种方式。

短距离向前跳:是指每次跳跃的距离都较短,多采用较远的距离中连续向前跳的练习,强调踝关节力量及节奏感的发展。

长距离向前跳:在跳跃过程中,以后脚跟过渡到整个脚掌着地的方式进行。跳跃时需要结合两臂摆动进行平衡。促进腿部力量的发展。

3. 并腿夹物跳

在并腿向前跳的基础之上,增加一材料,放于两腿之间进行的跳跃练习。可以采用体积较小的材料,也可以采用体积较大的材料。提高腿部的内侧力量。

4. 并腿变向跳

在并腿向前跳的基础之上,改变身体的方向,向前跳跃的练习。提高身体的灵敏性。

5. 并腿不同方位跳

在并腿纵跳的基础之上改变身体位置的一种跳跃方式。基本动作同并腿纵跳,在每次原地跳跃过程中,主动改变身体的方向,形成不同方位的落地。提高身体的灵敏性。

并腿不同
方位跳

(二) 跳跃基本动作技能的学习

跳跃的基本动作技能主要是在基本动作基础之上形成的动作能力,此方面的动作技能非常丰富,在幼儿园中主要包括以下十种。

1. 单双脚转换跳

身体呈正直,双手叉腰,两脚左右开立(或并拢)。跳跃时,任一脚跳向两脚中间,另一脚悬空,悬空脚后屈于支撑腿的后方,完成后,两脚再次跳呈左右开立(或并拢);第二次换另一只脚完成,如此反复进行练习。此动作技能可以是原地进行,也可在行进中进行练习。促进腿部协调能力的发展。

单双脚转
换跳

2. 单脚跳

在单脚独立的基础上,形成单脚向前跳跃的动作。一腿支撑,另一腿悬空,结合手臂保持身体的平衡,有节奏地向前跳跃。促进身体平衡能力及腿部力量的发展。

3. 跑跳

在跑动过程中,身体自然放松,支撑脚向前单脚小跳一次,同时悬空脚稍屈膝抬起,完成后,悬空脚快速落地,向前小跳一次,此时一开始的支撑脚屈膝抬起,如此反复向前移动身体。促进腿部协调能力及节奏感的发展。

跑跳

4. 向下跳

向下跳的动作技能主要强调落地时的缓冲动作。在一定高度上向下跳时,要求双脚同步,前脚掌首先着地,再过渡到整个脚掌。同时踝关节、膝关节、髋关节自然弯曲,重心稍向前倾,形成充分缓冲。促进身体协调能力的发展。

5. 抱膝纵跳

在并腿纵跳的基础之上进行练习的动作。跳起时,重心稍前倾,双膝充分向上,此时大腿尽可能靠近躯干,小腿与大腿之间折叠在一起,双手抱膝;落地时,双脚前脚掌先落地,再过渡到全脚掌。促进腿部力量及身体协调能力的发展。

抱膝纵跳

6. 双脚变换跳

双脚变换跳主要包括前后分腿跳和左右交叉跳两种。

前后分腿跳:做动作准备时,呈弓步,双脚呈前后分腿开立,两膝稍屈,跳起后,前脚掌

双脚变换跳

用力,两脚在空中前后互换,同时落地,再呈前后支撑。动作在一定的节奏下反复进行。

左右交叉跳:双脚呈左右开立,跳起后,双脚在空中交叉,落地时,两脚成交叉支撑,再次跳起,两脚跳呈开立,交叉腿依次轮换前交叉、后交叉动作。在一定的节奏下反复进行。

两种动作在跳跃过程中始终保持前脚掌着地。促进腿部协调能力的发展。

7. 分腿跳并

双脚并拢,站于障碍物前面,障碍物的高度及宽度视幼儿能力进行选择。原地屈膝跳起,在空中分开两腿,使两腿从障碍物的两侧绕过,两脚落地时,积极并拢,前脚掌着地。促进腿部内侧力量及协调能力的发展。

8. 手臂支撑跳跃

双手左右分开与肩同宽,支撑于地面或器械上,肘关节伸直,屈伸髋、膝、踝关节,双脚用力蹬起,形成两腿腾空,两腿绕过障碍物,落地时,两脚积极并拢,前脚掌着地。手臂支撑跳跃的动作形式多种多样,还可采用并腿同步绕过障碍物,此时可采用身体面朝下,或身体面朝上等方法进行练习。促进全身力量及协调能力的发展。

9. 助跑跨跳

助跑跨跳主要包括助跑、腾空与缓冲三大部分。助跑由慢到快,腾空时,支撑腿起跳,摆动腿快速向前上方跨出,形成身体的腾空动作;落地后,减速形成缓冲。主要促进身体协调能力的发展。

10. 立定跳远

双脚左右开立与肩同宽,手臂由体前上方向体后摆动,同时屈髋、屈膝呈半蹲,上体稍前倾;起跳腾空时,双臂向前上方摆动,同时结合踝、膝及髋关节的快速伸展积极向前上方跳起;落地缓冲时,快速屈髋、膝、踝关节呈全蹲,此时后脚跟先落地,同时身体重心积极向前,过渡到全脚掌着地,同时双臂快速收回,保持身体的平衡。促进全身力量及协调能力的发展。

分腿跳并

手臂支撑跳跃

助跑跨跳

立定跳远

第四节 投掷教育

一、投掷的基本知识

投掷是发展儿童上肢肌肉力量、身体协调能力及结合器械对投掷物进行有效控制的重要途径。在各种投掷动作的练习中,常伴随着上肢、腰腹、背、腿部等部位以及视觉感知能力的综合运用,是幼儿喜欢的活动方式。

二、投掷的特点和基本要求

投掷一般可以分为掷远和掷准两类。掷远强调如何把投掷物尽可能投远。这一动作强调速度和力量的结合,强调合理的动作、合理的角度,以达到最有效的投掷结果。在幼儿园投掷活动中,一般采用单手肩上向前投掷的动作,是最有效的方式。掷准要求尽可能将投掷物击中指定的目标。掷准动作不仅需要对肌肉力量有很好的控制能力,而且更需要有良好的目测能力以及对于投掷空间和时间的把握能力。

投掷活动在幼儿园中的开展丰富多彩,一方面来自投掷动作的多样性,另一方面投掷材料有更多样的选择性。材料的不同性质,决定着不同的动作选择,不同的材料运动轨迹,形成不同的结果反馈。因此,投掷材料的合理选择对人体各部位都存在着练习的价值。幼儿园投掷活动开展过程中,根据练习需要,可选择双手执握的大型材料或单手执握的小型材料;定向轨迹性材料或非定向轨迹性材料;投掷远度性材料或掷准性材料等。

三、投掷动作的练习

(一) 投掷基本动作的练习

在幼儿园投掷活动的开展过程中,对于幼儿已有经验的运用主要包括以下八种。

1. 双手向前推掷

投掷材料放于体前地面上,身体全蹲,双手掌心向外,指尖朝上,向前推动可滚动或滑动性材料。例如:小皮球、健身球、滑板、底为平滑的塑料箱等。促进手臂力量的发展。

2. 单手前推掷

投掷材料放于地面上,身体呈半跪面向材料,手心向下,单手执材料,摆动上臂,向前推出材料,小汽车、小木块、象棋子、沙壶等。促进手臂协调能力的发展。

3. 双手向前抛滚

身体呈半蹲,两脚左右开立,双手掌心向外,指尖朝下,以肩关节为发力点,向前摆臂、拨腕抛滚材料,使材料在地面滚动。此动作可形成手托材料或材料放置于地面上两种方式进行。使用的材料,如小皮球、滚筒、儿童保龄球、伸缩球等。促进身体协调能力及全身力量的发展。

4. 双(单)手向后抛滚

身体呈半蹲,两脚左右开立,背向投掷方向,投掷材料放于两脚之间,双手掌心向后,指尖朝下,以肩关节为发力点,从胯下向后抛滚材料。多以可滚动的小材料为主,单手动作基本同双手动作。双手多用于中、小班,单手多用于大班。可形成掷远或掷准的活动。主要练习肩背部力量。

5. 单手向前抛掷

身体呈半蹲,一脚在前,一脚在后,单手执材料,掌心朝外,摆动上臂,向前做抛出动作,使材料滚出。使用的材料主要有小皮球、垒球、保龄球、小塑料环等。促进手臂控制能力的发展。

6. 单(双)手向上抛

两脚左右开立,宽于肩,身体呈半蹲,单(双)手执材料,直臂放于两腿之间,投掷时向前下方充分屈体后,快速伸展身体,同时手臂向上方快速摆起,使材料向正上方飞出。使用的材料主要有降落伞、弹力球、气排球、闪光球等。促进臂部、腰腹部力量的发展。

7. 单(双)手向后抛

动作基本同单(双)手向上抛。向后抛时,身体及手臂的伸展方向向后上方用力抛出。使用的材料主要有乒乓球、实心球、大沙包等。促进腰背部、肩部力量的发展。

8. 单(双)转体侧向投掷

两脚左右开立,两(单)手直臂持器材于体前。投掷时,重心降低;身体带动手臂向一侧充分转动,以左(右)脚为轴,蹬右(左)脚,拧腰,身体积极向左(右)侧转体;同时双臂向两侧平举,快速摆出,把器材向投掷方向的前上方抛出。使用的材料主要有飞盘、小塑料圈、回旋镖、泼水等。促进腰侧力量及肩背部力量的发展。

(二) 投掷基本动作技能的学习

在幼儿园中,投掷动作技能主要表现为大肌肉精细化的过程,动作技能要求主要有以下四种。

1. 单手肩上向前投掷

原地站立,身体侧向投掷方向,两脚成丁字步前后站立,重心后倒,投掷手臂于体后侧伸直,手臂稍屈,眼看前方。投掷时,后腿向前蹬起,同时转体,挺胸;手臂由身后经头侧快速向

单手肩上
向前投掷

前上方挥臂,甩腕。投掷过程中,要求肘关节抬起,稍高于肩关节。是轻材料向前掷远的最有效动作,发展全身力量及协调能力。

2. 双手肩上向前投掷

两脚前后站立,面向投掷方向,双手执物于脑后,重心后倒,低头,前腿伸直,后腿屈。投掷时,后腿向前蹬起,前腿屈,同时腰部及臂背部向前发力,抬头,把投掷物从脑后快速掷向正前方。促进全身力量及协调能力的发展。

3. 单手屈臂掷准

两脚前后站立,面向投掷方向,单手执投掷物,屈臂于头侧,在投掷的过程中,尽量保持身体不动,挥动小臂,把投掷物投出。发展手眼协调能力。

4. 双手胸前投掷

身体面向投掷方向,两脚呈弓步前后站立;双手持球屈臂于胸前;两手对应抱于球的侧后方,两拇指相对呈"八"字,身体重心移于后腿。投掷时,后脚蹬地,身体积极向前;同时双臂快速向前伸出,抖腕、拨指。发展身体的协调能力及手眼协调能力。

双手肩上
向前投掷

单手屈臂
掷准

双手胸前
投掷

第五节　攀、钻、爬教育

一、攀、钻、爬的基本知识

攀的动作具有促进身心全面发展的价值。在练习的过程中,能很好地发展幼儿全身力量,尤其是手的抓握力量发展,同时也有利于幼儿的平衡能力、灵敏性及协调能力等身体素质的发展。对于幼儿良好的心理品质和自信心的形成都有很大帮助,是幼儿园体育教育中不可缺少的活动内容。

钻的动作能增强幼儿腿部和腰背部的肌肉力量,发展幼儿身体动作的灵敏性、柔韧性及平衡能力等身体素质,同时能很好地促进幼儿空间感知力的发展。

爬行的练习是一种有趣且是对身体练习非常有价值的运动方式,强调人体上下肢及躯干的协调配合。在学前时期,幼儿力量发展较弱的情况下,不论哪个年龄段,爬行练习对于促进幼儿身体的全面发展都显得特别有效。在学前期,主要表现在头颈部力量、四肢力量、背肌力及腹部力量的发展,提高幼儿动作的灵敏性、协调能力、耐力等身体素质。

二、攀、钻、爬的特点和基本要求

(1)攀的动作主要包括了攀登和攀爬。攀登更强调下肢力量的运用,如攀登楼梯,上肢更多起到辅助作用。攀爬则强调上、下肢的协同运动,如攀爬绳网。

(2)钻的动作主要包括正面钻和侧面钻。正面钻:动作强调在钻过一定空间时,身体正面向前,屈膝弯腰,头先钻过障碍物,再通过身体和腿的方式进行。对于空间感知能力有一定要求,此种练习方式多用于小班幼儿。侧面钻:动作强调身体各部位的相互协调,动作过程为一腿先通过障碍物,再通过头和躯体,最后通过另一条腿,可用于在较小空间内进行练习,此种方式多用于中、大班幼儿。

正面、侧面钻

(3)爬的动作强调上肢与下肢之间各关节的相互协调配合。

(4)攀与爬可以形成攀爬的动作,攀与钻可形成攀钻的动作,钻与爬的动作也可形成钻爬等组合动作。

三、爬行动作的练习

（一）爬行基本动作的运用

幼儿爬行的基本动作为手膝着地爬,在幼儿园体育活动中主要运用方法如下：快速向前爬、变向爬、倒退爬、追逐爬、多人协同爬等。

（二）爬行基本动作技能的学习

爬行的基本动作技能,强调幼儿的协调能力、身体各部位力量的发展,主要包括以下五种。

1. 手脚着地爬

双手、双脚着地,臀部抬起,头部充分抬起,运用手脚相互配合,完成向前、向后、侧向并步、侧身交叉、原地旋转等动作练习。促进全身协调能力的发展。

2. 并手并膝爬

双膝呈并跪,两手臂直臂支撑于体前,双手并排放于地面上。爬行时,双手同时向前,接着双膝同步向前,依次交替进行。促进腰腹部力量的发展。

3. 肘膝着地爬

双膝呈跪,双臂屈肘,双肘着地,两前臂放于头两侧。爬行时,与幼儿自然爬行动作相同,肘膝异侧同步向前移动,腰部随肘膝的移动进行左右摆动,如此反复,向前爬行。促进肩背部力量的发展。

4. 匍匐爬

身体正面匍匐于地上,双臂屈于胸前,前臂支撑起上体,抬头。爬行时,运用两前臂依次向前趴地,同时结合异侧膝及小腿的屈蹬向前爬行。行进过程中,臀部始终不抬起。促进身体协调能力的发展。

5. 仰身爬

头朝向行进方向,仰面朝上,双手及双脚着地,双膝弯曲,仰面撑于地面,臀部不着地。手脚协调配合,使身体向后移动。促进肩背部及腰腹部力量的发展。

手脚着地爬

并手并膝爬

肘膝着地爬

匍匐爬

仰身爬

第五章　幼儿园队列队形活动

目标导航

1. 了解队列队形活动在幼儿园的作用与意义
2. 牢固掌握队列队形活动开展过程中的基本口令与要求
3. 理解队列队形活动在幼儿园中有效开展的基本原则
4. 牢固掌握队列队形活动开展的基本组织方法
5. 了解幼儿园体育教育中,队列队形活动的特点
6. 掌握幼儿园队列队形活动开展过程中的各种手段与方法
7. 在实践中进行各种队列队形活动的练习

第一节　幼儿园队列队形的基本内容

一、幼儿园队列队形练习的意义

队列队形练习是学前体育活动中的重要组成部分。在体育活动中运用队列队形,能合理地组织幼儿进行活动,集中幼儿的注意力,有助于幼儿园中各种集体体育活动的开展,促进各种体育活动任务的完成和体育活动质量的提高。

具体地说,通过队列队形练习,可以促使幼儿掌握队列队形中的基本动作,培养幼儿集体组织纪律性,增强集体观念,提高幼儿的注意力,听从指挥的能力,形成整体快速、统一、协调的节奏,发展幼儿正确的方位感及本位感,从而培养幼儿正确的身体姿势,促进身体的正常发育。

队列队形的活动渗透在幼儿园各种体育活动中,不论是集体早操活动、集体游戏活动、集体教学活动,还是各种大型的体育活动中,都存在着大量的队列队形活动的表现形式。作为一名合格的幼儿教师,应有能力组织好幼儿园的各种相关的体育活动。能正确运用口令及采用符合幼儿特点的方法进行各种队列队形的变换,从而有效地组织幼儿进行各项集体体育活动的开展。

在幼儿园中,应重视队列队形的练习。每个年龄段的幼儿通过各种不同难度队列队形内容的活动,

不但对于幼儿的身体发展起着重要的作用,同时有助于教师活动常规的建设。教师应选择各种特定、有效的方式,形成师生间的即时互动。例如:肢体语言,特定的口令或口诀,不同的哨音、掌声,各种器材所形成的各种声音等,一一对应各项内容的操作,使每项内容达到师生间行为中的默契。最终形成教师在各种活动中能轻松、便利、有效地组织,全体幼儿能快速、合理地活动的氛围。

二、幼儿园队列队形练习的基本知识

(一)队列、队形的基本概念

幼儿园中的各种队列队形的活动,是主要依据《中国人民解放军队列条令》(简称《条令》)而形成的。这些内容已成为全国各级学校开展队列活动的主要依据。

队列——幼儿按照一定的队形,根据规定的口令或条令,做协同一致的动作。

队形——在队列练习的基础上,根据任务和要求,进行各种队列的队形、体操的队形和图形的变化等。

队列队形,从概念上看它们是有区别的,但在实际运用中又很难把它们严格区别开来。在队列练习中包含着基本队形变化的因素,如集合、整队、报数、解散等都是以一定的队形为前提的;而队形练习的基础则是队列动作,没有统一的队列动作,就不可能有各种各样的协同一致的队形和图形变化。两者相辅相成,其共性是在教师的指挥下,在规定的场地内,幼儿按照统一口令和一定的队形来进行各种练习。

(二)队列队形练习的基本术语

 (此图表示:幼儿面向左侧)　　 (此图表示:特指的幼儿)

 (此图表示:教师)　　 (此图表示:移动后的幼儿)

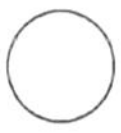

(1)列:左右并列成一线叫"列"。

图 5 - 1 - 1

(2)路:前后重叠成一行叫"路"。

图 5 - 1 - 2

(3)翼:队形的左右两端叫"翼",右端为右翼,左端为左翼。

图 5 - 1 - 3

(4)正面:队列中幼儿所面向的一面叫正面。

图 5 - 1 - 4

（5）后面：与正面相反的一面叫后面。

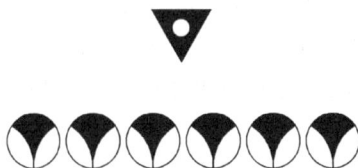

图 5－1－5

（6）间隔：队形中个体彼此之间的左右相隔的间隙叫间隔。

图 5－1－6

（7）距离：队形中个体彼此之间前后相距的间隙叫距离。

图 5－1－7

（8）横队：个人彼此左右并列组成的队形叫横队。在横队中,队形的宽度大于队形的纵深。

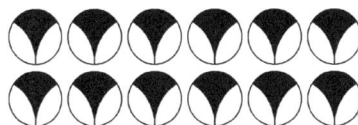

图 5－1－8

（9）纵队：个人或成队前后叠组成的队形叫纵队。在纵队中,队形的纵深大于队形的宽度。

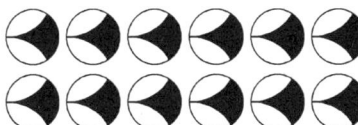

图 5－1－9

（10）排头：位于横队右翼或纵队之首的幼儿(一个或数个)为排头。
（11）排尾：位于横队左翼或纵队之尾的幼儿(一个或数个)为排尾。
（12）步幅：步的长度(前脚脚跟至后脚脚尖的距离)。
（13）步频：每分钟所走的步数。

(三) 幼儿园中的基本口令

1. 常用基本口令

集合、解散、<u>立正</u>、稍息、向前看<u>齐</u>、<u>原地踏步走</u>、<u>向左</u>(右、后)<u>转</u>、<u>便步走</u>、<u>齐步走</u>、<u>跑步走</u>、<u>左</u>(右)<u>转弯走</u>、<u>立定</u>;蹲下、坐下、起立等。

2. 口令的组成

预令——口令的前部分,使听口令者注意并准备做动作的内容叫预令;

动令——口令的后部分,使听口令者立即做动作的内容叫动令。

队列一般由预令(指示词)和动令(动词)组成。但有的口令没有预令和动令之分,是由独立词(句)组成的,所谓只有动令的口令,它既说明动作方式(性质),又说明动作的开始。如"集合""立正""解散""稍息""报数""蹲下""坐下""起立"等,在《条令》中是没有动令与预令之分的,但在幼儿教师的基本口令中,"立正"这一口令比较特殊,也可形成预令与动令的结合。其中"立"为预令,"正"为动令。在以上口令中,有下划线的部分都为预令,加粗字体为动令。

以上所述,虽然说明了预令和动令有各自不同的作用,但是一个完整的口令(包括预令和动令),它们是缺一不可、密切相关的统一体。

3. 幼儿教师基本口令的要求

(1) 口令清楚、洪亮、有节奏;

(2) 预令与动令之间的时间稍长,给幼儿足够的反应时间;

(3) 动令要短促、洪亮;

(4) 教师在进行口令时,多结合肢体进行指挥;

(5) 在进行有方位变化的队列队形的练习时,教师要提前到达幼儿所需达到的方位面,面向幼儿,再进行口令的要求。

例如:在操作"向左转"这一口令时,教师首先提前到达幼儿的左侧,同时下达口令"面向老师,向左——转",并结合肢体,进一步强调幼儿动作的统一性及准确性。

(6) 幼儿在完成队列队形的练习中,只要节奏允许,教师就应该要求幼儿在完成动作的过程中,运用"1、2"口令,进行节奏的回复,以达到整体动作的统一性和准确性。

例如:"立正"这一口令。当教师下达口令"立——正"后,全体幼儿在完成动作的过程中,同时回复:"1、2"。

4. 幼儿园队列队形练习内容、口令和基本要求

队列队形练习内容、口令和基本要求

队列内容	口令要求	口 令	动 作 基 本 要 求
原地队列练习	立　正	"立——正"	身体保持正直,两臂自然下垂于身体两侧,眼看前方,脚跟靠拢,脚尖稍分
	稍　息	"稍息"	左脚向左侧跨出半步,两脚左右开立,重心落在两腿之间,两手背于身后相握
	看　齐	"向前看——齐""两臂放下"	口令主要用于队伍成纵队时,排头两臂侧平举,后面小朋友两臂前平举,双脚靠拢,眼看前方。保持左右、前后间距 两臂放下时,快速将两手臂放下,贴于身体的两侧,保持直立
	原地踏步	"原地踏步——走"	从左脚开始,两脚在原地上下起落,上体正直,两臂前后直臂摆动,眼看前方。此动作可不断增大手臂及下肢幅度
	向左(右、后)转	"向左(右、后)——转"	身体向左(右、后)转动,身体保持正直;听到口令后,幼儿回复口令"1、2",同时结合踏步动作完成转体
行进间队列练习	便步走	"便步——走"	自然走步,不需要统一的步伐
	齐步走	"齐步——走"	左脚开始,向前行进,步伐均匀,上体正直,两臂前后自然摆动,精神饱满
	跑步走	"跑步——走"	听到预令后,两手握拳,屈肘在身体左右于腰间,听到动令后,踏步跑出,两臂前后自然摆动
	向左(右)转弯走	"向左(右)转弯——走"	排头在指定地点向左(右)成弧形转弯走,后面幼儿逐一跟随前进
	立　定	"立——定"	听到动令,两拍后停下,成立正姿势,幼儿回复口令"1、2"

(四)队列队形的活动中教师常用的辅助工具

教师在组织幼儿户外队列队形活动中,除了运用口令对幼儿的行为进行控制外,也常用一些辅助手

段或工具进行组织。例如：击掌、哨子、响板、铃鼓、竹板、竹筒、小鼓、可随时播放音乐的工具等。

各种辅助手段的运用在户外开放式的场地上，帮助教师进行非语言式的表达。一方面在寻求多种手段进行活动控制时，丰富了教育的语言；另一方面也不断促进幼儿听各种信号做出反应的能力，同时保护了教师的口腔卫生。

各种辅助工具，都有其特定的操作方法，主要强调幼儿能听从各种特定的声音，做出教师所要求的正确反应。由于是非语言式的手段，因此听各种辅助工具所发出的声音，并能形成对应的行动这一内容，需要成为常规练习的一部分，使幼儿的行动与每种特定声音之间形成默契。在众多辅助工具中，哨子是最常用的一种，由于携带方便、声音洪亮，同时可吹出各种形式的声音，因此成为教师最愿接受的辅助工具之一。

1. 哨子的吹法

鸣哨时，首先将哨嘴放入口中，用上、下牙咬住哨嘴上下凸缘处，舌尖稍用力堵住哨口，上下嘴唇包紧哨的颈部，谨防漏气。吹哨时，运用口、鼻吸气，胸腹部肌肉用力收缩，使胸腔内的压力增大，完成后，鼻腔闭气，口腔两侧肌肉紧缩，形成向外吹气之势。吹气时，舌尖快速后缩打开哨口，使气流进入哨中，吹响哨子。哨声的强弱、音量的大小由吹气的力量决定。

2. 队列队形中哨声的运用

运用哨子要掌握好音量大小、音速快慢、时机等技巧。哨声的强弱、长短及其在时间中的延续变化和教师所需表达的意愿之间有着对应关系，在长期的体育教学实践中，要掌握其规律。在不同的场合使用不同的哨音，内容不同则选择不一样的哨音。队列队形活动中常用的哨声组合技巧主要有以下六种。

(1)"笛!"短促响亮一声，表示某动作或片段的开始。

(2)"笛笛!"短促两声，表示提醒或引起幼儿注意。

(3)"笛——!"(声音由高到低)悠缓一声，表示动作的片段结束或暂停。

(4)"笛笛——!"(声音由低到高，第二声稍长)表示警告、制止或指正。

(5)"笛笛笛笛——!"表示紧急集合。

(6)"笛笛笛!"(声音由低到高再转低)表示小组的练习进行轮换等。

各种哨声的表现主要强调教师与幼儿之间能够达成相互的默契。因此，在以上哨声的表达方式之外，教师也可根据自己的理解，进行哨声表达的选择。

3. 哨声在使用中的注意事项

(1)注意频率适度。在合理的内容中使用，不要泛用哨声，不要把哨声变成噪声。过多使用，会使幼儿对哨声失去敏感度。在运用中可与语言、肢体语言、口令、掌声等结合运用，以达到组织的有效性。

(2)注意保持距离。不要靠近幼儿吹哨子，过于靠近幼儿会伤害到幼儿的健康。教师在接近幼儿吹哨子时，可把头稍稍仰起，向空中吹出哨声。

(3)注意轻重有度。在不同的情况下，教师对于哨声大小的控制会不相同。例如：当全体集合时，当比赛开始时，在提示幼儿注意时等，可采用较重哨声；当活动结束、活动轮换、控制节奏时等，可用较轻的哨声。

第二节 幼儿园队列队形的组织与基本操作方法

在幼儿园体育活动中，所形成的队列队形活动的方式，并不意味着需要完全遵循《条令》中的各种严格要求进行操作。由于幼儿年龄的特征及幼儿园教育的特殊性，队列队形活动方式在幼儿园中，存在着极大的可变性。一方面依托此《条令》所要求的各种形式，使幼儿达到可能形成的各种最基本的动作规范，从而最大限度地提升幼儿此方面的能力；另一方面，队列队形活动作为幼儿园各种活动中的手段之一，需要教师依托此主题，形成各种符合幼儿特点的幼儿队列队形活动，以达到教育的期望。

一、幼儿园队列队形组织的基本操作原则

队列队形的组织是教师在各种活动中必须掌握的基本手段,教师依据各种活动的需要,合理选择组织方法,有利于各种体育活动的有效开展。在此内容的开展过程中,教师要注意把握以下五个基本操作原则:

(1)教师自身的站位选择,尽可能关注到每个小朋友;

(2)教师在组织过程中,保持好每名小朋友之间的距离,不相互干扰与碰撞。特别是在有肢体活动的过程中,更应注意;

(3)教师在使用口令时,要用幼儿听得懂的语言,而不应一味强调口令的规范性;

(4)教师应多借助于自身的站位、肢体语言或其他辅助材料帮助幼儿理解口令;

(5)在强调规范性的同时,应更多考虑队列队形活动中可形成的兴趣性内容。

二、幼儿园体育活动中基本队形的组织方法

(一)平行横向站位

平行横向站位,是以列队的方式进行的,方法主要包括集中平行站位、等距间隔平行站位、平行对应站位、平行间隔错位站位等。这是幼儿园中最常见的组织方式,多用于中班及大班。

1. 集中平行正向站位

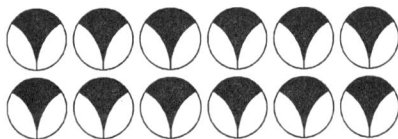

图 5-2-1

要领:如图5-2-1所示,幼儿分成若干组,成横排面向教师站立。教师站于队伍的中间位置,按要求与两翼幼儿成等边三角形选位,但由于幼儿身高较矮,因此距离在等边三角形顶角的基础之上,向队伍迈进一步,两侧余光可见两翼幼儿为准。

用途:此队形多用于各种集合、示范讲解中。

2. 等距间隔平行正向站位

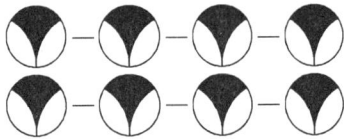

图 5-2-2

要领:如图5-2-2所示,基本要求同集中平行站位。等距平行站位主要分为四种:① 单手叉腰的间隔方法;② 双手叉腰的间隔方法;③ 单臂间隔方法;④ 双臂间隔方法。这四种方法的具体操作方式将在本章第三节具体介绍。

3. 平行对应站位

要领:如图5-2-3所示,以两列横队为例。在平行集中站位的基础之上,首先要求前一列横队向

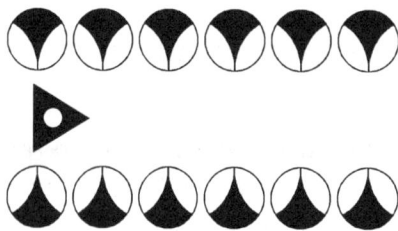

图 5 - 2 - 3

前同时进两至三步,然后要求前一列横队向后转,最后全体"稍息",完成此队形。这一队形多用于教师的示范讲解。教师在讲解中,选择自身的位置时,应站于排头或排尾的第一个小朋友身前,使得自己的余光随时可关注到最后两名小朋友。这一对应站位多用于中、大班。

4. 平行间隔错位站位

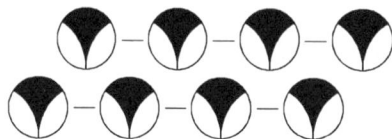

图 5 - 2 - 4

要领:如图 5 - 2 - 4 所示,以两列横队为例。在平行等距间隔站位的基础之上,要求前一排小朋友同时向左侧或右侧跨出一步。与后排小朋友形成错位,使后排小朋友能从前排小朋友两两间无障碍地看到教师。这种站位多用于大班,此组织方法多用于教师全身示范动作。

（二）平行纵向站位

平行纵向站位,是以纵队的方式进行的,方法主要包括集中纵向站位、等距间隔纵向站位、分段对应纵向站位、分段纵向站位等,是幼儿园中最常见的组织方式之一。

1. 集中纵向站位

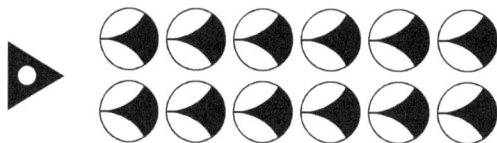

图 5 - 2 - 5

要领:如图 5 - 2 - 5 所示,幼儿分成若干组,成纵队面向教师站立,教师面向幼儿站于队伍的前列。教师基本动作及口令:两臂前平举,同时发出口令:"向前看——齐。"

用途:此队形多用于各种集合、早操活动、集体行进或各种游戏的组织等。

2. 等距间隔纵向站位

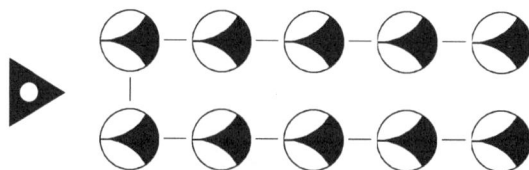

图 5 - 2 - 6

要领:如图 5 - 2 - 6 所示,基本要求同集中站位。等距站位主要分三种:① 抱腰间隔方法;② 搭臂间隔方法;③ 触背间隔方法。这三种方法的具体操作方式将在本章第三节具体介绍。

3. 分段对应纵向站位

要领:如图 5 - 2 - 7 所示,以两路纵队为例。在纵队集中站位的基础之上,教师首先把两路纵队从

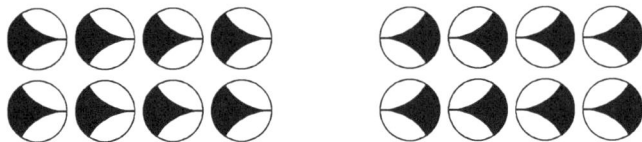

图 5-2-7

中间分开，然后要求被分开的后一队小朋友向后转，并齐步向前行进，到达指位置后立定。最后同时要求全体小朋友向后转，完成此队形。

　　教师指导语："此两组小朋友向后——转"；"立——定"；"全体小朋友向后——转"。

　　这一队形多用于游戏中。教师在组织此队形中，应不断调整自身的位置，结合肢体语言，使小朋友们能快速理解教师的要求。此组织方式多用于大班，多用于迎面的各种游戏中。

　　4. 纵向分段站位

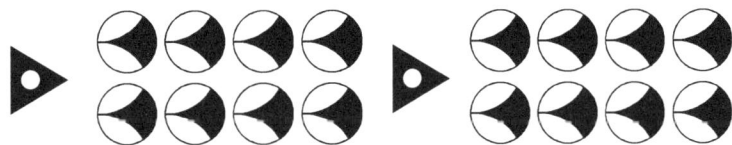

图 5-2-8

　　要领：如图 5-2-8 所示，以两路纵队为例。在集中纵向站位的基础之上，把小朋友们分成人数相等的两组，进行组织。此队形多用于早操中，每名教师带领一组幼儿进行早操的练习，使幼儿的模仿与教师的管理更加有效。这种站位多用于中、大班。

（三）圆形及弧形站位

　　1. 圆形站位

　　圆形站位，是以圆为基本形状进行的组织方式，方法主要包括面向圆心间隔站位、背向圆心间站位、侧向圆心间隔站位、单组圆形站位及分组圆形站位等。这是幼儿园中最常见的组织方式之一，也是幼儿园中队列队形练习最丰富的一种组织方式。

　　要领：如图 5-2-9 所示，以面向圆心单组圆形站位为例。组织时，在两列横队平行对应站位的基础之上，教师首先要求每组小朋友左右相互牵手，排头及排尾两名小朋友手牵手。完成后要求每名小朋友慢慢向后退，最后在教师的调整之下形成圆形。此队形也可借助圆形场地走步形成，或借助地面固定或可移动的地面标识物，自由站位形成。这种站位主要用于小班幼儿的早操活动、各种年龄段的队列队形及游戏活动等。

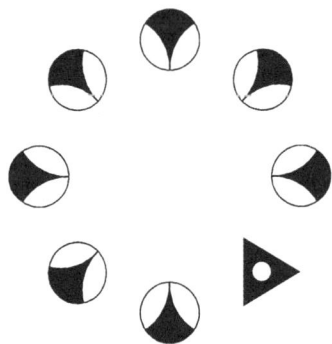

图 5-2-9

　　在此队形的组织过程中，依然要求教师把握尽可能面向全体幼儿的原则，站位的选择多在圆周上，与小朋友的操作相同。早操活动时，两名教师面对面站于圆弧上，可观察到每个小朋友。只有在中、大班的一些组织活动中，教师可站于圆心，或圆内进行各种示范与讲解。

　　2. 弧形站位

　　弧形站位，是在圆形站位的基本上形成的。方法主要包括面向弧形集中站位、弧形间隔站位、单组弧形站位及分组弧形站位等。

　　要领：如图 5-2-10 所示，以单组弧形间隔站位为例。组织时，在圆形的基础之上，教师首先确定半圈小朋友不动，另半圈小朋友跟着教师走，沿着内圆或外圆行进，最终形成如图所示的队形。此队形也可借助地面固定或可移动的地面标识物，自由站位形成。这种站位主要用于游戏活动或讲解示范等。

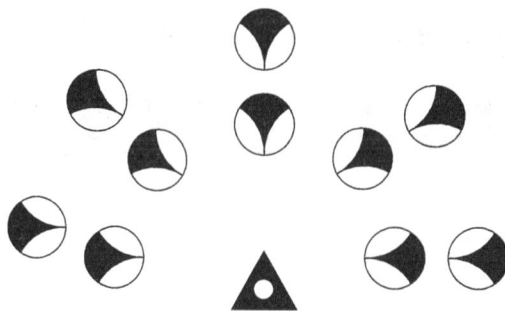

图 5 - 2 - 10

在此队形的组织过程中,教师面向全体幼儿,站位的选择多在圆周上站于圆心,使每个幼儿与教师形成等距。此队形益于集中幼儿的思想,便于教师的讲解与示范,多用于大班的一些组织活动中。

第三节　队列队形活动在幼儿园中的运用

队列队形在幼儿园中作为一大主题活动,内容非常丰富,教师在理解各种基本操作方法的基础之上,应更多地结合幼儿的年龄特点,运用各种有效策略,帮助幼儿进行各种能力的发展。幼儿园的队列队形活动与其他年龄段的队列队形活动相比较,追求着相同的目的。但在形式的变化上,应区别于高年龄段的队列队形活动。教师在此方面主要依据队列队形的基本内容与基本操作方法,以及对幼儿运动能力及动作发展的规律理解的基础上进行设计。在设计中应充分体现出练习的可操作性、挑战性、趣味性、安全性等方面的特点。

队列队形活动中主要包括六大因素:① 集体性活动;② 走步及跑步的活动;③ 队形、图形的变换为基本形式;④ 各种方位的变换;⑤ 有序性;⑥ 规范的动作和身体姿势。

一、队列间隔

在幼儿园体育活动的组织中,调整好幼儿间的合理间隔,是保证完成各种集体活动最基本的方法之一。针对不同的活动内容,教师在调整队列间隔时,应采用不同的方法,以达到队列间隔的有效性。一方面,使每个幼儿自身获得恰当的活动空间;另一方面,整个集体队形应保持在教师可操控的空间之内进行。队列间隔的各种方法主要用于集体队列的组织中。下面以横队及纵队的组织方法为例进行介绍。

(一) 横队组织中的间隔方法

横队组织中的间隔方法,主要采用如下四种。

(1) 以一列横队为例,教师首先组织好队伍,并发出口令:"此队小朋友不动,所有小朋友单手叉腰,散开。"这是最小距离的间隔方法。(如图 5 - 3 - 1 所示)

此动作组织方式多在集体集合时运用,使幼儿保持较小的独立空间。

(2) 组织方法同上,教师发出口令:"此队小朋友不动,所有小朋友双手叉腰,散开。"这是较大距离的间隔方法。(如图 5 - 3 - 2 所示)

图 5 - 3 - 1　　图 5 - 3 - 2

此动作组织方式多在集体活动集合时运用,同时也在只有下肢活动时,或上肢较小幅度动作中运用,或在集体向前行进时采用。

（3）组织方法同上,教师运用肢体语言指出排头小朋友,并发出口令:"此队小朋友不动,所有小朋友把手搭在旁边小朋友的臂上,慢慢伸直,散开。"这是进一步增大距离的间隔方法。

在操作此方法时,首先要求幼儿用手掌搭住相邻小朋友的肩膀,再散开,使组织达到有序的效果。（如图5-3-3所示）

此动作组织方式多用于全身较大幅度的动作活动中,也常用于集体牵手进行的各种动作中。

（4）组织方法同上,教师发出口令:"此队小朋友不动,所有小朋友手牵手,慢慢散开。"这是最大距离的间隔方法。在实际操作此方法时,教师首先要求左右小朋友相互之间手牵手,再进行散开,使组织达到有序的效果。（如图5-3-4所示）

图5-3-3 图5-3-4

此方式多用于全身性的各种动作活动中,由于每组展开的空间大,教师在采用此动作时,应形成多组进行。

解析:横向队形的间隔方法,在小、中班操作中,也可采用地面固定或活动的标识物或点,来进行间隔的控制。

游戏方法1:快速开合

教师组织幼儿成若干横队站立,任选一纵队不动,要求幼儿运用以上四种方法进行快速散开和集中的练习。

游戏方法2:双腿接龙

教师组织幼儿成若干横向队站立,排头一纵队不动,要求幼儿运用两脚左右距离的开合,来进行"间距"游戏的开展,比比哪组可以连接得最长。

（二）纵队组织中的间隔方法

纵队组织中的间隔方法,主要采用如下三种。

（1）组织幼儿成若干纵队站立,教师发出口令:"第一个小朋友不动,其他小朋友双手抱在前面小朋友的腰上,散开。"这是最小距离的前后间隔。（如图5-3-5所示）此动作组织方式多用于纵队的集体集合中。

（2）组织方法同上,教师发出口令:"第一个小朋友不动,其他小朋友双手搭在前面小朋友的臂膀上,散开。"这是较大距离的前后间隔。（如图5-3-6所示）此动作组织方式多用于纵队的集体集合中,也常用于各种集体向前行进的组织中,多用于小、中班。

（3）组织方法同上,教师发出口令:"第一个小朋友不动,其他小朋友双臂前伸,中指轻轻地碰在前面小朋友的背上,散开。"这是最大距离的前后间隔。（如图5-3-7所示）此组织方式多用于各种大幅度的动作练习中,多用于大班。

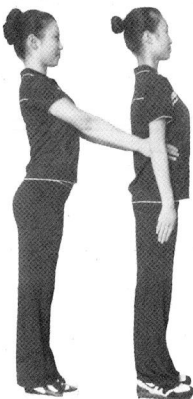 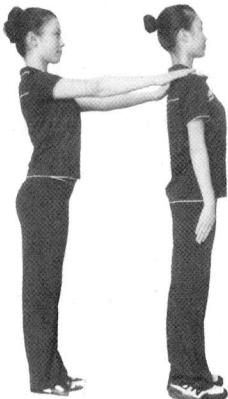 

图 5 - 3 - 5　　　　　　　　图 5 - 3 - 6　　　　　　　　图 5 - 3 - 7

(三) 地面标识物的间隔方法

在幼儿园中进行队伍组织间隔的方法也常采用地面固定标识物或可移动的标识物,来控制幼儿间的间隔距离。

地面标识主要包括固定标识物及可移动标识物。固定标识物,多以幼儿园户外场地上的固定的图形或固定的间隔相等的各种形状的点为标识物。教师借助此类标识物进行队列队形活动的开展。可移动的标识物,主要运用一些取放方便的小块平面物体充当标识物,如塑料小圆片、可反复粘贴的纸片等。可移动的标识物相比固定标识物,更具有灵活性的特点。此方法多用于小、中班的队列队形活动中。标识物的使用也是幼儿常见的集合方式之一。

二、集合

"集合"作为幼儿户外体育活动中的重要组成部分,是教师必须关注的问题。有效的"集合",对于户外各种活动的开展,起着重要的作用。如何才能让教师形成合理的组织方式,并能把这一严格的体育活动内容变成幼儿可接受的、快乐的、有价值的活动内容,是值得不断思考的。

设计分析:队列队形中"集合"的设计,主要运用各种基本操作方法中平行横向站位及平行纵向站位的各种方法进行综合运用,在此案例中,教师主要强调幼儿对自身位置的理解与可能达到的操作能力。

器材准备:口哨。

(一) 教学操作方法第一层次的集合练习

(1) 教师在场地上把幼儿随机分成人数相等的四组,排成四列横队;

(2) 要求每名幼儿明确自己站在第几排,左右小朋友是谁;

(3) 教师要求幼儿学会听哨声,辨别哪种是"集合哨",哪种是"解散哨";

(4) 听到"解散哨"后,幼儿自由在场地活动;

(5) 听到"集合哨"后,幼儿快速回到原来的位置;

(6) 反复练习。

解析:此练习可用于中班活动,教师在此练习过程中,反复练习幼儿听哨声做出反应的能力;反复强调幼儿回到原来位置的准确性以及相互照应,避免相互碰撞。

(二) 教学操作方法第二层次的集合练习

此为在熟练第一层次方法的基础之上进行的练习。

(1) 教师改变自己的方位进行集合。方法:首先按四组进行"集合",再进行"解散"的练习。完成后,教师向左或向右转体 90 度,幼儿听到"集合哨"后,快速面向教师回到自己的位置,进行集合。

(2)在熟练以上方法的基础之上,教师结合各种方位进行练习,向左转体、向右转体、向后转体及结合各种不同的角度进行练习。

(3)在熟练以上方法的基础之上,教师远离最开始的位置,在较远距离,运用哨声进行集合的练习。

(4)反复练习。

解析:此层次的练习,强调幼儿能通过反复练习,达到在任何时候、任何地点都能做出正确的反应,形成合理的活动常规。适合中班下学期进行练习。在此过程中,教师也可以按照一定的条件有目的地进行分组,以固定幼儿的位置,如身高的条件、性别的条件等。在以性别为条件时,应注意每组中的男女幼儿的合理搭配。

(三)教学操作方法第三层次的集合练习

此为在熟练第二层次方法的基础之上进行的练习。

(1)教师首先按四列横队进行集合;同时**两臂胸前平屈**,表示**横向集合队形**。(如图 5-3-8 所示)

(2)教师要求全体幼儿上举左手(右手),发出口令向左(向右)转,完成动作后,放下手臂。教师走到队形前,面向幼儿,同时**两臂前平举**,确定此动作代表**纵向集合队形**。(如图 5-3-9 所示)

(3)教师结合哨声及两种肢体动作的变换,进行横向及纵向的"集合"练习。运用第二层次的各种方法,让幼儿进行各种方位、不同地点及两种不同队形进行反复练习。

图 5-3-8　　图 5-3-9

解析:此层次的练习,把横向队形与纵向队形相结合,对于幼儿具有一定的挑战性,适合在大班进行开展。

(四)教学操作方法第四层次的练习

在熟练第三层次方法的基础之上进行练习,此系列练习方法为拓展性练习内容。

(1)教师首先按四列横队进行集合,每列横队的幼儿左右手牵手随机站在场地上,教师运用第二层次的各种方法进行练习。要求每组幼儿不松手进行整体集合。

(2)器材准备:呼啦圈若干。游戏方法:教师把幼儿按四列横队进行集合,第二、第三、第四横排的每名幼儿手执一呼啦圈,并把手中的呼啦圈套在前一名幼儿的腰上,游戏开始。教师运用第二层次的各种方法进行横向"集合",要求纵排中的每四名连接在一起的幼儿,一起行动,进行"集合"。

图 5-3-10

(3)教师首先把幼儿按四列横队进行集合,完成后,要求幼儿向后转,教师快速到达队形前,同时**双手交叉抱于脑后**(如图 5-3-10 所示),此动作代表**向后转的集合队形**。教师运用两种动作进行"集合"的练习。一种为**两臂胸前平屈**,代表正向集合;一种为**两手交叉抱于脑后**,代表后向集合。运用第二层次的各种方法进行操作。

第四层次的练习,具有较大的难度,教师应根据幼儿能力进行合理选择,可用于大班下学期。

解析:在以上各种方法中,教师应多运用哨声及肢体动作来完成以上内容,使幼儿与教师间达成默契,以利于教师的各种户外活动的管理。在不断完成以上内容的基础之上,教师应学会把以上各种方法灵活运用,以达到不断完善幼儿此方面能力的目的。

(五)幼儿间互动集合游戏练习

集合练习的方法中,除了强调师生互动之外,也可进行幼儿间的互动练习。幼儿的互动练习,一方面可以通过人数的变化来调节练习的难度,另一方面通过同伴间的互动,以提高练习的趣味性。

请你站在我面前1

（1）两名幼儿一组,面对面站立,一名幼儿作为指挥者,另一名幼儿听从命令。游戏开始,指挥者在原地向任何角度转动身体后,发出口令:"请你站在我面前。"听到口令后,另一幼儿快速跑到指挥者的面前站立,并回复:"我就站在你面前。"如此反复。一定时间后,交换角色。在此基础上,指挥的幼儿也可以离开原地一定距离,并自由选择方向,发出相同的口令。此练习可从小班下学期开始进行。

（2）为增加互动间的趣味性,以上方法也可以增加一个游戏的环节。两名幼儿面对面站立,首先通过猜拳的方式决定角色。胜方为指挥者,负方听从命令。完成一次后,再次用猜拳的方式决定角色,如此反复。

请你站在我面前2

（3）在上述练习方法的基础之上不断增加人数进行练习。可以一名幼儿指挥两个、三个、四个等进行,这也可以是两人对两人、四人对四人进行游戏练习。例如,两人对两人进行练习时,两名幼儿可以左右站位,也可以前后站位。左右站位时,两名幼儿手牵手;前后站位时,后面的幼儿两手搭于前面幼儿的肩上。两组面对面,进行以上方法的游戏练习。

解析: 教师在人数的分配上,要遵循循序渐进的原则,有目的安排小组中的人数。此类练习由于难易度可自由调节,根据幼儿的能力进行选择,可适用于小、中、大班每个年龄段。

(六) 材料运用的集合游戏练习

游戏准备: 扑克牌一副,找出与幼儿人数相等的扑克牌的张数,扑克牌的数字要有连续性。例如:一个班有30名小朋友。教师可选出八张"1—8"的有"红桃"和"黑桃"的扑克牌,选出"1—7"的有"方片"和"草花"的扑克牌。

游戏方法:

(1) 教师以无序的队形把幼儿集中在场地上。

(2) 教师让幼儿不动,远离幼儿10米左右的距离,尽力把选出的扑克牌最大面积地撒开。

(3) 教师要求小朋友们每人快速拾起一张扑克牌。

(4) 教师发出指令:"拾到红色扑克牌的小朋友快速抱在一起";"拾到黑色扑克牌的小朋友也快速抱在一起"。同时,指出两组抱在一起的位置。

(5) 完成上述内容后,教师再次发出指令:"红色中有红心的小朋友抱在一起";"红色中有方块的小朋友抱在一起";"黑色中有小树的小朋友抱在一起";"黑色中有小树叶的小朋友抱在一起"。同时,指明四组应抱在一起的位置。

(6) 完成上述内容后,教师再次发出指令:"每一组抱在一起的小朋友,看看自己手里的扑克牌,上面是什么数字,请每组小朋友自己按照数字,由小到大排出一路纵队。"同时,指出每组排出队形的位置。

解析: 此方式主要借助于扑克牌所具有的特性,进行趣味性集合游戏,运用了扑克牌有不同的颜色、不同的花色及有序的数字,使幼儿逐步对应,最终形成集合队形。教师在教学中,应注意扑克牌的数量与幼儿数量要对应。扑克牌撒开时,要尽可能分散,避免幼儿相互碰撞;每次集中的过程中,要指明位置。多次重复游戏时,要注意最后一个步骤,数字排列的变换,避免幼儿为了排在第一位,争夺同一张牌。

此方式也可借助其他的一些材料。例如:不同颜色的"雪花片",最后一个步骤可以采用由低到高的排列方式。在大班中,还可采用一些幼儿熟知的四句诗歌或儿歌进行组合,把每个字写在一张卡片上进行集合的游戏等等。

三、分组及并组的变换

由于幼儿的年龄特点所限,队列队形活动中成人化的"分组"活动在幼儿园中的开展具有一定的难度。但是,快速、有效的分组对于各种集体活动组织起着重要的保障作用。因此,设计幼儿可接受的"分组"活动,并使幼儿获得此方面相关的能力,是非常必要的。

　　设计分析:队列队形中"分组"的活动,主要针对"分组"中的难点来进行设计的。把一列(二列)横队转变成二列(四列)横队,其中,"1、2 报数",是必须完成的过程。但是,"报数"及"报数"后的操作,是本活动主要的难点。在此案例中,教师主要强调"报数"后,幼儿运用身体的不同表现形式来进行设计。(如图 5 - 3 - 11 所示)

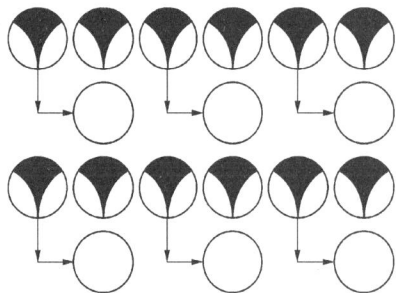

图 5 - 3 - 11

(一) 教学操作方法第一层次的练习

　　(1)教师在场地上把幼儿随机分成人数相等的两组,排成两列横队,同时要求两列横队之间保持一定的距离。

　　(2)明确每排的排头,例如,队伍的右侧为排头。

　　(3)教师要求从排头开始,幼儿进行"1、2"报数。报到"1"的幼儿呈"全蹲"姿势;报到"2"的幼儿呈"立正"姿势,如此反复,直至全部完成。

　　(4)教师运用指导语"2 数小朋友不动,1 数小朋友跟着教师一起做"。

　　(5)教师转身和幼儿同一方向,带领"1"数的幼儿示范完成以下动作:

　　向前迈出左脚,同时发出口令"1";向前迈出右脚与左脚合并,同时发出口令"2";向左侧方向迈出左脚,同时发出口令"3";向左侧合并右脚,同时发出口令"4",使二列横队有序地变换成四列横队。在此过程中,要求幼儿跟着教师一起喊"1、2、3、4"的口令。

　　(6)最后完成以上动作后,教师运用指导语"2 数小朋友起立",形成分组。

　　(7)反复练习。

第一层次
练习

　　解析:此练习可用于中班下学期以上年龄段的活动。教师在此练习过程中,主要通过两种不同的体位,明确了"1"和"2"的区别。同时,通过教师的直接示范,使幼儿有目的跟随教师完成,从而使"分组"活动变得有序、快速、有效。根据此思路,"分组"练习还可以更简单化,即当幼儿报数时,直接错开位置进行分组。例如:当幼儿报到"1"时,不动;当幼儿报到"2"时,向前一步走。完成后,全体快速向排头靠拢形成分组。

(二) 教学操作方法第一层次的变化练习

　　此练习方法的难度与第一层练习方法的难度相同,主要强调"分组"活动中的趣味性。

　　(1)幼儿成两列横队站立,两列横队间保持一定的距离,教师明确排头。

　　(2)从每组排头第一名幼儿开始,第一名幼儿模仿猫的动作原地跳,转向第二名幼儿,并叫一声"喵";第二名幼儿蹲下并向后退出一步,如同躲入洞中;第三名幼儿动作同排头幼儿;第四名幼儿动作同第二名幼儿,如此反复,直至最后。在游戏中,快速地把幼儿由二列横队变成四列横队。

第一层次
变换练习

　　(3)把四列横队重新组织,教师发出指导语:"全体小朋友向排头靠拢。"最终完成分组。

　　解析:此方法也可用其他事物形象代替。例如:狼和兔;猎人和狼;香蕉和苹果;大西瓜和小西瓜等。在象征性游戏中,幼儿更能接受此类活动,教师也能更好地把握活动的过程,以提高活动的趣味性及有效性的特点。

　　此变化方式也可以和第一层分组方式进行结合,把模仿的对象充当"1"和"2",最后在教师的带领下,进行有序分组。

(三) 教学操作方法第二层次的练习

　　此为在熟练第一层次方法的基础之上进行的练习。

　　(1)教师首先按二列横队进行集合,按第一层次的练习方法完成内容。

图 5 - 3 - 12

（2）当二列横队变成四列横队后,教师发出指导语:"1 数不动,2 数跟着老师做。"

（3）向左侧方向横跨出左脚,同时发出口令"1",向左侧方向侧横跨右脚与左脚合并,同时发出口令"2",向前迈出左脚一步,同时发出口令"3",向前合并右脚,同时发出口令"4",使四列横队有序地变换成两列横队。

（4）在以上方法的基础之上,进行各种队列的练习。

教师指导语为"1 数不动,2 数跟着老师做";"2 数不动,1 数跟着教师做"。当"1 数"动时,队伍由二列横队变成四列横队;当"2 数"动时,队伍由四列横队变成二列横队。反复进行,使队伍不断交叉前进。

（5）反复练习后,教师不再进行示范,改口令为:"1 数动";"2 数动"。

（6）反复练习后,教师改口令为肢体动作,经体前**握拳上举左臂**,代表"**1 数**";经体前**握拳上举双臂**,代表"**2 数**"。(如图 5 - 3 - 12 所示)

最终达到在教师的肢体语言的指挥下,完成分组、并组的队列练习。第二层次的练习,结合"分组"和"并组"的方法进行。此活动适合在大班开展。

（四）操作方法第三层次的练习

在熟练第二层次方法的基础之上进行练习,此系列练习方法为拓展性练习内容。

（1）在第二层次练习的基础之上,教师可以把幼儿的四步走改为直接跑到指定位置进行"分组"及"并组"的练习。

（2）教师可以把向前行进的方向,改变成向后退的方法进行练习。

（3）教师可以把横向队形变成纵向队形进行练习。

解析:第三层次的练习具有一定的难度,具体内容操作主要依据第二层次的练习方法来进行。教师应根据幼儿能力进行合理选择。

四、横队及纵队的变换

（一）横队变换

教学方法 1：横向跨步对对碰

游戏方法:教师组织幼儿成若干列横队站立,并明确右侧第一个幼儿为排头。游戏开始,各组右侧排头的第一个幼儿同时向右侧向跨出一步,完成后,第二名幼儿也向右侧跨出一步,并于排头相互搭肩,第三名幼儿以如上方法进行,如此反复,直至全部完成。比比哪组又快又整齐。

解析:此练习也可从两名幼儿的练习开始,拓展出两人间的游戏。

教学方法 2：平行换位

游戏方法:两名幼儿并排站立,第一名幼儿头戴一顶帽子。游戏开始,第二名幼儿快速跑到第一名幼儿的另一侧,并排站立,并从第一名幼儿的头上摘下帽子,戴在自己的头上。完成后,第一名幼儿以如第二名幼儿的方法进行,如此反复。

解析:此游戏在中、大班中可以分组对抗,在小班中也可以两人之间进行。传递的物品可以是多种多样的,可以是手上传递的物品,如皮球、纸棒等;也可以是有一定难度的传递物品,如呼啦圈需要钻过再传递,短绳在手臂上打结进行传递等。

教学方法3：纵向跨步对对碰

游戏方法：教师组织幼儿成若干横队站立,每组横队独立选择一场地,分组练习。教师确定右侧每一个幼儿为排头。排头幼儿组织活动,游戏开始。排头幼儿向前迈出一大步,完成后喊一声"到",第二名幼儿听到"到"后,快速向前迈出一大步,与第一名幼儿并排站立,同时喊一声"到"。如此反复,直至全部完成。排头幼儿再次选择,向前迈出一步,或向后退一步,如上游戏再次开始。一定时间后,各组重新选择领头人。

解析：此教学内容主要用于中、大班的活动中,教师在此游戏前说明要求及规则,排头小朋友对于本组要有组织的能力。

此方法可从两人间开始,一人带一人进行,也可相互交替进行。在此方法基础之上,不断增加人数,进行练习。

另外,以一列横队进行组织时,排头幼儿也可选择两步或三步进行游戏,以提高游戏的难度。教师在幼儿充分练习的基础之上,可进行分组对抗游戏,教师提出动作的要求,看看哪一组最快、最好地完成。

教学方法4：跑动换位对对碰

游戏方法：教师组织幼儿成若干横队站立,并明确排头及排尾。每列横队间隔　定距离。游戏开始,听到教师口令后,每组排头快速跑至排尾,当每名幼儿跑出后,第二名幼儿跟随跑出,如此一人跟着一人,看看哪一组最先恢复到开始的队形。此游戏需要教师安排好跑动的路线,避免幼儿相互碰撞。适用于大班幼儿活动。

解析：在中、小班练习此内容时,教师可以通过哨声进行控制,每响一声哨,跑出一名小朋友,看看哪组排得最整齐。

教学方法5：集体换位

游戏方法：教师组织幼儿成二列横队站立,每名幼儿左右手牵手,成一臂距离散开。第一列横队的幼儿左右牵手不动,第二列横队的幼儿散开手臂。游戏开始,听到教师发出口令后,第二组每一名幼儿都快速、同时、分别钻过离自己最近的前一组幼儿搭成的"门洞",站于第一组前,完成后,左右幼儿快速手牵手,搭成"门洞",后面幼儿这时松开手,同时分别钻过各个门洞。如此反复进行游戏,看看哪组又快又整齐。

解析：此游戏借助于牵手与松手进行集合与有序解散相轮换的方式进行。主要练习幼儿相互协同的能力及队形保持对称的能力。教师在操作中要求注意前后两组幼儿之间的间隔,可在地面上做好标识点,以达到有序。

教学方法6：对角线走

游戏方法：教师组织幼儿成两列横队面对面站立(如图5-3-13所示),两队之间相隔5米左右的距离,教师站于两队中间,练习开始。听到教师发出的指令后,排头两名幼儿出发,走向对面一队的排尾,如此轮换,直至全部完成。在第一次练习时,教师通过口令或哨声来控制每一对轮换的幼儿。在熟练的基础上,幼儿可自主依次轮换进行。

解析：此练习主要用于大班活动,强调幼儿在行进时,对周围人的观察,避免相互碰撞。在熟练的基础之上,也可以尝试用对角跑的方式进行练习,形成对抗性游戏。

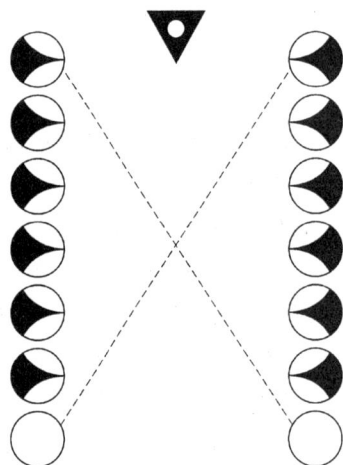

图5-3-13

(二)纵队变换

教学方法1：纵向跨步对对碰

游戏方法：教师组织幼儿成若干纵队面向教师站立,听到口令后,排头幼儿向前跨出一步,并喊一声"到";第二名幼儿听到第一名幼儿的口令后,快速向前一步,并双手搭于前一名幼儿的肩上。如此反复,看看哪组又快又整齐。

解析：教师对于第一名幼儿跨出的距离做出要求,并在地面上做出相应的标识物。在此基础之上,教师可针对游戏不断增加每次练习中向前跨步的次数,以提高练习的难度。

教学方法2：集体行动

游戏方法：教师组织幼儿成若干纵队面向教师站立,前后幼儿搭肩。教师运用口令及肢体语言进行向左或向右跨步的指挥。听到口令后,全体幼儿集体向左或向右进行跨步的练习,看看哪组最整齐。

解析：由"方法一"强调个体的模仿练习,到"方法二"强调群体的练习,进一步强化幼儿的集体协同能力。教师可以从第一步开始进行要求,不断增加步数的要求,以提高难度。

教学方法3：为我加油

游戏方法：教师组织幼儿排成若干路纵队,每路纵队间保持一定的距离,前后幼儿保持一臂距离。游戏开始,听到教师开始的口令后,排头的第一名幼儿快速转体180度,同时第一和第二名幼儿同时举起两臂,在空中两手相互击掌,并一起喊"加油";完成后,第二个幼儿快速转体180度,与第三名幼儿快速击掌。如此反复,直至全部完成。

解析：此练习方法可用于小、中、大班。小班幼儿在转体后,可以借助握手或拥抱的方式进行;中班幼儿的转体可采用双脚并跳180度的方式,双手可于胸前击掌或游戏中的方式进行;大班可借助此形式,进行各组间的对抗游戏。

此方法也可以集体同步进行,听到教师口令后,幼儿同时跳转180度,比比哪组整齐。

教学方法4：集体跳转

游戏方法：教师组织幼儿排成若干路纵队,每路纵队后一幼儿双手搭于前一幼儿的肩上,练习开始。听到教师口令后,全体幼儿同时转体180度,再次把双手搭在前面幼儿的肩上,反复进行。

解析：此练习的主要变换方式在于脚步的改变。在中班以下的幼儿中,教师可要求以转体走的方式进行,强调哪一组最快完成,此过程中幼儿可以不同步。在中、大班中,教师可要求幼儿运用双脚并跳的方式同步转体180度完成,此过程中可以设计幼儿跳三次,完成180度的方法,以强调全体幼儿的同步性。针对大班幼儿,可以运用360度进行强度的挑战。

教学方法5：组队游戏

游戏方法：幼儿各自随机站在场地上。

教师发出口令1："小汽车开起来,嘟嘟嘟嘟开起来。"幼儿自由地在场地上模仿开着小汽车,并发出"嘟嘟"的声音。教师要求开车的速度不能太快。

重复两至三次口令1后,教师发出口令2："小汽车开起来,两个两个连起来。"这时幼儿自由组合,形成两人前后站位,后一幼儿双手搭在前一名幼儿的肩上,并继续开车。

重复两至三次口令2后,教师发出口令3："小汽车开起来,四个四个合起来。"这时幼儿再次自由组合,形成四人前后站位的方式,继续开车。

重复两至三次口令3后,教师可发出口令4："小汽车开起来,一个一个分开来。"这时组合在一起的幼儿都分开来,各自开汽车。

解析:此游戏主要练习幼儿自由形成纵队进行行进的能力。同时,要求幼儿能准确听从教师的口令进行各种行为的变化。教师在游戏中可以不断进行各种口令的变化。在组合时,应根据幼儿能力进行数量上的不断增加。

(三) 横队与纵队间的变换

教学方法 1:站在我身前

游戏方法:以一列横队为例(如图 5-3-14 所示),教师组织幼儿成一列横队站立。教师明确右侧排头幼儿为起点,游戏开始。右侧排头幼儿不动,听到教师口令后,右侧第二名幼儿快速跑到排头幼儿的身前,同时喊一声"到",这时排头第一个幼儿快速抬起双臂,双手搭在前一名幼儿的臂膀上,听到"到"的声音后,第三名幼儿如第二名幼儿的方法,跑到第二名幼儿的身前,喊一声"到",第二名幼儿如第一名幼儿的方法操作。如此反复,直至全体幼儿完成,最终把一列横队变换成一路纵队。

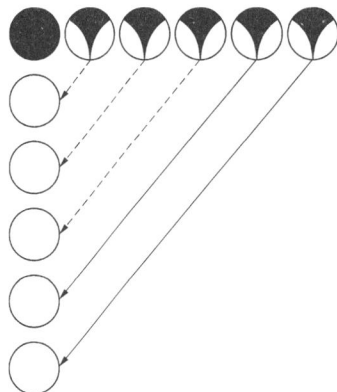

图 5-3-14

教学方法 2:两组对抗

游戏方法:以一列横队为例(如图 5-3-15 所示),教师组织幼儿成一列横队站立。从队伍中间分成左右甲、乙两组。游戏开始,听到教师发出"开始"的口令后,在甲、乙两组最内侧的两名幼儿不动,邻近中间的两名幼儿快速跑到黑圈标志的两名幼儿的身前,并喊一声"到",最后一名幼儿快速抬起双臂,双手搭于前面幼儿的臂膀上。依次类推,最终把一列横队,通过比赛的形式变成两路纵队。

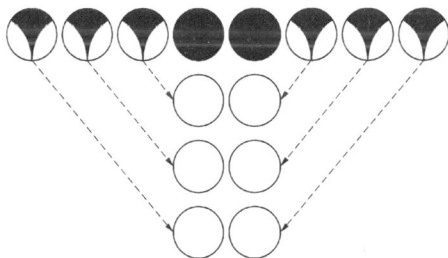

图 5-3-15

解析:此类练习可用于中班下学期后。可变换的形式也很多。教学方法 1 中,教师在幼儿熟练此练习的基础之上,可要求每个幼儿必须从第一名幼儿身后绕过,再进行队伍的排列。教学方法 2 中,教师也可选择在最两侧的幼儿不动,进行纵队的排列。在以上两个游戏中,教师也可要求幼儿排在排头幼儿的身后,此时每个幼儿增加了一个向后转身跑的动作,可在上述游戏方法的基础之上进行练习。

此类练习在开始时,教师为了让幼儿能准确到达所要求的位置,可借助地面的固定或活动的标识物进行练习。由于此类游戏对于人数有一定的限制,因此练习中,教师可采用分组进行。

如上方法,教师可组织幼儿从纵队开始,可变换成各种横队的方式,最终形成横队与纵队间的相互转换。

在开始练习时,教师为了不出现过于混乱的局面,也可要求每名幼儿听哨声跑动。

教学方法 3:分队行进

游戏方法:教师组织幼儿成一路纵队站立(如图 5-3-16 所示)。第一次练习时,教师面向幼儿站于队伍的最前面,用肢体语言结合口令进行指挥,行进中幼儿始终面向前方行进。练习开始:第一名幼儿向左侧转体,向前行进;第二名幼儿向右侧转体,向前行进;第三名幼儿向左侧转体向前行进;第四名幼儿同第二名幼儿;如此反复,直至全部完成。教师明确行进的终点,完成的幼儿成一列横队在终点等待。

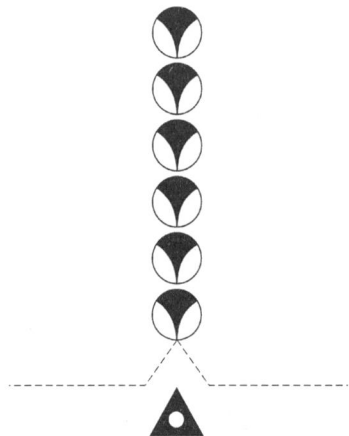

图 5-3-16

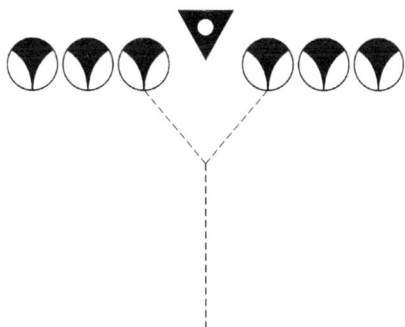

图 5-3-17

教学方法 4：合队行进

游戏方法：教师组织幼儿成两列横队平行站立,中间相隔一定的距离(如图 5-3-17 所示)。第一次练习时,教师在两队中间的地面上画出直线,教师站于两队幼儿中间,与幼儿同一方向,用肢体语言结合口令进行指挥。左侧第一名幼儿首先开始,斜向行进,进入直线时向前走;右侧的第一名幼儿同左侧的第一名幼儿一样开始行进,如此依次交叉进行,直至全体完成。教师明确行进的终点,完成的幼儿成一路纵队在终点等待。

解析：以上练习具有一定难度,教师需要不断提示幼儿完成内容。此练习适用于大班幼儿进行练习,主要强调幼儿听从指挥及直线走的能力。

五、圆形的变换

(一) 横队变圆形

在各种队列队形的活动中,把横向队形变成圆的组织形式是较为常见的。教师在此变换中采用的方法,应简单、明确、迅速、有效。

教学方法：教师组织幼儿成两列横队站立。

(1) 要求第一列横队向后转;
(2) 要求左右相邻幼儿手牵手;
(3) 要求两组排头和排尾幼儿手牵手;
(4) 要求幼儿不松手慢慢向后退成圆形。

解析：当人数较多时,教师可组织成四列横队,一、二组和三、四两组面对面站立(如图 5-3-18 所示),教师要求一、四两组幼儿两手搭在前面幼儿的肩上。二、三两组按以上方式操作,形成两个同心圆。

除此方法之外,教师可把横队队形变换成纵队队形,以绕圈走的方式也可形成圆形队形或在地面设置标识物,按自由站位的方式,形成圆形。

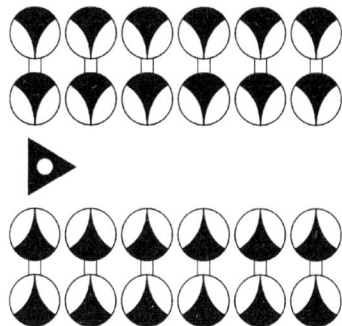

图 5-3-18

(二) 单圆及双圆的变换

教学方法 1：圆的变化(一)

此内容的活动方式主要强调两名幼儿之间的互动,以形成单圆及双圆的组织方式。

(1) 按"横队变圆形"的方式把四列横队的幼儿组织变换成两个同心圆;
(2) 内圆幼儿向后转,面向外圆的幼儿;
(3) 内、外圆幼儿手牵手;
(4) 当教师要求两圆变一圆时,外圆幼儿不动,内圆幼儿调整位置,形成单圆。

解析：教师可以不断调整两名幼儿的站位关系,进行单、双圆的不同变换。在此过程中,幼儿可以通过走、跑、跳的动作来完成以上内容。

教学方法 2：圆的变化(二)

此内容的活动方式主要强调内、外圈幼儿呈现不同体位,形成明确的单圆及双圆的变换。

(1) 按"横队变圆形"的方式把四列横队的幼儿组织变换成两个同心圆;
(2) 教师站于圆心处发出指令"内圈小朋友蹲下";

(3) 要求外圈幼儿进行位置的变换,形成单圆圈;

(4) 教师发出指令"内圈小朋友蹲着走到外圈","站起来"。

解析: 如此反复进行单、双圈的变换,进行队列队形的练习。此练习可以从中班下学期开始。

(三) 双圆相对队形行进

教学方法: 我有许多好朋友

(1) 按"横队变圆形"的方式把四列横队的幼儿组织变换成两个同心圆,内外人数相等;

(2) 外圈幼儿向左(右)侧转体,内圈幼儿向右(左)侧转体;

(3) 内、外圈幼儿相反方向行进,教师用口令控制行进的速度;

(4) 当教师发出指令"停",内外圈幼儿找到最近的伙伴,相互拥抱或握手;

(5) 当口令响起,幼儿如上述方法继续行进。

解析: 此队列队形的游戏主要用于大班的活动,强调幼儿听口令有节奏地行进,同时形成内、外圈幼儿之间的互动。教师在组织活动时,也可借助儿歌进行,幼儿一起读儿歌,按照儿歌一起做动作。教师也可改变内、外圈行进的方向。

(四) 单圆队形变换

教学方法: 一起行动

教师按"横队变圆形"的方式把二列横队的幼儿组织变换成一个圆形;教师要求所有幼儿手牵着手听从教师口令。

(1) 教师结合肢体语言同时发出指令"集体向左(右)走",所有幼儿按指令手牵手侧向行走;

(2) 教师结合肢体语言同时发出指令"集体向里走",所有幼儿按指令手牵手向内正向行进;

(3) 教师结合肢体语言同时发出指令"集体向外走",所有幼儿按指令手牵手向外退步行进。

解析: 此队列队形的内容适合于中班以上,在发出各种指令时,教师注意以下三个方面:

(1) 注意节奏的控制,速度不应太快;

(2) 强调肢体语言进一步明确要求;

(3) 注意在适当的时候以指令语"停",进行队伍的调整。

此种队列队形的练习,也可结合全体幼儿背向圆心进行相同内容的练习,以增加趣味性。

六、其他队列队形的变换

(一) 螺旋行进

教学方法 1: 包个大饺子

教师组织幼儿成一路纵队站立,前后幼儿以搭肩的方式相互连接。两名教师一人站于队伍的最前面,一人站于队伍的最后面。游戏开始:前面的教师带领全体幼儿如图 5-3-19 所示向前行进,教师控制好行进的速度,避免前后幼儿相互碰撞,最终把前面的教师包围在中心。完成后,教师发出指令"全体向后转",前队变后队,在最后面教师的带领下逐步展开队形。

教学方法 2: 卷心菜对抗赛

教师组织幼儿成若干列横队站立,每队人数不超过 10 人,各列横队相互散开,互不干扰,左右幼儿手牵手,教师明确排头和排尾。游戏开始,教师发出指令"排头不动,排尾开始向内旋转行进,在行进中手不松开,一个带一个",最终形成如图 5-3-20 所示的螺旋状。完成后,由排头带领同伴不断展开,回到开始队形。

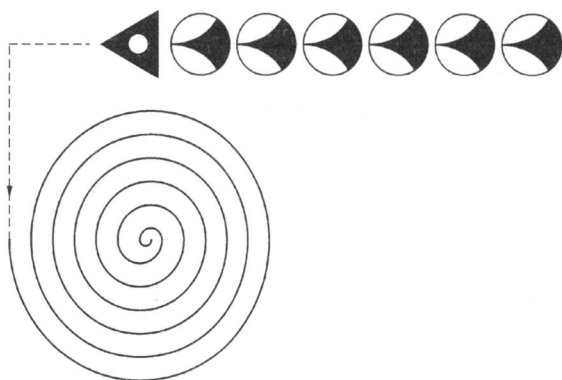

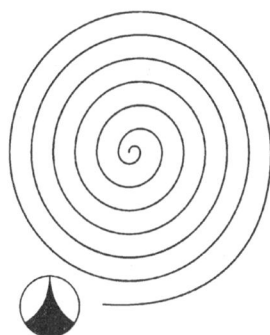

图 5-3-19 　　　　　　　　　　　　　图 5-3-20

解析：此游戏可以每组单独进行，也可以分组对抗进行。每组单独进行时，排头与排尾可以依次带头进行游戏。这也可以形成排头与排尾同时开始，一个带领同伴向内卷，另一个带领同伴由外向里包。此游戏主要在大班开展。

（二）开花队形

教学方法：花儿、花儿几时开

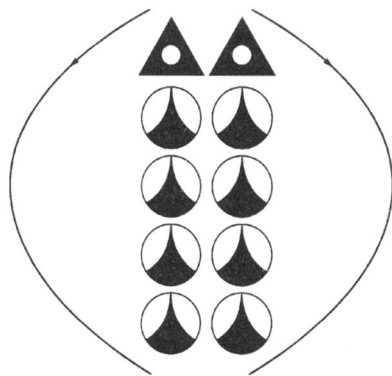

教师组织幼儿成两路纵队并排站立，两名教师各站于队伍的最前面。如图 5-3-21 所示，按此路线，各自带领各方的一路纵队行进，形成开花形状。此队形可以反复进行，两名教师应控制好相同的速度，使队形保持对称。此游戏可以从中班开始进行。

（三）交叉依次通过队形

教学方法：该我走

图 5-3-21

教师把幼儿分成人数相等的两路纵队（如图 5-3-22 所示），明确每组的开始位置及终点位置。第一组的第一个幼儿呈直线向前行进；完成后，第二组的第一个幼儿呈直线向前行；完成后，第一组的第二名幼儿开始进行。如此反复，直至所有幼儿完成。教师要求到达终点的幼儿转身等待。

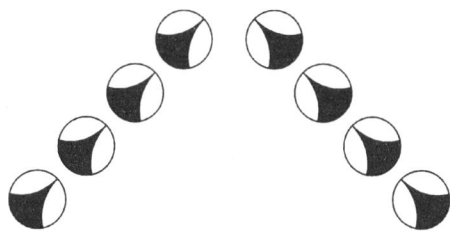

解析：此练习有一定的难度，教师在组织练习时，可通过口令进行速度的控制，以帮助幼儿完成。适用于大班幼儿。

图 5-3-22

（四）分组对应换位走

教学方法：集体穿梭

（1）如图 5-3-23 所示，教师把幼儿分成四路纵队，保持每路纵队之间有一定的间隔；

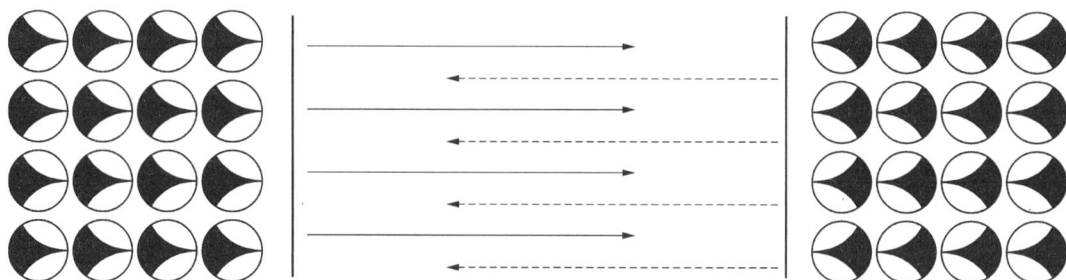

图 5-3-23

（2）确定一半人数齐步向前行进，到达指定位置后向后转；

（3）教师发出指令，"一侧队伍整体向左（右）迈出半步"；

（4）教师发出指令"全体齐步走"，使四组对应的队伍彼此错位穿过，到达指定位置后停下，教师发出指令"全体向后转"，重复进行。

解析：此练习具有一定的难度，是各种基本能力的综合练习。一方面强调幼儿集体行进，队伍要保持整齐；另一方面对于幼儿直线行进提出了较高的要求。因此，此练习适用于大班。教师在整个练习过程中要注意节奏的控制。

（五）行进中的变换

教学方法 1：断队行进

（1）教师组织幼儿成一列横队站立，左右两个幼儿手牵手，并呈体操队形散开（如图 5-3-24 所示）。

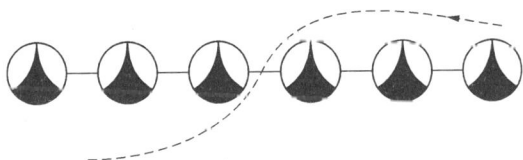

图 5-3-24

（2）教师要求从排头的幼儿开始，牵着后面的幼儿沿图所示的方向行进，后面的幼儿一个跟着一个走。

（3）排头幼儿任选队形中间任一位置从正面进行穿越。此时，需要穿越的两个幼儿把手分开，让队伍从他们之间经过。

（4）当行进中连接在一起的队伍最后一个幼儿经过被切断的位置时，牵上停留在原地不动、被切断位置的幼儿的手，又一次把所有幼儿连接在一起。此时，这个队伍中有一部分面向一侧行进，有一部分面向另一侧行进。

（5）如此反复，排头幼儿到达最前面时，再次回头切割队伍，要求每次被切割剩余的队伍不能动，最后形成有趣的正反队形。

教学方法 2：钻绕行进

队形及方法与教学方法 1 相同，只是在切断队伍时，不进行切断，而是要求行进中的每个幼儿从两人的手臂下钻过；当最后一个钻过两人间后，要求剩余的幼儿，每个人牵着手，依次绕过自己的手臂转身过来，再跟着队伍走。

教学方法 3：变向行进

教师把幼儿排成一路纵队，前后保持一臂距离。游戏开始，如图 5-3-25 所示，首先从排尾开始，排尾绕过自己前一个幼儿向前走时，此幼儿跟着排尾幼儿，同时双手搭住肩，一起向前进。如此反复，只要绕过某个幼儿，此幼儿就跟着行进队伍的最后，搭肩一起行进。直到所有幼儿都一起前后搭肩向前进行，游戏才算结束。

图 5-3-25

解析：此类游戏主要练习幼儿集体变向走的能力，借助于各种切断队形的方法及钻、绕的方法，以提高游戏的趣味性。此方法主要用于中、大班。

队列队形练习除了在教学活动中进行开展之外，也是团体操表演的基础。在创编团体操的过程中，除应选择好题材和便于突出主题思想的动作外，还应选择合理的队形变化和由清晰的队形组成的各种图案造型。很多团体操的创编是先选择队形，而后再选择适合该队形的动作。因此，一个真正合格的幼儿体育教师，必须了解有关队列队形的基本知识，并善于将各种练习在教学中加以运用。

七、幼儿园队列队形活动的开展应注意的问题

(一)把握好不同年龄段的年龄特点

幼儿园三个年龄段之间的差异显著，特别是刚入园的幼儿，主要是以适应群体生活为主，对于队列队形活动的认识非常薄弱。因此在这个阶段，主要是让幼儿认识和体验最基本的要求。例如：基本的"立正""稍息"等口令，基本的集中与分散方法，基本的纵向队形与集体的行进，基本的位置概念，基本的牵手散开的队形变化等内容。小班时期，幼儿的各种能力虽然较弱，但小班是队列队形活动开展的关键期，教师在此期间应以常规建设作为主要的教学内容。例如，教师能借助各种声音、语言及肢体语言在最基本的队列队形内容上与幼儿达成长期、稳定的默契等。到了中班，随着幼儿能力的增强，应不断增加趣味性的队列队形活动内容，学会一些队形的变换，借助队列队形活动发展幼儿的基本体能。到了大班，幼儿的空间与时间知觉有了进一步提高，队列队形活动中应增加更多规范性的内容。对于此方面发展较好的幼儿群体，可进行更多拓展性的活动。

(二)基本的动作要求

幼儿园时期，由于幼儿对左、右概念相对比较模糊，教师在早期幼儿的练习中，不应过分强调左、右的概念，特别在集体行进中，主要强调幼儿节奏的把握，身体的良好姿势，不应过分强调左、右准确的步调。随着年龄的增长，此方面可以作为练习的内容之一。

走和跑两项基本动作是队列队形中重要的基本平台，对于不同年龄段，可采用不同的方法进行。在高年龄段操作时，可尝试用跑的方式来进行。

(三)练习时间的把握

队列队形活动不管是趣味性的还是规范性的活动，都归属于集体教学练习的内容。在练习中，教师应根据幼儿在练习中的反应，合理控制时间的长短，不应让幼儿感觉此内容枯燥、无趣。同时，队列队形活动的安排，应穿插到各种活动之中，不应长时间进行此内容的某一主题的练习。

＊注：队列游戏可参考汪超著：《幼儿园体育活动设计与指导》(复旦大学出版社)。

第六章 幼儿园早操活动

幼儿园早操活动是在每天早晨固定的时间,在教师的带领下,集中全体幼儿,借助较为固定的内容形式,进行相对统一的动作练习,以促进幼儿身体的发展为基本目的。这也是幼儿体育活动的一种基本组织形式。

幼儿园早操活动不能简单地理解成幼儿基本体操活动,早操活动是幼儿园课程设置中的主要内容之一,是幼儿园教育中有目的、有计划、有组织地针对幼儿集体开展的户外体育活动。它表现出更强的科学性、综合性、规范性、娱乐性、集体性、常规性等特点。

根据以上特点,幼儿园早操活动主要是指由各种热身活动、队列队形活动、幼儿基本体操活动、体能活动及放松活动相结合的,在教师指导下,进行的日常性的、有组织的、多种形式的身体的综合活动。

第一节 幼儿园早操活动的目的及意义

一、发展基本体能,增强体质

早操活动主要是通过各种形式的肢体活动结合走、跑、跳、钻、爬等内容进行练习。在其中不断促进幼儿的力量、耐力、灵敏性、柔韧性、平衡能力及协调能力的发展。各类活动主要是以中、下运动量为主,每个年龄段的活动时间不少于 10 分钟,是一种有氧运动。这种适当的运动负荷有助于幼儿呼吸系统、循环系统、运动系统、神经系统等的增强,从而不断促进幼儿体质的发展。

二、促进"三浴"锻炼,增强环境适应能力

幼儿早操活动主要是以户外进行的体育活动为主,户外的早晨空气相对清新,有助于"空气浴"的开

展。同时,每日的户外活动也为幼儿提供了充足的阳光照射,每次早操活动后的冷水洗脸等方式,对于提高幼儿对疾病的防御能力,都有良好的功效。作为每日常规性活动,不论春、夏、秋、冬,只要合适的天气,幼儿在户外运动中不断适应冷、暖的变化,将对幼儿适应环境的能力提供极大的帮助。

三、培养积极主动的体育活动习惯

幼儿早操活动的设计是从幼儿需求出发的。采用多种手段及方法,是为了促进幼儿良好情绪的培养,如音乐、儿歌、模仿、同伴等手段,使幼儿感受到早操活动中的快乐。内容简单易行、舒展大方、活泼可爱、协调优美、节奏鲜明,动作形象化、幼儿化,同时具有锻炼的价值,这样的内容使幼儿能做、愿做,从而展开和培养了幼儿运动的兴趣。每日常规早操活动在这样的氛围中不断形成幼儿体育活动的习惯。

四、培养参与集体活动的意识

幼儿早操活动是幼儿园中少数集体性活动之一。活动中能形成教师与幼儿之间的互动,幼儿与幼儿之间的相互模仿、带动及合作。相同的动作与程序,促使幼儿融入集体的氛围之中,从而不断促进幼儿参与集体活动的意识。

五、调整人体机能的需要

幼儿早操活动主要安排在早操八九点钟,这个时间段的安排起着承上启下的作用。一方面可以消除睡眠后神经系统的抑制状态,激发和恢复幼儿机体的主要器官、系统的机能和工作能力,提高整个机体的活动能力,使其逐步进入较好的工作状态,从而使幼儿能精力充沛、精神饱满、情绪愉快地开始一日生活。另一方面,通过一定的运动量也满足幼儿午餐摄入及午睡的需求,保障了幼儿生活的规律,促进身体的健康发展。

六、形成良好的身体姿势

幼儿早操活动,内容强调动作的准确、协调、优美大方;强调关节、肢体的运动。通过每日的反复练习,不断形成幼儿身体的协调,有助于幼儿逐渐形成良好的身体姿势。

第二节　幼儿园早操活动的组织

科学的运动,主要依据人体生理机能变化的规律进行开展。从人体积极进入准备状态,到保持相对较高的水平状态,再到积极进行放松、恢复的状态,是各种身体活动的基本要求。幼儿早操活动的开展、程序的设计主要依据此规律进行。例如,活动量的安排应经过由小到大,再由大到小的过程。早操活动以有氧运动为主,运动量基本保持在中等运动强度。

一、幼儿园早操活动的准备

幼儿园早操活动作为综合性的体育活动,常常运用多种手段和方法进行开展。因此,幼儿园早操活动的准备主要涉及以下三个方面。

1.组织方式的准备

组织方式的合理性,是保障幼儿园早操活动开展的主要方面。不同的年龄段、不同的人数安排、内容需要、设计思路、户外条件及场地特征等,使得组织方式呈现多种形式。教师在设计幼儿园早操活动中,首先要考虑组织方式这一要素的准备。

2.音乐、儿歌的准备

音乐、儿歌是幼儿园早操活动中主要的辅助材料之一,好的音乐及儿歌能够激发积极的情绪,营造良好的氛围。同时,音乐及儿歌的选择也明确了主题以及节奏的需要。它们常常服务于幼儿园早操活动的每个部分。针对早操中的不同部分,音乐及儿歌应有明确的针对性,不同的节奏选择达到不同的目的。因此,教师对于此方面的准备是整个早操活动中的最重要的内容之一,也是设计的主要思路之一。

3.运动器材的准备

运动器材往往与主题内容及幼儿身体的运动方式密切相关。运动器材的美观、大方及表现出的特质和可操作性,是早操准备中的另一重要元素。它不仅可以用于早操的操节之中,也常常用于幼儿园早操的游戏之中。运动器材的选择和准备,也能成为幼儿园早操活动主题设计的主要思路之一。

二、幼儿园早操活动的基本内容及程序

在幼儿园早操活动中,经常开展的活动内容主要包括以下五个方面。

1.准备部分

准备部分主要包括集合、整队及基本的热身运动。热身运动是早操活动中必不可少的环节之一,尤其在冬季,是幼儿园早操活动的重要组成部分。热身运动主要包括慢跑、走跑交替、模仿走、小跳、间歇性跳跃、热身操、热身舞蹈、运动量较小的体育游戏、各关节的伸展性练习等内容。要求教师通过各种形式内容的展开,为下一步活动做好积极准备。

准备部分中以柔韧性练习与协调能力的发展为主,运动量较小,节奏较慢;可与取器材结合在一起进行。

2.队列队形活动

早操活动存在着集体性特征。因此,快速、有效的集合,队伍的调整及各种实际的操作都与队列队形活动密切相关。队列队形活动既可独立操作,也可融合到其他部分之中。根据幼儿园课程的需要,队列队形活动可简单、也可复杂。简单的内容强调幼儿已有能力的表现。例如:原地性的练习或简单的队形练习等;复杂的内容也可形成系统性的活动,根据不同年龄段的特征,可结合队形的变换进行练习。队列队形活动以走、跑练习为主,以队形的变化为主线,运动量较小,也可与取放器材结合在一起进行。

3.基本体操活动

基本体操是幼儿园早操活动中的重要环节,是早操中的主要表现形式。基本体操内容形式多样,既可形成独立的操节练习,也可把队列队形活动及体能活动结合在一起进行操作。基本体操活动以人体各关节的活动为主,运动量以中等为主,持续时间较长。

4.体能活动

体能活动作为早操活动中提高运动负荷的重要环节,同样可独立操作,也可融入基本体操活动中进行综合操作。基本体操活动的部分形式也有体能发展的表现,如健身健美操、街舞等。同时,体能活动也常常与队列队形活动相结合,通过走、跑、跳、投、攀、钻、爬等形式结合各种队形的变化,进行独立操作;也可采用较大运动量的体育游戏进行开展。体能活动一般表现为中等、中大运动量,可结合身体材料或物质材料进行练习。

5.放松活动

放松活动是幼儿早操活动中必不可少的组成部分。放松活动是以情绪、呼吸、身体的调整为主要目的,使幼儿通过较长时间的运动后,尽快恢复到平静状态的过程。放松活动主要表现形式为放松操、小游戏、呼吸练习或简单的队列队形的练习等,以小运动量为主,也可把器材的归还结合在一起进行。

三、幼儿园早操活动的时间安排

幼儿园中早操活动的内容可多项性进行选择,在其中主要的活动内容可以相对固定,如基本体操活动、队列活动等。此类内容需要通过一定时间进行学习和巩固,一般安排半学期更换一次。有利于幼儿能力的不断提高,也有利于幼儿兴趣的保持。对于有些内容则应该经常进行变化,如小游戏、自主操作的材料等,使早操活动可以更加轻松活泼。

幼儿园早操活动一般安排在 8:30 开始,这时幼儿基本入园,早餐也基本完成一个小时左右,这个时间段进行早操活动较为合理。当天气寒冷时,早操活动可以推迟到 9:00 左右进行,这时的阳光较为充足,同时也满足幼儿睡眠的需要。

每日幼儿早操活动一般安排在 15 分钟以内。小班的活动时间一般在 10 分钟左右,中班 12 分钟左右,大班 15 分钟左右。另外,也可根据气候情况、儿童能力特点、幼儿园存在的局限性等方面进行调整。

第三节　幼儿园早操活动应注意的问题

一、内容的选择

早操活动在内容的安排上不应只强调基本体操的内容,作为体育综合活动的平台,早操可以针对体育活动的内容进行多样的选择。但是,要保证每个幼儿都能参与到各种活动中。

二、运动强度

早操活动每个部分内容的强度安排一般由小到大,再由大到小进行设计,大的运动强度尽可能保持在中等水平。由于早操运动密度较大,教师不应过分增大运动强度,使幼儿能尽量保持在有氧状态进行活动。

三、放松活动

早操活动在安排放松时,不应让幼儿坐于地面上进行。在较长时间活动后,坐于地面放松,不利于血液循环。同时,应强调心理的放松及呼吸的调整。

四、天气因素

每日的早操活动,在一般情况下都可进行,雨天可调整到室内或走廊上,但注意保持室内空气的流通以及活动时的安全。在雾霾天,则应该停止活动,不管是室内还是室外。

小班早操活动的运动量较小,容易受到外界环境的影响。因此在天气寒冷时,要加强小班幼儿的保护。

五、幼儿着装

早操活动,幼儿应穿着方便运动的服装。在整个早操活动过程中,教师应关注到每个幼儿的出汗情况,及时给幼儿减少衣服量。要提醒家长,幼儿入园尽量不要佩戴饰品,以免在运动中自伤或伤及他人。

六、早操后

早操完成后,应逐步让幼儿安静下来,可以借助如手指操之类的小游戏进行调整。同时,尽快处理好幼儿的个人卫生,习惯于用冷水洗手洗脸。

第七章　学前儿童基本体操

目标导航

1. 掌握学前儿童基本体操的类型与特点
2. 理解学前儿童基本体操各种类型、手段及辅助材料的作用
3. 掌握幼儿园基本体操编排的方法
4. 牢固掌握学前儿童基本体操中的各种专业术语、基本动作
5. 尝试用运动简笔画进行基本动作的设计与记录
6. 了解学前儿童基本体操各种节奏控制的方法

第一节　学前儿童基本体操的概述

一、学前儿童基本体操的概念

学前儿童基本体操多用于早操活动之中,也常在幼儿园其他活动中进行。根据幼儿的年龄和身心发育特点,学前儿童基本体操存在着明显阶段性特征。它是通过幼儿肢体的运动,运用基本体操的动作,提高幼儿基本活动能力,发展幼儿身体姿势,锻炼幼儿身体,促进幼儿机体协调发展的一种简便、易于普及的内容形式,是体育与教育相结合的内容之一。

学前儿童基本体操强调以"基本"为核心,通过最基本的动作表现形式,结合优美、有趣、快乐的表达方式,使幼儿可以做、愿意做,并能获得较好的效果,从而成为幼儿园教育中幼儿身体发展的重要手段之一。

二、学前儿童基本体操的主要类型

学前儿童基本体操就其内容的表现形式来看,主要包括徒手体操和器械体操两大方面。幼儿园基本体操中,两者都占有很大比例。小班由于年龄和能力特点,主要以徒手体操为主,随着年龄的增长,

中、大班则开始有更多的器械体操练习。

(一) 幼儿徒手体操

徒手体操是学前儿童基本体操的内容之一,也是常用的方式,是不利用任何器械,以身体各部位的不同姿势、方向、路线、幅度、频率和节奏的变化,由各种单个动作组合而成的成套动作。幼儿徒手体操根据其中不同的特征,又可细分为多种不同的内容形式。

1. 一般性徒手体操

一般性徒手体操中,各个动作不附带明显的特征,不借助其他的辅助手段,只运用单一口令,结合肢体的活动进行体操练习的内容。由于其形式相对比较呆板,在幼儿园中运用得较少,主要在教学的热身活动中有一定的运用。

2. 模仿体操

模仿体操在幼儿园体操活动中是最常见的方式之一。主要是借助各种事物的特征,结合肢体进行练习,深受幼儿的喜爱。模仿体操的表现形式多种多样,可以是某一事物的模仿,也可是多种事物组合进行模仿。模仿的对象也非常丰富,可以是生活中熟悉的各种人或事,可以是各种故事中的人或事,可以是某些事物所表现的特征,也可以通过想象进行。模仿性活动是幼儿认识世界的主要途径之一,主要包括如下九大类。

(1) 动物类。

例如:小鸟、燕子的飞行;青蛙、兔子、袋鼠的跳跃;螃蟹、大象、狮子、老虎、狗熊、乌龟的行走;猴子、小猫、小狗、公鸡、小鸡、鸭子、小老鼠的形态;还有一些水里的动物的主要形态与行为特征;等等。另外,也可借助于各种动物的声音进行模仿。

动物的种类很多,教师应不断扩充对不同动物的了解,形成各种有益的动作,从而激发幼儿进行身体活动的兴趣,丰富动作的内涵,提高幼儿的认知。例如:恐龙类、昆虫类、灵长类等。

(2) 植物类。

例如:小花盛开;种子发芽;风中的禾苗、稻谷;大树的形态;摇摆的水草;等等。

(3) 人物类。

人物的表现形式非常多,主要表现在职业、形态、日常行为、礼仪、运动、虚拟人物、器乐的使用等方面。

① 职业类:军人、农民、交通警察、伐木工人、司机、教师等职业特点。

② 人物形态类:老爷爷、老奶奶、妈妈、爸爸等身边的人物特征;也可以是张飞、关羽等历史人物的形态特征等。

③ 礼仪类:微笑、握手、牵手、拥抱、再见、你好、敬礼等动作表现。

④ 运动项目类:游泳、踢球、拍球、举重、射箭、骑马、跑步、拔河等主要特征。

⑤ 生活行为类:穿衣、刷牙、洗脸、吃饭、写字、洗澡、睡觉等行为特征。

⑥ 卡通人物类:传统的孙悟空、猪八戒、唐僧、妖怪、哪吒、葫芦娃等,也有现代的奥特曼、海绵宝宝、金马战士、大耳朵图图、小猪佩奇等。童话故事中的各种形象,如稻草人、机器人、狮子、女巫等的各种人物的特征等。

⑦ 乐器表现类:吉他、钢琴、古筝等弹的动作;小号、口琴等吹的动作;小提琴、二胡等拉的动作;扬琴、腰鼓、架子鼓等打击的动作;等等。

(4) 交通工具类。

例如:骑马、三轮车、自行车、摩托车、汽车、火车、飞机、轮船、火箭等。交通工具是日常生活中最常见的事物之一,也是幼儿最喜欢的内容之一。这种类型的活动在体操活动中,不但可模仿形态本身,还可结合动、停、方位的变化来进行。

(5) 自然现象类。

例如:各种风(春风、微风、大风、龙卷风等)、下雨、下雪、波浪、热、冷、太阳升起、星星闪烁等等。

（6）数字、字母及汉字。

可以是用手写的方式进行模仿，也可以是人体进行模仿，还可以是两人间组合进行模仿。

（7）各种物品类。

例如：茶壶、椅子、风扇、门等主要特征。

（8）对儿歌、歌曲、诗歌等内容进行综合模仿。

例如：《小老鼠上灯台》《春晓》《一闪一闪亮晶晶》等。

（9）根据各种声音，想象动作进行模仿。

以上模仿对象中都存在着各种声音的表现，如交通工具类、自然现象类等，但在幼儿园中更多的是采用动物声音的模仿。例如：咩咩——小羊；哞哞——小牛；汪汪——小狗；呱呱——青蛙；知了知了——知了；喵喵——小猫；蝈蝈——蝈蝈；吱吱——小老鼠；嘎嘎——鸭子；嗯啊嗯啊——小驴；喔喔——公鸡；咯咯哒——母鸡；唧唧——小鸡；叽叽——小鸟；嗡嗡——昆虫飞动的声音；嘶——马鸣；嗒嗒——马蹄声；嗷——野兽吼叫等。

幼儿对于周围事物的认知往往从模仿开始，幼儿对此方面的内容也表现出浓厚的兴趣。模仿体操应成为幼儿园体操活动的主要内容。通过有目的、有针对性的设计，使幼儿体操活动变得更加有趣、生动。通过事物的模仿，也有利于幼儿理解、记忆，对动作准确性的把握更强，从而在快乐中获得身体的发展。此方式适用于幼儿园每个年龄段，应成为小、中班体操活动中的重中之重。

3. 拍手体操

拍手体操是在每节动作中，通过各肢体的动作与两手的相互拍击结合来完成的，主要表现出动作的练习与合理的节奏性相结合。幼儿通过此内容的练习，强调整齐划一的动作。掌声的反馈，对于幼儿进行动作的练习也带来了有利的刺激。拍手操可以是个体进行；也可以是两人间进行。拍手操也可进一步扩展到其他部位的拍打与敲击，如拍肩、拍大腿、跺脚等动作。这适用于幼儿园每个年龄段，以中、小班为主。

4. 韵律体操

韵律体操是将简单的舞蹈动作或律动动作与徒手体操的动作有机地组合在一起的体操表现形式。幼儿韵律体操常常运用轻松活泼、旋律优美、节奏感强的儿童歌曲进行伴奏。对幼儿动作的协调能力、灵敏性的发展，身体姿态以及对艺术的熏陶都具有一定的促进作用。在幼儿园中此类形式的基本体操较多，但由于一般性韵律体操运动负荷都较小，对动作的协调能力要求较高，因此韵律体操不应成为幼儿园唯一基本体操的表现形式。此内容主要适用于中、大班的基本体操活动。

5. 武术体操

武术体操是把武术中一些基本动作与基本体操中的节拍相结合进行的一种体操表现形式。武术体操由于其动作特点，需要身体各部分一定的力量来保障完成，因此运动负荷要大于一般性基本体操。幼儿园武术体操主要结合最基本的中国武术动作来完成，包括基本手型、冲拳、基本步法及简单的身法等的练习。这适用于大班幼儿。现在幼儿园中也常用到其他不同类型的武术进行体操的编创，如搏击、跆拳道等。

6. 健身健美体操

健身健美体操所包含的内容非常多，如街舞、爵士舞、拉丁舞、霹雳舞、迪斯科舞等都可以归于健身健美体操的范畴。幼儿健身健美体操是在以上内容的基础之上进行编排的。到目前为止，并未形成规范的幼儿健身健美体操教程。在幼儿园一般采用欢快的、较强的节奏进行，多以原地脚步的变换并结合上肢及躯体进行练习。有较大的运动量，对于幼儿协调能力有较高的要求。采用简单步法结合基本的上肢及躯体动作进行运用，也是幼儿喜欢的内容之一。这一般适用于中、大班。

7. 队列队形体操

队列队形体操是在近几年开始发展起来的一种强调集体性合作的体操模式，主要强调全体幼儿运用简单的队形变化，结合上肢及躯体的动作进行练习。队列队形操有着严格规范的行进路线要求，对于幼儿的能力存在较大的挑战，因此多用于各种集体表演之中。

（二）幼儿器械体操

幼儿器械体操主要包括两种：一种是轻器械体操，一种是辅助器械体操。这两种在幼儿园中都有所运用，但主要是以轻器械体操为主。

1. 轻器械体操

轻器械体操是指幼儿在徒手体操的基础之上，手持较轻的器械所练习的一种基本体操方式。轻器械体操除了具有徒手体操的动作之外，还需要根据所持器械本身的特点，做出相应的体操动作。这也是幼儿非常喜欢的一种体操形式。

轻器械体操所用器械主要来自成品材料、自制材料，或在成品材料基础之上进行加工形成的材料。自制材料主要是教师利用各种废旧物品自创形成的。

在选择轻器械材料时，教师应注意材料本身的安全、体积、重量、长短及美观都要适合于幼儿的年龄特点及基本体操的要求。材料本身应具有一定的特性及可练习的价值。

幼儿基本体操运用轻器械，一方面迎合了幼儿对于材料的喜爱，使幼儿获得更多与生活相关的知识，丰富了幼儿的想象空间；另一方面借助器械本身，提高了幼儿基本体操的难度，弥补了徒手体操中不可涉及的动作，如哑铃操需要完成各种击打动作、红旗操需要做出刚劲有力的挥臂动作、呼啦圈操则会完成各种钻的动作等，从而提高了幼儿活动的兴趣和积极性。

在幼儿园中轻器械体操常用到以下材料：① 哑铃；② 红旗；③ 铃鼓；④ 皮球；⑤ 刺刺球；⑥ 呼啦圈；⑦ 木棒；⑧ 弹力棒；⑨ 加油棒；⑩ 拐杖；⑪ 手帕；⑫ 毛巾；⑬ 各种帽子；⑭ 小花伞；⑮ 浴球；⑯ 沙锤；⑰ 绳子；⑱ 手套；⑲ 彩带；⑳ 算盘；㉑ 扇子；㉒ 花鼓；㉓ 铃鼓；㉔ 游泳板；㉕ 各种运动球拍；㉖ 木鱼；㉗ 响板；㉘ 手铃；㉙ 小脸盆；㉚ 花束；㉛ 双节棍；㉜ 小碟子；㉝ 塑料小杯子；㉞ 竹筒；㉟ 筷子；㊱ 纸球；㊲ 皮筋球；㊳ 自制小圈；㊴ 自制拉力器；㊵ 线拉毽子；㊶ 纸棒；㊷ 罐子（易拉罐、可乐罐、食品罐等）组合的器械；㊸ 书本；㊹ 扫帚；㊺ 皮筋；㊻ 纱巾；㊼ 各种高结构玩具（如枪、刀、小汽车、布娃娃）；等等。

2. 辅助器械体操

辅助器械体操所用的器械是放于地面之上的，不用手进行操作的材料。辅助器械体操在幼儿园中由于场地局限、器械缺乏、取放困难，因此运用的不是很多。合理材料的选择，也能成为幼儿练习的内容，形成幼儿园基本体操的特色。

器械选择：踏板、椅子、垫子、皮筋、军用背包、轮胎、废旧小皮箱、工具箱、海绵垫、皮筋等。

幼儿基本体操的分类是人为进行的划分，在实际操作中常常会把一些相关的元素进行综合运用，因此常常可以看到一套幼儿基本体操中，包括模仿、器械、韵律、队列队形、拍手等元素。在确定体操类型时，主要是依据以何种元素为主进行划定的。

三、幼儿园基本体操的特点

（一）动作简单、易学

幼儿基本体操作为幼儿园体育活动的重要手段之一，必须遵循幼儿身心发展的特点，不应过分强调内容的难度，幼儿时期主要是启蒙训练，体操的基本动作应与幼儿能力相匹配，以发展幼儿的身体姿势与基本体能为主。同时，幼儿基本体操是面向全体幼儿来设计的。因此，幼儿园基本体操动作必须简单、易学，使每个幼儿在其中获益。

（二）内容丰富，形式多样

幼儿基本体操类型丰富，可选择的空间很大，不同体操类型有着不同的价值取向，幼儿园应科学合理设计，形成多种元素的体操类型，以服务于幼儿。幼儿园教育即生活教育，因此基本体操的主题有更多的内容可以选择,基本体操的主题应贴近幼儿熟悉的事物与兴趣,使幼儿体操生动、活泼。幼儿基本体操的基本动作,涉及身体的各个部位,本着全面发展幼儿身体的原则,幼儿基本体操应具有多种动作表现形式。

(三)动作形象化、幼儿化

学前儿童正处于象征性游戏阶段,这个时期形象化的事物能极大满足幼儿情感的需求。可通过夸大、夸张的动作表现、各种角色性的扮演、各种事物的装扮等,从而充分刺激幼儿想象能力的发展,能很好地将幼儿的自主需求与教育的期望相结合。因此,"形象化"这一主要特性在幼儿基本体操中的运用就显得尤为重要。

(四)节奏鲜明,动作优美

根据年龄特点,幼儿对于较为复杂节奏的把握,存在一定的难度。幼儿园基本体操在伴奏音乐的选择上,应运用符合幼儿能力的节奏。明确、清晰的节奏,使幼儿更能准确地把握动作,更愿意接受学习的内容。幼儿基本体操不但要求动作协调、有力,同时也强调动作的优美、自然、和谐。动作和音乐的完美结合,使幼儿从中陶冶美的情操,感受美的教育,同时也体现了幼儿基本体操的艺术魅力。

(五)体现多元价值

幼儿园基本体操是幼儿教育的综合平台之一,最核心的价值表现在对于幼儿身体发展的促进上,同时基本体操中也充分表现出幼儿的情感需求、幼儿的认知发展、幼儿的社会性发展等。基本体操主题的选择也可以是多种方向的,从而表现出多元的价值,如音乐歌曲中可以渗透生命的教育、爱心的教育、传统文化的教育、民俗文化的教育等等。

第二节 幼儿基本体操的编排

一、幼儿基本体操的组成要素

(一)对象

幼儿园三个年龄段,虽然每个年龄段只相差一年,但所表现出的各种能力却有着显著的差异。幼儿基本体操在三个年龄段中运用着不同的方法和手段,呈现出三种不同层次的基本体操活动。因此,幼儿基本体操的编排需要明确的针对性。

(二)时间

幼儿基本体操所用时间主要是根据不同年龄段运动量的需求进行控制的。节奏较快,运动强度较大,相对应时间的安排就必须有所减少。反之,时间就相应延长。幼儿园基本体操每一套的时间控制在2—4分钟比较合理。

(三)组织方法

每套幼儿基本体操在组织方法上,主要受不同的年龄段、不同的人数、不同的场地、不同的内容表现形式等因素影响,主要包括固定队形及可变队形两种。组织方法是幼儿基本体操的重要组成要素,组织方法的有效性直接影响着幼儿基本体操完成的质量。

（四）节奏控制的方法

幼儿园基本体操控制节奏的方法主要包括六种：① 有歌词的音乐；② 无歌词的音乐；③ 儿歌；④ 诗歌；⑤ 口令；⑥ 各种器械发出的声音。节奏控制的各种方法，可以是播放器进行播放控制，也可以是教师的声音进行节奏的控制，还可以是师生配合进行节奏的控制等。此内容是幼儿基本体操的核心要素之一。

（五）动作

一套幼儿基本体操动作是由几十个单个动作组成的，是编排操的主要元素。动作是通过各关节的运动来表现的，根据幼儿体操的需求，可以赋予动作各种意义。同时，动作设计的科学性与基本体操所要表现的最大价值化紧密相关，表现为：① 符合幼儿能力特点；② 符合幼儿身体发展的需要；③ 符合幼儿心理需求；④ 具有一定的艺术性等。

二、编排幼儿基本体操的要求

（一）不同年龄段幼儿基本体操内容的安排

根据不同年龄段的特点，注意在内容、节数、拍数、活动量、难度、节奏等方面的逐步递进。

不同年龄段幼儿基本体操内容安排

年龄段	体操动作类型	节数	拍数	节奏	运动量
小班	模仿操、拍手操、逐步学习一般性徒手操	4—5节	4×4 2×8	较慢	中、小
中班	徒手操为主，增加一定的韵律操、武术操及简单的器械操	5 6节	2×8 1×8	快慢结合	中
大班	武术操、韵律操、队列操、轻器械操及辅助器械操等	6—8节	4×8 6×8	增加变化	中、大

（二）高密度低强度的要求

幼儿基本体操的练习密度应达到80%左右，因此，在编排上要减少不必要的等待和间歇时间。由于练习密度大，因此，幼儿的基本体操强度不能过大。过大的运动强度，会使运动负荷过大，从而增加了无氧运动的可能，使幼儿容易过分疲劳。一般幼儿基本体操控制在中小运动强度，使最佳心率平均在130—150次/分钟之间。

（三）合理动作程序的要求

幼儿基本体操由若干节内容组成，编排每节之间关系需要把握合理的程序。本着全面发展幼儿身体原则，基本会涉及幼儿身体的主要运动关节。基本程序要求是先练习肢体的远端，再练习肢体的近端；先进行伸展的运动，再进行较剧烈的运动；先进行局部的运动，再进行整体的运动。最后进行放松运动。因此，一般程序如下：① 头颈部动作；② 上肢或四肢伸展动作；③ 扩胸动作；④ 各种下肢动作；⑤ 各种腰部动作；⑥ 全身动作；⑦ 跳跃动作；⑧ 整理放松动作。

（四）不同年龄段基本体操的编排要求

小班：以个体为主，强调大肌肉群动作练习。着重动作的模仿，动作之间的衔接较慢，甚至可以采用每个动作固定化的方式。要让大多数幼儿有时间完成每个动作。

中班：以个体为主，适当增加一些小肌肉群的运动。动作之间的衔接适度加快，动作表现出一定的力度,强调基本动作协调性的发展。

大班:以个体为主,增加上下肢协调动作,增大运动的幅度,进一步增加动作的节奏及力度,能通过器械表现一定的动作。可以尝试两人间的伙伴合作。

三、幼儿基本体操编排的基本知识

(一)人体的结构名称

(1)头颈:头与颈的总称,头颈部形成头颈关节。

(2)上肢:也称手臂,包括上臂、前臂、手掌;有肩关节、肘关节、腕关节及指关节。

(3)下肢:也称腿,包括大腿、小腿、脚;有髋关节、膝关节、踝关节、趾关节。

(4)躯干:也称上体,包括胸部、腰部、体侧、腹部、背部和脊柱;有胸椎关节及腰椎关节。

(5)四肢:上肢和下肢的总称。

(6)全身:身体各个部位的总称。

(二)幼儿基本体操动作术语

(1)立:腿伸直,脚站立在地上的姿势,如正立、开立、前掌立(起踵立)、单脚立等,见图7-2-1。

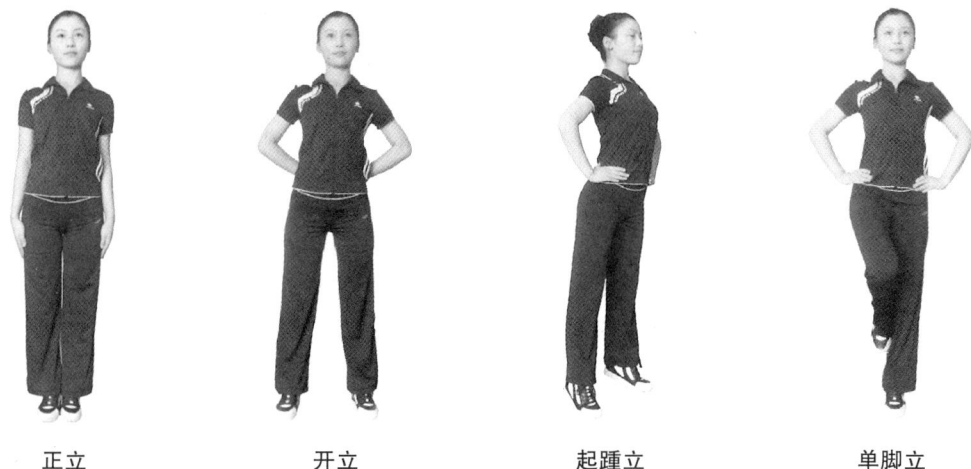

| 正立 | 开立 | 起踵立 | 单脚立 |

图 7-2-1

(2)蹲:屈膝站立的姿势。

① 半蹲:膝关节大于或等于90度角的站立姿势。

② 全蹲:膝关节小于90度角的站立姿势。

半蹲   全蹲

图 7-2-2

（3）跪：屈膝，以小腿和脚或膝着地（器械）的姿势，如并腿跪、单腿跪等。

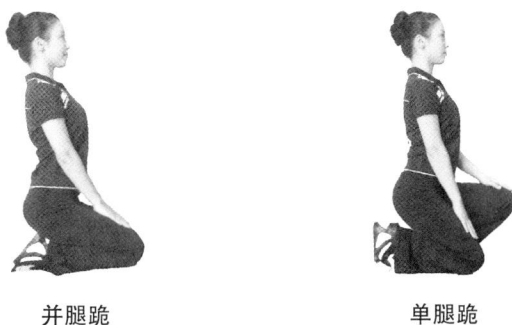

并腿跪　　　　　　　　单腿跪

图 7 - 2 - 3

（4）弓步：两腿分开一大步，一腿屈膝，另一腿伸直的站立姿势，如前弓步、后弓步、侧弓步、弓尖步等。

前弓步　　　　后弓步　　　　侧弓步　　　　弓尖步

图 7 - 2 - 4

（5）坐：屈髋，以臀部和(或)腿后侧着地（器械或小腿）的姿势，如正坐、屈膝坐、分腿坐、交叉屈腿坐等。

正坐　　　　屈膝坐　　　　分腿坐　　　　交叉屈腿坐

图 7 - 2 - 5

（6）卧：身体或上体躺在地上的姿势，如仰卧、俯卧、仰卧举腿等。

仰卧　　　　　　　俯卧　　　　　　仰卧举腿

图 7 - 2 - 6

（7）撑：手和身体其他部分支撑在地上的姿势，如俯卧撑、蹲撑、分腿屈体撑等。

俯卧撑　　　　　　　　　　　　蹲撑　　　　　　　　　　　分腿屈体撑

图 7 - 2 - 7

（8）平衡：一腿站立，另一腿举高（一般要求腿与地面呈水平状），身体保持一定时间的静止姿势，如俯卧平衡、侧平衡等。

俯卧平衡　　　　　　　　　　　　　　　　侧平衡

图 7 - 2 - 8

（9）劈腿：两腿分开180度着地（器械）的姿势，如纵劈腿、横劈腿等。

纵劈腿　　　　　　　　　　　　　　　　横劈腿

图 7 - 2 - 9

（10）踢腿：一腿站立，另一腿由低向高做加速有力的摆动动作，如右腿前踢（右腿踢至前方）等。

正踢腿

图 7 - 2 - 10

（11）举：臂或腿伸直，在空间某一方位上停止不动的部位姿势，或者在一平面内的活动范围不超过180度的动作。

（12）振：臂或上体急速地向关节进行最大活动幅度运动的弹性动作，如臂上举后振等。

（13）波浪：身体或身体某一部分邻近的关节按顺序做柔和屈伸的动作，如臂举波浪等。

（14）屈：身体关节弯曲成一定的角度，在空间某一方位上停止不动的姿势，或者使关节弯曲的动作，如头前屈、臂肩侧屈、左腿前举至前屈等。

（15）伸：身体关节伸直或扩展的动作，若屈与伸依次进行则称"屈伸"。

（16）绕：身体某一部分在一平面内的活动范围大于180度、小于360度的弧形动作，如臂向后绕至前举等。

（17）绕环：身体某一部分在一平面内的活动范围在360度或360度以上的圆形动作，如臂向前绕环、臂向外绕环、臂上举向前绕环至前举等。

（18）倾：上体伸直，偏离垂直面45度左右的动作，如上体前倾等。

（19）出：一脚向某一方向迈出一步的动作，如右脚侧出一步等。

（20）跳：脚蹬离地面，使身体腾空至落地的动作，如分腿挺身跳等。

（21）同时：身体的不同部分或动作（技术）与动作（技术）之间需要同一时间内或者在同一过程中完成时，用"同时"来表示。

（22）接：两个单独动作之间要求连续、无间断完成时，用"接"来表示。

（23）经：动作过程中要求经过（不停顿）某一特定方位时用"经"来表示，如臂经侧至上举等。

（24）至：动作做到某一特定方位，用"至"来表示，如双臂经体前至侧平举等。

（25）成：动作做成某一特定姿势结束，用"成"来表示，如双臂成斜上举等。

（三）各关节基本动作的分解

1. 头颈部动作（头颈关节）

颈前屈、颈（左、右）侧屈、颈后屈、颈（左、右）侧转、向左（右）颈绕及绕环、颈前伸等。

| 颈前屈 | 颈侧屈 | 颈后屈 | 颈侧转 | 颈绕及绕环 | 颈前伸 |

图 7 - 2 - 11

2. 上肢动作（肩关节、肘关节、腕关节、指关节）

平举（侧平举、前平举）、上举、斜上举、斜下举、屈臂（胸前平屈、肩侧屈、头后屈）、两臂绕及绕环、肩绕及绕环、振臂、摆臂等。

3. 躯干动作（胸椎关节、腰椎关节）

上体前倾、上体前屈、体（左、右）侧屈、体后屈、体绕及绕环、转体等。

侧平举

前平举

上举

斜上举

斜下举

胸前平屈

肩侧屈

头后屈

两臂绕及绕环

肩绕及绕环

振臂

摆臂

图 7 - 2 - 12

上体前倾	上体前屈	体侧屈
体后屈	体绕及绕环	转体

图 7 - 2 - 13

4. 下肢动作(髋关节、膝关节、踝关节)

步法(弓步、弓箭步、虚步、马步、仆步等)、蹲(全蹲、半蹲)、举腿(前、后、侧)、踢(前、侧、后)、踝关节屈伸及跳跃等。

虚步	马步	前举腿	后举腿
侧举腿		踝关节屈伸	跳跃

图 7 - 2 - 14

(四)影响动作形成的主要因素

1. 动作节奏

动作节奏的变化是通过时间的长短、速度的快慢、动作的轻重、用力的刚柔来体现的,它们之间又互相联系。由于动作节奏贯穿始终,因此,动作节奏是教师在编排幼儿基本体操时最主要考虑的问题。这个因素与幼儿的能力、基本体操的难易度、表现的情感等方面都有着密切的关系。

2. 动作方向及方位

动作方向及方位是指身体某个部位的运动指向,包括前、后、左、右、上、下六个基本方向及内、外、中间。动作方向及方位的不同,影响的肌肉群也不同。动作方向及方位的变化与选择,在幼儿基本体操的编排中经常被运用。相同的动作,整体方向改变,可以增加动作的变化,同时适度增加难度。例如:原地踏步走的练习,教师在编排时,可以增加各个方位的转体走。原地的跳跃,可以增加正向及逆向的原地跳跃来寻求变化等。在身体局部动作方向的改变,多以对称性动作为主,可以使身体协调练习。

3. 动作幅度

动作幅度是指做动作时,身体或身体某部分移动的距离长短。幅度的大小直接影响动作的难易程度和运动负荷的大小。例如:下蹲动作,半蹲与全蹲的练习,幅度的改变,对于肌肉的伸展与力量的要求会有很大的差别。身体的前倾与前屈,动作幅度的改变,对于身体柔韧性的要求会有很大差异等。动作幅度的变化,是教师在编排幼儿体操时,另一个需要着重考虑的因素,因为此方面不仅表现出幼儿的不同能力,也表现出教师对幼儿能力发展的期望。

4. 动作路线

动作路线是指做动作时,身体或身体某部位运动轨迹的连线。采用不同的动作路线对培养练习者的协调能力有直接的影响。动作路线的设计常常表现出动作细节变化。例如:武术操中的双冲拳动作,幼儿可以直接冲拳,直线收回于腰间,也可以设计为收回时两臂经水平展开再收于腰间等。

5. 动作频率

动作频率是指单位时间内动作重复的次数。动作频率不同,运动负荷就不同。动作频率与动作的节奏紧密相关。例如:拍手操中,可以是一个节拍拍一次,也可以改变为一个节拍拍两次。动作频率的增加,使运动难度与负荷都发生了改变。

6. 动作速度

动作速度是指在单位时间内身体或身体某部位移动的距离。动作速度不同,直接影响运动的强度。此因素与动作节奏和动作频率密切相关。幼儿体操的编排中,动作速度是编排的重要因素之一,不仅仅指的是某个动作所表现出来的速度,还表现出动作与动作之间衔接的速度。速度过快,幼儿往往不能完成;速度过慢,又会影响到运动负荷。因此,选择适合幼儿的动作速度是编排中的重要内容。

7. 动作配合

动作配合是指身体各部位相互运动配合的关系。人体动作所表现出的多样性,与动作配合密切相关,主要表现为:① 同步对称性动作;② 非同步对称性动作;③ 非对称性动作等。具体表现在:① 上肢与上肢的配合;② 手臂、手腕、手指及颈部的配合;③ 上肢与下肢的配合;④ 上肢与腰部的配合;⑤ 腹背部的配合;⑥ 腰部与下肢配合;⑦ 下肢与下肢的配合;⑧ 全身各部位的配合等。各部位的配合,形成的动作非常复杂,这也是幼儿基本体操编写的最大难度所在。即使相同的主体内容与不同的动作配合也会表现出不同的寓意,如颈侧屈动作。颈侧屈动作与双手的动作相配合,双手托于下颌时,可以想象成小花的形态;颈侧屈动作配合两食指指于脸上,可以想象成微笑的形态;颈侧屈动作两手伸出两指,放于脑上方,可以想象成小兔子的形态;等等。因此,动作的配合不仅需要一定的体育专业知识,也需要很好的思维、想象能力。

四、幼儿基本体操的编写方法与记录

幼儿基本体操在编写记录时主要包括文字描述法、绘图法及两者综合运用法等。文字描述法主要是运用术语按每一个节拍进行动作的描述。绘图法是通过运动简笔画,对每一节拍的动作进行直观的呈现。在幼儿园中,教师主要运用的记录方法是将两者进行结合,综合运用,以绘图为主,以文字描述为辅。

（一）幼儿运动简笔画的基本画法

运动简笔画的绘画方式方法非常多,如单线图、双线图、块面图、轮廓图等。在幼儿园中教师主要掌握单线图的绘画方法,基本能满足幼儿基本体操的记录需求。

单线图是运用最广泛最流行,也是最容易画的一种体育动作简图,又称为火柴棍图或棍图。它的画法特点是除头部用一个椭圆表示之外,四肢和躯干全用单线表示。以下简单介绍基本的操作方法。

幼儿运动简笔画是以幼儿的身体比例为原形。如图 7-2-15 所示,由于幼儿基本体操中,头颈部关节的运动较多,因此,头部的比例较大,以椭圆表示。椭圆的长、宽比一般在 2∶1。在正面图中,躯干用一条单线来表示,躯干和腿的总长度与椭圆的长度比为 3∶1,躯干和腿的总长度与上肢比为 2∶1。脚的长度与椭圆的宽度相等,两脚呈 90 度,站立躯干与腿的比为 1∶1。头部与躯干之间保留一线空隙,表示颈部。上肢与躯干保持一定的距离,表示肩宽。

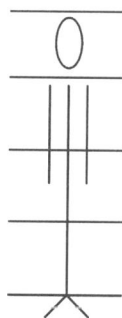

图 7-2-15

通过这样的绘画方式,可以较轻松地记录基本体操中的各种动作。如图 7-2-16 所示。

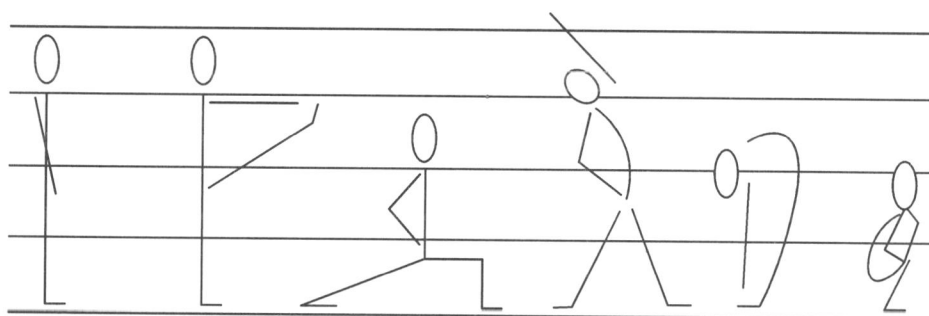

（基本的绘画方法）

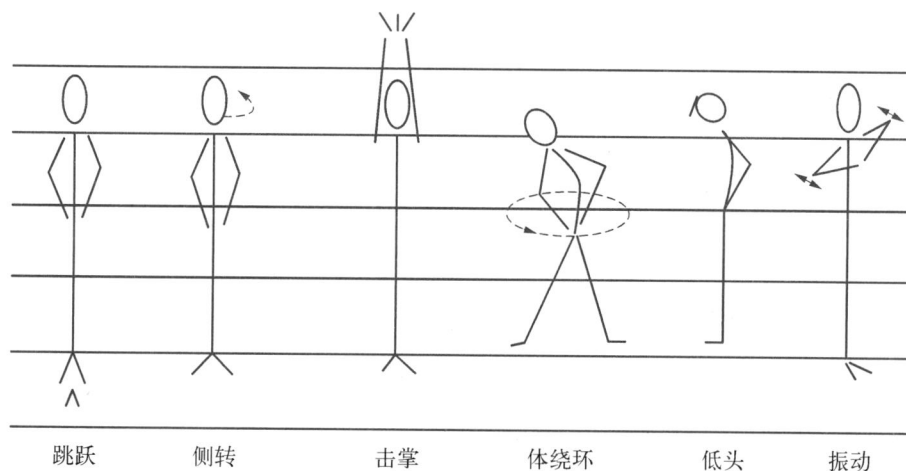

跳跃　　　侧转　　　击掌　　　体绕环　　　低头　振动

（特殊的标记方法）

图 7-2-16

幼儿运动简笔画,为了呈现出好的效果,除了正面及侧面的绘画方位外,也常采用透视的绘画方法。即使人体成一定的角度进行绘画,可以清晰地呈现四肢的动作,例如图7-2-16最后一幅手臂"振"的动作,就是采用了透视的方法。同时在绘画中如果追求一定的美感,也可采用曲线绘图的方式进行,如图7-2-17所示。

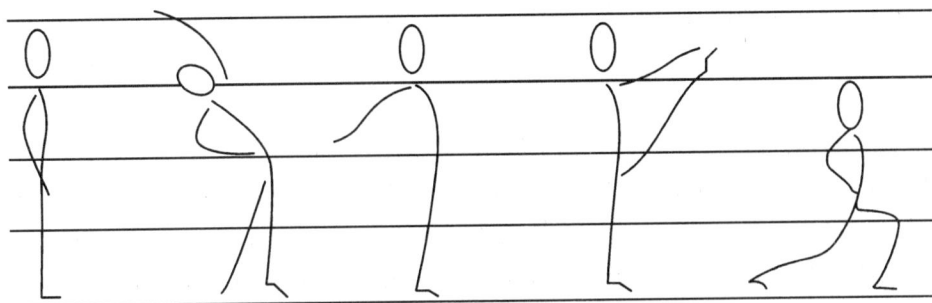

图 7-2-17

幼儿基本体操以绘图的方式进行编写记录,是一种简单易行的方法。在记录中,存在着绘图无法呈现的动作,此时需要通过文字描述的方法进一步补充。绘图时,按照节拍进行绘制,一般一个节拍的动作绘制一幅图进行说明。一个节拍的动作用一行来记录。先绘图,再用文字进行补充。

(二) 幼儿基本体操的编写内容与格式

幼儿基本体操在编写时主要包括以下内容。

1. 总名称(操的类型)

由于幼儿基本体操常常以主题的方式进行编写,因此总名称包括两个部分:(1)主题名称;(2)操的类型,如"世界真美好"(模仿操)、"我是一只猫"(韵律操)等。对于无主题的基本体操,只要写明操的类型即可,如拍手操、武术操等。

2. 对象

某个年龄段的某个学期,如小班下学期。

3. 人数

参与基本体操活动的幼儿人数。

4. 节奏控制方法

节奏控制的方法需要写明是通过哪种方式来进行节奏控制的,如音乐、儿歌、口令等。音乐需要写明音乐的名称,儿歌需要把儿歌的整个内容记录下来。

5. 时间

整个基本体操完成的时间,包括组织时间与具体的操作时间。

6. 器材

进行器械操时,运用的器械涉及自制的器械,需要写明器械的制作方法。

7. 操作过程

在编写操作过程时,需要按操节顺序进行编写:① 操节序号;② 操节名称;③ 操节拍数;④ 预备动作;⑤ 每一节拍的操作方法。

例如:

(1) 头颈部运动(2×8)

预备姿势:双手叉腰

① 头颈前屈一次

② 回复

③ 头颈后屈一次

④ 回复

⑤ 头颈左侧屈一次

⑥ 回复

⑦ 头颈右侧屈一次

⑧ 回复成直立

（第二个八拍同第一个八拍）

（2）伸展运动（　　　　　）

......

（3）扩胸运动（　　　　　）

......

（4）踢腿运动（　　　　　）

......

（5）体侧运动（　　　　　）

......

（6）体转运动（　　　　　）

......

（7）全身运动（　　　　　）

......

（8）跳跃运动（　　　　　）

......

（9）整理运动（　　　　　）

体操中上肢运动由于针对性不同，主要包括上肢运动、伸展运动、肩关节运动等。下肢运动由于针对性不同，主要包括下肢运动、踢腿运动、下蹲运动、膝关节运动、踝关节运动、举腿运动、弓步运动、高抬腿运动等。腰部运动由于针对性不同，主要包括体侧运动、体转运动、体绕环运动、腹背运动等。

8. 队列队形

幼儿基本体操一般包括不变队形与变化队形两种。不变队形只需画出基本队形图，变化队形则需要把每个阶段的队形变化图依次画出，在其中需要把教师的位置明确标出。

9. 编创者

编写创作者的幼儿园名称与编创者姓名。

10. 完成时间

何年何月何日完成此套幼儿操的编排。

五、幼儿基本体操的编创思路

教师在编创时可以从多个角度进行思考，使幼儿基本体操的内容更加丰富，形式更加多样、规范。

（一）以音乐及儿歌的词意为设计思路

以音乐及儿歌所表现的词意为设计思路是编创幼儿基本体操最常用的、简单易行的方法。根据音乐及儿歌所表现的具体内容进行动作的设计，幼儿可以结合词意完成动作，在理解词意过程中获得想象的空间，在轻松愉快中体验内容的变化，能很好地形成心理的环境，获得自然美、生活美、艺术美的感染，有利于幼儿的智力发展和身心的全面健康。由于绝大多数音乐及儿歌并不是为体操而编写，内容所表现的过程并不一定能和体操动作程序相配套，因此寻找到合适的音乐及儿歌存在着困难。这就要求一方面教师能很好地理解词意，使之与动作相符合；另一方面教师需要有科学的、规范的体操编创理念，在动作的选择过程中,需要有更多的变化和思考。

(二) 以音乐的旋律为设计思路

音乐旋律是一种美的艺术,具有很强的感染力。通过音乐旋律对人体进行不断的良性刺激,使幼儿的神经、肌肉与之相协调;有规律、有节奏的变化,可以培养幼儿动作的韵律感、节奏感和美感,可以激发幼儿对动作的感受力和想象力,从而增加学习的兴趣,提高练习的效果。这是创编幼儿基本体操的另一种思路。选择幼儿能接受和理解的音乐是一项复杂且细致的工作,音乐选择得是否合适,直接影响到整套幼儿基本体操的效果。以音乐旋律为设计思路,在体操教学活动中应增加幼儿对音乐的理解和鉴赏能力。

音乐的旋律一般包括雄壮奔放的、热情欢快的、幽默俏皮的、抒情优美的及悲伤忧虑的等风格。在幼儿基本体操音乐中,常采用前四种风格。热情欢快的音乐,跳跃性强,能充分体现幼儿活泼好动的特点,能从音乐中感受到幼儿的朝气蓬勃、健康可爱。雄壮奔放的音乐多是进行曲形式,节奏明快,曲调雄壮激昂,结构整齐,很适合集体做整齐划一的动作。幽默俏皮的音乐,往往表现出动作的夸张及多变性,很容易激发幼儿的情绪状态,符合幼儿的心理需求,幼儿练习的主动性更强,更容易投入到练习之中,此类音乐多用于模仿操。抒情优美的音乐适合于动作幅度大、伸展柔和、抒情连贯的动作。柔韧性练习、放松操的编排都可采用此类音乐。另外,迪斯科音乐由于节奏感强烈和鲜明,曲调热烈狂放,也很容易调动激情,活跃气氛,多用于健身健美操。民族特色的音乐,大多旋律优美、节奏欢快。在不破坏体操要求的前提之下利用这些音乐进行编排,是一种很好的设计思路。

(三) 以主题内容为设计思路

主题活动作为当前幼儿园主要的教育模式,同样在幼儿基本体操中能得以体现。主题内容广泛、丰富,一切有利于幼儿发展的内容都可能成为选择的对象。幼儿园中其他主题活动的内容也可以在幼儿基本体操中进行渗透和延续,如生活常识类、文化知识类、体育知识类、礼仪交往类、情感教育、生命教育、爱心教育、传统文化教育、民族文化教育等等,都可以成为主题内容。主题性幼儿基本体操多以模仿体操进行操作,幼儿在动作的模仿中,不断感受着身体运动之外的熏陶。在节奏的控制中,多以儿歌的形式进行展现。例如:在传统文化教育中,教师可以选择如《三字经》《弟子规》、成语串联、成语故事、经典故事情节等作为主体内容进行设计,也可以把传统的体育内容进行编排,如五禽戏、八段锦、武术动作等作为动作模仿的练习内容。

(四) 以幼儿动作的发展为设计思路

通过各种有效的体育动作发展幼儿身体的基本能力是基本体操的核心目的。因此,以合理的动作设计为主线,进行幼儿基本体操的编排,是最直接的一种设计思路。幼儿基本动作所表现的方式非常多。可以是以力量性、柔韧性、灵敏性、协调能力等方面为主体的思路进行设计,同时从这些角度去考虑幼儿最主要的身体部分发展的需要,如幼儿基本体操的练习。从力量发展角度来看,主要强调头颈部及下肢力量;从柔韧性发展角度来看,强调下肢及腰腹部柔韧性;从协调能力发展来看,强调上肢及下肢的协调能力等。以动作为设计主线,可以形成多种类型的体操,如一般性徒手操、拍手操。在动作中增加模仿性形成模仿操;在动作中增加武术元素形成武术操等。根据创编动作进行音乐及儿歌的配制,是此设计思路的难点。创编者根据成套动作的开始、结束和主体部分一些主要动作以及动作节奏变化等进行构思,编写出成套动作的音乐及儿歌。这种方法的特点是动作和音乐及儿歌贴切配合,但相应地对音乐的创编者要求较高。较简单的方式是在动作编排过程中,能明确节奏,再寻找相对应的曲目进行剪辑,最终达到自己所要求的乐曲。至于动作的风格特点,应在选择和剪辑音乐之前,对成套动作有一个设想。比如:节奏快慢部分、高潮部分出现的时间,什么形式的出场与结束等。只有事先有了这样一个"骨架",才能有目的地去选择音乐及儿歌,使之更能充分地渗透到成套动作之中。

（五）以材料所表现的多样性为设计思路

轻器械体操是当今幼儿园选择较多的体操类型之一。以器械本身所具有的各种特性作为幼儿基本体操设计的主体思路也是较常用的方式,这种模式强调器械的各种特性与合理动作的发展相结合,从而既能满足体操的科学性,又能体现器械给幼儿带来的正向刺激。这种刺激主要表现在器械声音的反馈上、器械功能的使用上、器械所带来的想象上等。例如竹筒操,竹筒的相互敲击所发出的有节奏的碰撞声,竹筒放于地面拼出各种图案,可以辅助幼儿进行各种跳跃的练习。竹筒拿于手上,能当望远镜、指挥棒、鼓槌、长耳朵等等,这一系列器械所表现的特性,都能很好地激发幼儿对于体操的兴趣。因此,器械的选择与功能的挖掘是此思路中的关键所在。

六、幼儿基本体操编排中应注意的问题

（一）幼儿基本体操应具有全面锻炼的效果

幼儿基本体操强调"基本"这一要求,因此在编排幼儿基本体操时应注意动作不要过于复杂,节奏不应太快,以使更多的幼儿可操作。在编排的内容上,应以身体的全面发展作为主要的目的,身体的各部分都应有针对性地进行练习。体操所具有的价值,应有一定的锻炼效果,因此要具有一定的运动强度。

（二）幼儿基本体操的编排应具有科学性

在编排幼儿体操时,应考虑到科学性。当然,由于各种类型的体操在编排时,或多或少受到其他一些因素的影响,使得编排的合理次序被打乱,教师应灵活操作,尽可能减少不合理的次序。

（三）幼儿基本体操应能满足幼儿情感的需要

幼儿基本体操除了具有身体发展的要求外,同时应满足幼儿情感的需求。基本体操作为每日的日常活动,需要幼儿保持长时间的兴趣,才能起到锻炼的效果。因此,如何使幼儿能做、愿做、想做,并能保持长期去做,是幼儿基本体操编创者需要着重考虑到问题。只有能长期保持幼儿的热情,满足幼儿的情感需要,才能使这项活动取得好的效果。

（四）节奏控制的手段应与动作相匹配

幼儿基本体操强调多元价值的体现,作为一个整体展现的体育活动,每个部分的结合都需要协调、完整。作为体操的主要辅助方法,节奏控制的手段只有与体操之间相互融合、渗透,才能体现自然美与艺术美,才能编出一套优美的幼儿基本体操。

（五）注意选编音乐及儿歌时间的控制

幼儿基本体操的练习在时间上没有明确的规定。一般情况下,小班练习一套幼儿体操控制在2分钟左右,中班一般在3分钟左右,大班一般在4分钟左右。

七、幼儿园中幼儿体操常用的音乐、儿歌名称

（一）抒情优美的音乐

①《春晓》;②《气球》;③《把耳朵叫醒》;④《人人夸我好宝宝》;⑤《辣妹子》;⑥《寻找》;⑦《死性不改》;⑧《三字经》;⑨《快乐小天使》;⑩《上学歌》;⑪《草原恋曲》;⑫《中华民族》;⑬《恋曲》;⑭《外婆的澎湖湾》。

（二）雄壮奔放的音乐

①《中国人》；②《精忠报国》；③《中国功夫》；④《满江红》；⑤《真心英雄》；⑥《少年强》；⑦《相信自己》。

（三）热情欢快的音乐

①《不想长大》；②《蓝精灵》；③《我是一条小青龙》；④《浪漫樱花》；⑤《Happy Happy Day》；⑥《加油歌》；⑦《健康快乐动起来》；⑧《Love Song》；⑨《大家一起来》；⑩《花仙子之歌》；⑪《火车快开》；⑫《向前冲》；⑬《喜欢你没道理》；⑭《香水百合》；⑮《春天在哪里》；⑯《嗒嗒嗒》；⑰《黑色星期天》；⑱《看上她》；⑲《铃儿响叮当》；⑳《噢，苏珊娜》；㉑《踏浪》；㉒《糖果》；㉓《天使》；㉔《我最摇摆》；㉕《铁臂阿童木》；㉖《Super No.1》；㉗《豆豆龙》；㉘《卡门进行曲》；㉙《兔子舞》；㉚《问候歌》；㉛《大家来做广播体操》；㉜《幼儿歌曲》；㉝《Nobody》；㉞《我的答铃》；㉟《冰河时代》；㊱《数鸭子》；㊲《快乐星猫》；㊳《阳光男孩，阳光女孩》；㊴《我有我的Young》。

（四）幽默俏皮的音乐

①《聪明的一休》；②《快乐的旅行》；③《泼水歌》；④《刷牙歌》；⑤《三只小猫》；⑥《健康歌》；⑦《小叮当》；⑧《张牙舞爪》；⑨《蜜蜂做工》；⑩《去郊游》；⑪《洗手歌》；⑫《小猪睡觉》；⑬《不怕不怕》；⑭《挫冰进行曲》；⑮《大象拔河》；⑯《狗狗减肥操》；⑰《蜡笔小新》；⑱《牛奶歌》；⑲《稍息立正站好》；⑳《水果沙拉》；㉑《我是快乐的小蜗牛》；㉒《小蝌蚪》；㉓《小毛驴》；㉔《小蜜蜂》；㉕《小星星》；㉖《樱桃小丸子》；㉗《别看我只是一只羊》；㉘《彩虹的微笑》；㉙《母鸭带小鸭》；㉚《青蛙最伟大》；㉛《三只小熊》；㉜《嘻唰唰》；㉝《洗澡歌》；㉞《小赖皮之歌》；㉟《香帅帅》；㊱《加油，小毛虫》；㊲《机器猫》；㊳《口哨与小狗》。

第八章 学前儿童体育游戏

目标导航

1. 理解学前儿童体育游戏存在的不同形式及相互之间的关系
2. 牢固掌握不同年龄段体育游戏的特点
3. 理解学前儿童体育游戏不同的分类
4. 掌握不同类型的体育游戏对幼儿发展的作用与价值
5. 理解和掌握学前儿童体育游戏开展的基本原则
6. 牢固掌握不同年龄段体育游戏的操作方法
7. 牢固掌握体育游戏编写的方法,并进行体育游戏的创编
8. 能实际操作各种类型的体育游戏

第一节 学前儿童体育游戏的基本概述

一、体育游戏的发展

体育游戏从生物演化的角度来看,表现出"自然性"现象。也就是说,人从出生开始,遗传所带来的运动能力就得以不断展开,在运动能力不断展开的过程中,儿童始终追求着运动所带来的各种快乐。幼儿时期这一系列的运动行为往往表现出共同性,如旋转、追逐、钻爬、抓抛、捉迷藏等等。这种"共同性"反映了早期体育游戏行为带有明显的本能性,这是人类几百万年不断进化而形成的"人"的特性,即体育游戏存在着原始性游戏行为。

体育游戏从人类的发展史来看,是一种古老的社会现象,生活及劳动是产生和发展体育游戏的主要源泉。原始时期,人类为了生存而进行的各种狩猎、采食、种植、驯养、祈福等生活与劳动的行为,在对儿童的传承中,不断形成了各种类型的体育游戏。因此,体育游戏更多表现出社会性特征。

社会性体育游戏的发展,总是从人类生存的需求开始,逐步转变为高质量生活的追求,同时也反映出当时社会的背景。因此,早期体育游戏行为常表现出生活、劳动中的各种元素,如游泳、射箭、骑马、掷标

枪、攀爬、举重、赛跑、占山头等行为,从而形成"实用性"体育游戏类型。在劳作之余,还会借劢身边的材料进行体育游戏以调节身心,如斗草、击壤、捕蝶、采荷、抽陀螺、投壶、垒石、荡秋千、骑木马、拔河等各种休闲性的体育游戏。社会群体的发展始终伴随着各种人类文化的发展。文化的发展不断满足着人们心理的需求,从而产生了各种文化背景下的体育游戏,如赛龙舟、跳舞蹈、掷骰子、下棋、放风筝等等。体育游戏更多的内容来自社会的产物,带有极强的传承性及社会的适应性。几千年的漫长历史,从简单模仿到有意识的创编,从自发性的游戏到有组织的游戏,从简单的劳动技能的模仿到有目的的身体锻炼,从内容形式单一到内容方法丰富多彩,走到今天,体育游戏已发展成为综合性的锻炼身体的一门学科。

二、学前儿童体育游戏的基本概念

体育游戏不同于一般的体育竞技运动,也不同于一般的智力游戏和娱乐游戏。体育游戏是以身体训练为基本内容,以游戏活动为基本形式,以发展身心健康为目的的一种特殊的锻炼方法,适合于任何年龄段。

学前儿童体育游戏有着明显的年龄段特征,是幼儿园体育活动中最基本也是最主要的内容,可以渗透在幼儿园的各个领域的活动之中。体育游戏作为幼儿园最基本的活动形式之一,是幼儿园综合教育平台中非常重要的一部分。

学前儿童体育游戏是以幼儿的年龄特点为依据,以服务幼儿身体发展为核心目的,以幼儿可接受的游戏方式为手段的一种内容丰富、形式多样的幼儿体育活动。学前儿童体育游戏既满足幼儿的需求,同时也包含着教育者对幼儿发展的期望,表现出教育者的儿童观、教育观及教育的智慧。

在幼儿园教育中,体育游戏主要包括以下两种主要形式。

(一) 自主性体育游戏

自主性体育游戏是以幼儿为主体,建立在幼儿自我需求基础之上的一种自主、自愿、自发、自我选择的体育游戏行为,是在一定的情境中自我的一种表现。自主性游戏表现出幼儿通过体育游戏自我展开和学习的过程,同时也反映了幼儿兴趣、能力、认知、情感需求等方面的特点。

(二) 干预性体育游戏

干预性体育游戏主要包括两种形式:一种是引导性体育游戏,一种是指导性体育游戏。

1. 引导性体育游戏

引导性体育游戏是幼儿园体育游戏中隐性干预的一种教育方式,主要是指教育者运用环境、材料、同伴及幼儿园课程等因素,对幼儿自主性体育行为施加影响的过程。这些因素往往是教育者认可的、有价值的内容。这种游戏形式在幼儿园体育教育中起着非常重要的作用。既反映出教育者的期望,又反映了幼儿的喜好。同时,在幼儿园中由于幼儿会花大量的时间在此方面进行操作,许多内容也在生活中得以延续,幼儿身体的发展也更多得利于此方面。因此,引导性体育游戏应成为教育者着重考虑的问题。

2. 指导性体育游戏

指导性体育游戏是幼儿园体育游戏中显性干预的一种教育方式,主要是指以教育者为主体或主导,来组织幼儿进行体育游戏的一种方式。体育游戏的目的、内容方法、规则主要来自教师的设计或选择,游戏的评价由教师完成。

自主性体育游戏和引导性体育游戏反映出幼儿已具有的能力,是幼儿对体育活动的自主取向,是幼儿一般能力的重复练习,是在游戏中不断满足自我需求和自我完善各种能力的过程。此类型的体育游戏目标泛化,内容可变性强,常常随不同情境而改变。此类型的体育游戏是幼儿各方面的现实反映,因此也是教育者认识和解读幼儿体育兴趣、能力等方面的主要途径之一。

指导性体育游戏是在正确评估幼儿兴趣取向及各种真实能力的基础之上进行有目的设计与选择的一种体育活动形式。由于目标趋于具体,因此反映出教师对于幼儿体育能力等方面"发展"的期望。指导性体育游戏是学习体育游戏的过程,是对幼儿某种能力的挑战,所以表现出教育者对于幼儿各种能力发展的不断促进和影响。

自主性体育游戏和干预性体育游戏(引导性体育游戏及指导性体育游戏)之间存在着密切的关系。自主性体育游戏是活动的起点,也应成为游戏的终点。即在干预性体育游戏内容的选择及活动的开展上,能很好地服务于幼儿自主性体育游戏的发展。一方面在指导性体育游戏中不断提高幼儿体育活动的能力,另一方面应提供更多幼儿可自主操作的内容进行教学,使指导性体育游戏活动具有可延续性的意义。因此,自主性体育游戏、引导性体育游戏及指导性体育游戏三者相辅相成。

三、学前儿童体育游戏的意义

(一)培养幼儿参加体育活动的兴趣

游戏是儿童的天性,趣味又是体育游戏的一大因素,幼儿体育游戏的开展满足幼儿在体育活动中对快乐的追求,在活动中不断展开幼儿的天性,良好的情绪体验可以进一步激发幼儿对体育活动的兴趣。

(二)增强幼儿体质

体育活动满足了幼儿生理上的平衡,体育游戏是以体育的形式展开的,任何形式的体育游戏都具有一定的运动量。在幼儿体育游戏中,通过活动的反复操作,不断促进着幼儿身体的新陈代谢,提高幼儿对外界环境的适应能力,从而提高机体机能,增强幼儿的体质。

(三)提高幼儿动作的协调能力及灵活性

幼儿体育游戏常常运用体育的基本动作或借助于某种运动材料进行练习。在游戏中,幼儿的各种动作得以反复练习,同时不断刺激着大脑的运动中枢,从而使幼儿的身体素质和运动能力得到提高与发展。

(四)促进幼儿的各种认知能力

幼儿体育游戏往往运用各种形象化的内容进行开展,同时游戏本身具有明确的规则,在此过程中幼儿需要一定的观察力、想象力、规则意识、判断力等,才能保障活动的顺利开展。因此,体育游戏不断促进着幼儿各种认知能力的提高。

(五)提高幼儿参与集体活动的意识和能力

幼儿体育游戏在幼儿园的开展往往是在群体中进行的,要求在一定的组织性、纪律性的基础上去操作。许多体育游戏是靠集体的团结协作才能完成的。幼儿在寻求与同伴相互配合中,不断形成合作的意识。因此,体育游戏是培养幼儿良好集体观念的重要途径之一。

四、学前儿童体育游戏的特点

学前儿童体育游戏因其年龄特征,在身体及心理等方面都表现出明显的特质。在幼儿园体育游戏中有如下特点。

(一)学前儿童体育游戏中的内容特点

1. 趣味性

幼儿体育游戏对于激发幼儿的积极情绪效果尤为明显。游戏的趣味性满足了幼儿与生俱来的生理及心理需求。幼儿园体育游戏中如果缺少了趣味性的元素,就很难成为幼儿的游戏活动。而学前体育游戏的趣味性更多表现出幼儿的自身体验、想象空间、适度挑战中的胜任感及成就感、师生及同伴的互动、幽默感等方面。

2.身体的发展性

幼儿体育游戏的核心在于通过此形式促进幼儿身体的发展。幼儿体育游戏主要是促进幼儿基本动作的发展及不断完善幼儿感知觉能力的活动,对于幼儿机体的锻炼及神经系统的完善都有着重要的作用。

3.教育性

幼儿园体育游戏是在集体中开展的,更多以教师的设计与指导为主。在体育游戏中,更多体现出社会性、认知发展、思维能力发展、规则意识等方面的特点。

4.生活性

在幼儿的成长过程中,表现出对于较为熟知事物的浓厚兴趣。大量的体育游戏也同样表现出动作的模仿性,角色、情节、情境的创设性。各种生活化元素在此类活动中被大量运用,是幼儿体育游戏最主要的特点之一。

5.科学性

幼儿体育游戏的开展需要符合幼儿年龄的特点,符合健康的需要,符合科学运动的要求。

（二）学前儿童体育游戏中的年龄特点

学前儿童在幼儿园中以三个年龄段为主,幼儿时期每个年龄段根据生理、心理的特点,都表现出明显不同的特征。不同年龄段的幼儿对于体育游戏的认识、态度、需求及可操作的能力都各不相同。了解每个年龄段的特征,才能使幼儿园体育游戏的开展更具有针对性,才能取得更好的效果。

1.小班幼儿在体育游戏中的特点

小班幼儿在整个学前期表现的特点最为特殊,这个时期幼儿刚具备一定的运动能力,不论体力还是身体素质都较为薄弱,各种动作的发展处于起步阶段。由于力量、协调能力、平衡能力、灵敏性等身体素质都较弱,动作缺乏准确性,同时对于事物的认知也较少,自我控制的能力较差,注意力容易受外界环境影响。因此,对于户外集体体育游戏的开展具有较大的挑战。此阶段的幼儿也表现出好动、好表现,具有丰富的具体形象性思维,喜爱模仿等特点,对于角色、情节、情境性活动容易产生兴趣。

2.中班幼儿在体育游戏中的特点

中班幼儿经过在幼儿园一年的生活学习,同时随着年龄的增长及对幼儿园环境的不断熟悉,不论是社会性要求、身体能力,还是思维认知等方面,都有了大幅度的提高。随着身体素质的发展,对于各种基本动作已具备了一定的能力,表现出自我控制能力的增强,专注力提高,动作更加灵活,喜欢运动量较大的游戏。这个时期集体荣誉观念增强,愿意与同伴进行互动,能够理解和遵守较复杂的游戏规则。对于游戏的结果有所关注,喜欢胜利的感觉。总体来说,中班幼儿协调能力及力量还较弱,象征性游戏依然是主要的活动方式。

3.大班幼儿在体育游戏中的特点

幼儿到了大班时期,身体的运动能力及思维认知等方面都得到了进一步的提高,理解力不断增强,体力也表现得更为充沛,基本动作发展已趋于完善,能较长时间地专注于某种活动,有了较强的责任心及集体观念。更容易理解游戏的规则,更愿意去完成一些挑战性的体育游戏,更喜欢与同伴进行互动,能形成合作性的游戏。对于一些低结构的体育材料较为喜欢,能形成较复杂的游戏内容。对于游戏的结果很在意。

第二节　学前儿童体育游戏的分类和基本内容

一、学前儿童体育游戏的分类

学前儿童体育游戏种类繁多,从不同的角度对于游戏进行整理归类,有利于教师对于体育游戏的认识及使用。依据不同的标准,主要分为以下九类。

(一)根据幼儿基本活动能力分类

主要包括走步的游戏、跑步的游戏、跳跃的游戏、投掷类游戏、攀爬类游戏、钻的游戏、爬行类游戏等。

此种分类是幼儿园常用的分类方式。由于幼儿正处于人体基本活动能力发展的关键期,因此这种基本活动能力类的游戏也是幼儿园体育活动的主要内容。

(二)根据幼儿基本身体素质分类

主要包括力量类游戏、耐力类游戏、速度类游戏、灵敏类游戏、柔韧类游戏、平衡类游戏、动作协调类游戏等。

基本身体素质的发展所表现的是各种运动机能的能力,这也是认识幼儿身体发展的主要分类方式。幼儿体育游戏中,主要强调幼儿的灵敏性、平衡能力及协调能力的发展。

(三)根据组织的形式分类

主要包括集体游戏、小组游戏、两三人间游戏、个体游戏及分散游戏等。

这些是幼儿园体育游戏的一般性组织方法,常常表现为教师在前面带领,幼儿分散跟随教师进行游戏。这是中、小班最常用的组织方法之一。中、大班常采用小组游戏进行,主要表现为分组对抗、小组中个体进行轮换的方式;也常采用一些集体游戏的方法。两三人间游戏是幼儿自主体育游戏中常见的组织方式,教师在组织游戏中也应多选择此类游戏进行开展,可以不断促进幼儿间的互动能力。

(四)根据有无运动器械分类

主要包括徒手游戏和有器械的游戏两种。

幼儿园中有器械的游戏所占比例很高,器械作为运动的中介,是幼儿最喜欢的游戏方式。较好地使用各种器械,能让幼儿获得成就感。

(五)根据器械的性质分类

主要包括大型器械游戏和轻器械游戏。

大型器械包括海洋池、滑滑梯、平衡木、旋转椅、摇摆桥、攀爬网、秋千等。各种大型器械多以单一玩法为主,主要涉及平衡能力、攀爬协调能力的发展。

轻器械游戏包括各种球类游戏、圈类游戏、绳子类游戏、棒类游戏、罐子类游戏、垫子类游戏、沙包类游戏、组合器械游戏等等(器械的选择可参见"幼儿器械体操"),轻器械游戏更多以一物多玩为主。

(六)根据专项技能项目分类

包括体操类游戏、足球游戏、篮球游戏、田径类游戏、武术类游戏等。

由于幼儿年龄的特点,幼儿园在专项技能项目的选择上具有较大的局限性。在幼儿园中,篮球类游戏及体操类游戏较多。

(七)根据认知发展角度分类

主要分为感知运动类游戏、象征性游戏、规则性游戏等。

认知发展的角度是幼儿成长发展的重要规律之一,体育游戏的内容依据此角度进行分类也是非常重要的。"认知发展"反映出幼儿年龄的特点,低年龄段的幼儿更愿意接受感知运动类的游戏;随着年龄的增长,象征性游戏的内容成为主要的内容形式;幼儿园高年龄段开始接受规则性游戏,并逐渐成为今后的主要游戏方式。

(八) 根据游戏中有无情节分类

分为有情节体育游戏及无情节体育游戏两种。有情节体育游戏在幼儿园中运用较多,此类游戏是常常在教师的指导下,通过一定的情境创设,以情节的不断展开为线索,以幼儿角色的扮演为具体运动内容而形成的游戏类型。此类游戏既可以形成表现性游戏,又可以形成有一定竞争性的规则游戏。无情节游戏范围较大,不以情节的展开为线索。

(九) 根据幼儿园体育游戏的性质分类

主要分为表现性体育游戏、主题性体育游戏、探索性体育游戏、规则性体育游戏等。

1. 表现性体育游戏

表现性体育游戏主要是指幼儿通过各种角色的扮演进行身体的活动,这种类型的体育游戏更多是以无规则或隐性规则的形式存在,多以集体性的平行游戏为主,以自我身体的表现为目的。此游戏类型在幼儿园中占主要地位。

2. 主题性体育游戏

主题性体育游戏主要是围绕着某一中心内容展开的身体运动性游戏。这一中心内容可以是某一器材的多种运用,可以是运动中的某一动作的多种表现;可以是某一生活类型的内容,也可以是某一认知类的内容等。主题性体育游戏以某一核心作为身体活动的平台,同时可以作为幼儿教育中主题教育的主要延伸部分进行展开。在幼儿教育中主题性体育游戏是综合教育的主要手段之一。

3. 探索性体育游戏

探索性体育游戏主要是以身体活动为手段,以思维发展为目的的一种游戏方式。探索性体育游戏,是建立在幼儿较为熟知的内容基础之上进一步拓展的活动形式。运用幼儿已有经验,以发散性思维追求某一主题的多种表现形式。从一定的角度可以把此类型归属于主题性体育游戏的范畴,如物品的一物多玩、某一动作的多种表现方式、多种动作解决同一问题等。

4. 规则性体育游戏

规则性体育游戏主要是在体育游戏中,以某些要求规定可操作的及不可操作的行为,从而保持体育游戏按设计的方法顺利完成。规则性体育游戏在幼儿体育游戏中主要表现为显性的规则要求,中班阶段幼儿开始接受少量的规则性要求,随着年龄的增长,规则性体育游戏在大班中有一定数量的增加。但总体来说,规则性体育游戏不应成为幼儿教育中的主要类型。即使存在,也是以较为单一或简单的规则进行操作。

二、幼儿园集体游戏的基本内容

集以上分类,综合各方面的元素,从幼儿目标达成的视角,在幼儿园集体体育活动中主要包括以下体育游戏的内容:

(1) 感知运动游戏(包括听觉、视觉、触觉、运动觉、平衡觉等);

(2) 队列性体育游戏(包括原地的队列队形、行进间的队形);

(3) 基本动作技巧性体育游戏(包括身体运动技巧,手指、手腕及上肢运动技巧,下肢运动技巧等);

(4) 基本动作形成的体育游戏(包括走、跑、跳、投、攀、钻、爬等基本动作);

(5) 基本身体素质形成的体育游戏(包括力量、耐力、平衡能力、灵敏性、柔韧性、速度、协调能力等);

(6) 各种运动器材形成的体育游戏(包括一物多玩、轻器械游戏、辅助器械游戏等);

(7) 传统体育游戏(包括民间传统体育游戏及民族体育游戏等);

(8) 专项运动技能活动形成的体育游戏(包括体操、武术、篮球、足球、排球、轮滑、田径、游泳、射箭、棒球、高尔夫球、曲棍球、摔跤等);

(9) 综合运动能力发展的体育游戏等。

第三节　学前儿童体育游戏的操作原则和方法

一、幼儿园体育游戏开展的基本原则和方法

游戏作为幼儿自我需求的活动形式,在幼儿园集体活动操作中,把幼儿园组织性体育游戏作为有一定目的性发展幼儿各种能力的综合平台,是个体与体育教育相结合的最佳形式。教师在开展学前体育游戏时,应考虑到幼儿的年龄特点、兴趣、需求、动机、个体发展等问题;同时,也要考虑教育中所存在的各种价值。如何处理好这两者之间存在的矛盾,教师应从以下十个方面进行思考。

(一) 体育游戏中教师要尽可能保障游戏的连续性,不要轻易打断游戏

体育游戏作为幼儿喜欢的活动方式,是情绪、情感的宣泄和获得。情绪、情感总在不断激发中得以表现。在体育游戏中教师首先要遵循幼儿身体与心埋的需要,不要轻易打断幼儿的游戏,或增加与幼儿兴趣相抵触的教育性内容。打断幼儿游戏,会使得游戏的发展中断,使幼儿难以获得高层次的体验,增加与幼儿兴趣相抵触的教育内容,会使得幼儿的游戏质量降低。

(二) 教师在游戏的选择、内容的设计中尽可能让大多数幼儿能够参与,而不是旁观或长时间等待游戏

在幼儿园,教师组织的集体性体育游戏是为每个幼儿服务的。教师在进行体育游戏内容的选择或体育游戏创设时,应考虑到此体育游戏是否能让每名幼儿更多地参与到游戏中。如果游戏只是能满足部分幼儿的需求,或游戏使更多幼儿等待、旁观,那么会使得许多幼儿无法获得游戏的快乐,从而降低了幼儿对体育游戏的期待,这也与教育面向全体幼儿的原则相违背。

(三) 提供自由、和谐、安全的游戏气氛,保持规则的灵活性,如果幼儿要求,可以改变游戏的规则

体育游戏是以幼儿自我需求为核心的,游戏的真正主人是幼儿自身。在集体体育游戏中,当外界条件允许时,教育应尊重幼儿的自我选择和判断,使游戏的规则更能符合幼儿自我的需要,以满足幼儿不断展开的自我意识与成就感。

(四) 重视幼儿的个别差异,接受幼儿的错误,游戏以增加幼儿的自信心、追求快乐为目的

学前儿童能力的发展表现出不等速性,每个幼儿的各种能力表现也有较大的差别。教师应接受一些幼儿因能力的不足而在游戏中造成错误,不因游戏中的错误而责罚。应为幼儿创造和谐、舒心的环境,使每个幼儿最大限度地在体育游戏中获得快乐。

(五) 幼儿参与游戏必须基于自愿的原则,如果个别幼儿不愿参加某种形式的集体游戏,应该允许其独自游戏

集体游戏中往往会出现个别幼儿不接受或不愿意参与的情况。除特殊情况外,应从这些幼儿的角度出发,认可幼儿自我的选择,不应强迫其参与到游戏中来。应允许幼儿在教师的视野内进行自我游戏,最大限度地体现游戏的内涵。

(六) 增加幼儿探索的机会,鼓励幼儿对问题作不同的思考,使幼儿建立成就感

幼儿园集体性体育游戏,追求行为多样性的表现,以全面发展幼儿的各种运动能力。同时,集体性

体育游戏也体现价值的多样性,从而符合教育的内涵。早期幼儿的成长过程中,对事物的好奇心是一种优秀的品质,在安全的情况下,幼儿对于事物会根据自我的理解进行操作,教师应允许幼儿对于运动内容及各种运动材料进行多种表现。

(七)多以幼儿生活为主题,引起共鸣,提供符合社会规范的情境,满足情感需求

在3—6岁期间,幼儿对于身边的各种事物都表现出强烈的兴趣,游戏中各种相对熟知的人物、事物、事件等都会让幼儿产生极大的共鸣,教师应在身体运动的游戏中充分运用此类内容,以提高幼儿不断增长的学习欲望。

(八)在体育游戏中运用想象力,强调体育游戏中情境的创设

在幼儿期间,年龄越小,对于完整情境的需求越大,幼儿能在一定的情境中,以人代人,以物代物,情感能较快、较容易投入各种想象的情节之中,在此过程中幼儿会以各种情境作为约束自我行为的潜在规则,能较好地遵守各种情节中的要求。因此,良好情境的创设,既满足了幼儿的需要,又帮助教师形成各种要求。

(九)在体育游戏的评价中,多给幼儿正面的回馈,不打击幼儿,让幼儿体验到游戏成功的快感,而不是挫折

体育教学性游戏中存在着大量的规则性游戏,游戏中的评价是提高和发展幼儿体育兴趣的重要节点,教师在此过程中应保护好幼儿持续增长的运动兴趣。因此,不管采用何种评价方式,都要以此为原则进行操作。

(十)降低游戏的竞争性,把游戏的重点放在过程上,不要过分强调游戏的结果,不要专给胜方提供奖品

游戏满足着幼儿身体与情感的需求,这是体育游戏价值的最大体现,幼儿体育活动中,应把这两方面作为主要表现的重要依据,不应把情感的需要转换成物质的需要。物质的需求可以满足一时,却不能培养幼儿终身的体育爱好。

二、不同年龄段体育游戏的操作原则与方法

根据以上原则,教师在针对不同年龄段设计体育游戏时也应考虑到因年龄的不同而产生的不同需求和特点。

(一)小班

针对小班幼儿开展体育游戏时,应注意以下五个方面。

1. 组织方法

不以规范的队形开展游戏活动,这个时期多以平行游戏的组织方式为主,集体体育游戏中以跟随教师进行模仿练习或较为松散的组织方式较为容易操作,游戏中不以幼儿间的互动或轮换方式进行,更多是以集体同步操作进行。

2. 内容要求

体育游戏多以幼儿熟知的情境、情节、角色展开活动,故事情节简单,角色较少,与动作的结合明确,表现出单一性身体活动。例如,一个活动中针对走的练习,情节表现只涉及走。活动量较小,活动区域较小,以走、跳、爬、攀、钻、定向跑、平衡等内容为主。

3. 教师角色要求

在体育游戏中强调教师参与到游戏之中,更多以角色互补或带领者的方式展开。

4. 规则要求

不涉及竞赛性体育游戏,游戏规则简单,不要有太多限制性规则的出现,更多表现为对情节中的潜在规则进行控制。

5. 评价要求

体育游戏的结果不以胜负进行评定,应给幼儿更多的表扬与鼓励。

(二) 中班

针对中班幼儿开展体育游戏时,应注意以下五个方面。

1. 组织要求

体育游戏的组织既可集体同步操作,也可分组开展游戏活动。这个时期多以平行游戏和联合游戏的组织方式为主,幼儿间轮换方式可以是分大组进行轮换也可个体进行轮换,中班一般较少涉及小组合作的组织方式。

2. 内容要求

体育游戏依然以幼儿熟知的情境、情节、角色展开活动,但可以增加一些非情节性的游戏内容,故事情节中角色可以更多,从而提高幼儿的判别能力与动作的变换能力。活动量及活动区域有所增大,以走、跳、爬、攀、钻、投、定向跑、平衡等内容为主,同时增加各种简单器材的操作。

3. 教师角色要求

角色性体育游戏中各种角色基本以幼儿来担任,教师可以参与到游戏之中,也可作为游戏的管理者。

4. 规则要求

在中班时期可以开始有一些竞赛性体育游戏,游戏规则同样不宜太复杂,可增加一些限制性规则,即具体的规则要求。同时,教师还是要多运用情节中的规则对幼儿的行为进行控制。

5. 评价要求

由于增加了一些竞赛性体育游戏,教师在对结果进行评定时,要给予全体幼儿鼓励,并对胜负方给予不同程度的表扬。

(三) 大班

针对大班幼儿开展体育游戏时,应注意以下五个方面。

1. 组织要求

体育游戏的组织更多样化,集体同步操作、分组轮换、个体轮换、围绕某一明确的主题进行合作等形式,在大班都可以存在。

2. 内容要求

体育游戏依然可以采用一定的情境、情节、角色展开活动,非情节性的游戏内容不断增加。活动量及活动区域进一步增大,内容的选择也更加丰富。多种基本动作综合运用增多,结合人为材料,器材可复加。

3. 教师角色要求

角色性体育游戏中各种角色基本以幼儿来担任,教师可以参与到游戏之中,也可作为游戏的管理者。

4. 规则要求

开始有一些竞赛性体育游戏,游戏规则同样不宜太复杂,可增加一些限制性规则,同时教师还是要多运用情节中的规则对幼儿的行为进行控制。

5. 评价要求

由于增加了一些竞赛性体育游戏,教师在对结果进行评定时,要对全体幼儿进行鼓励,对胜负方给予不同程度的表扬。

三、创编体育游戏的基本格式

(一) 名称

要求简单、扼要、点明主题,更多以形象化的方式命名。例如:贴膏药、切西瓜、老鹰抓小鸡等。

(二) 对象

要求标明适宜的年龄段。

(三) 游戏的性质

要求写明是集体游戏还是自主性游戏。

(四) 目的

要求写明体育游戏存在哪些方面的发展价值。

(五) 游戏准备

主要包括以下四个方面。

1. 幼儿经验的准备

需要一些动作技能为保障的体育游戏,或对运动器械有所了解才能开展的体育游戏,在表述游戏准备时,应写明幼儿需要具备的知识、经验及能力,特别是自主性体育游戏类型中。

2. 运动器械的准备

有运动器械时,需要写明器械的名称及数量。自制运动器械,则要求写明制作的方法。

3. 辅助材料的准备

情境创设过程中,需要的头饰、标识物及各种音乐的运用等。

4. 场地的准备

场地有特殊要求时,需要写明场地的名称或性质。例如:沙池、泥地等。

(六) 游戏步骤与方法

主要包括组织方法和操作步骤。组织方法写明幼儿在游戏操作前的人员安排及组织;操作步骤则需要对游戏进行过程中的每个步骤,分别写明。同时为进一步直观地了解游戏的过程,有些游戏应增加示意图。在示意图中应标明活动场地的大小、距离、材料设置的位置、幼儿组织的队形、运动路线等。

(七) 规则

规则是保证体育游戏顺利进行的必要条件。应考虑游戏中可能发生的各种突发情况,以及在这些情况下应如何正确处理。

(八) 建议

建议中主要包括两个方面:一方面,组织者应注意游戏中可能存在的客观问题,如安全问题、幼儿能力差异等;另一方面,可以提示游戏可能存在的变化。

第四节 感知运动类体育游戏

感知运动类体育游戏是幼儿园主要的内容之一。感知运动能力的发展是幼儿早期最主要的任务，是今后一切活动的基础，感知能力的强弱，直接影响着幼儿一生的成长。虽然感知运动练习的关键期及高峰期在0—2岁期间，但3—6岁是不断完善和促进此能力发展的最重要时期。感觉器官能力的强弱，一方面与幼儿智力的发展紧密相关，另一方面又是一切运动的基础。因此，在幼儿园的各个年龄段都应强调此方面的内容。

幼儿通过此方面的体育游戏，从而不断获得自我体验，不断发展、完善自我的基本机能。感知运动类体育游戏对运动器官带来良好的刺激，会使得身体本身获得快感，这也是幼儿最喜欢的游戏内容之一。

各年龄段游戏教材分布表

总类别	游戏名称	小班	中班	大班
感知运动类体育游戏	1. 你是我的好朋友	✓		
	2. 我要吃水果	✓	✓	
	3. 跟着感觉走	✓	✓	
	4. 老师您在哪里	✓	✓	
	5. 我是孙悟空	✓	✓	✓
	6. 钓小鱼	✓	✓	
	7. 小鸡和狐狸	✓	✓	
	8. 小飞机起飞了		✓	✓
	9. 搬砖		✓	✓
	10. 我知道你是谁		✓	
	11. 看我怎么变		✓	✓
	12. 听准了，别出错		✓	✓
	13. 想想我是谁		✓	✓
	14. 找到好朋友			✓
	15. 大家一起帮帮我			✓
	16. 走过地雷区			✓
	17. 我听你的			✓
	18. 摘星星			✓
	19. 归类			✓

一、小班感知运动类体育游戏

案例1 **你是我的好朋友(触觉游戏)**

游戏方法：教师组织小班幼儿随机分散站于场地上。在柔和的音乐伴奏下，教师带领幼儿以走步的方式做简单的舞蹈动作。当音乐停止时,教师发出口令:"正面。"小朋友们找到身边的一个好朋友,并紧紧地正面抱在一起。当音乐再次响起,幼儿分散开来,再次跟随教师进行走步的舞蹈练习。当音乐再次停止时,教师发出口令:"后面。"小朋友们找到不同的好朋友,其中一个小朋友从另一个小朋友身后紧紧抱住。教师发出口令:"交换。"两小朋友交换位置抱在一起。如此反复进行游戏。游戏的最后,教师发出口令:"抱老师。"所有的小朋友都以教师为中心,抱在一起。

解析:此游戏是强调身体的接触,是触觉的练习内容。在小班游戏中,教师应注意小朋友的速度控制,避免出现安全问题。同时,应强调好朋友的分享。教师应引导幼儿找到不同的好朋友。如果出现多人争抢的情况,教师应允许多名幼儿抱在一起。

此游戏可以是自由分散进行开展,也可以是有序组织进行开展。例如:组织幼儿围成一个圈,以前后位置进行游戏。

案例2　我要吃水果(触觉游戏)

游戏方法:小班幼儿围成一个圈。教师在圆圈的中心放四个不透明的大袋子。袋子里装有各种不同的水果(每个袋子里水果的种类不要多于四种。同时选择形状不同、表面粗糙程度不同的水果)。教师带领幼儿在圈上行走,同时一起念儿歌《我爱吃水果》(水果甜又香,我爱吃水果,想吃哪一个,摸摸就知道)。念完几遍后,教师让小朋友们都停下,并随机报出四名小朋友的学号,要求这些小朋友各自找到一个袋子,再闭上眼睛,用手摸的方式找出教师要求的一种水果。找到后回到自己的位置上,游戏继续,直到每名小朋友都找到要求的水果。

解析:此游戏主要以幼儿手的触觉,感知不同物品的形状、大小、重量、表面的粗糙程度。游戏材料的选择是此游戏的关键。教师应根据幼儿的能力不同来进行水果的选择。当幼儿能力较弱时,教师应选择差异性大的水果。反之,应选择差异性小的水果。

此游戏也可以用其他不同的材料进行。例如:不同形状、大小的积木;表面粗糙不同的纸张;不同重量的球;等等。

案例3　跟着感觉走(触觉游戏)

游戏方法:如图8-4-1所示,把小班幼儿分成四组,成纵队站立。每组左右保持1米以上的间隔。教师准备4条长绳,在每队前面的地面上放置一根,随机向终点展开,使每根长绳自然弯曲。排头的每名小朋友戴上眼罩,游戏从排头开始依次轮换。听到教师口令后,排头小朋友以爬行的方式顺着自己这一组的长绳爬行。在爬行的过程中,不断用手触摸长绳,寻找准确的方向,到达终点。完成后,摘掉眼罩,跑回本方,把眼罩交给第二名小朋友。如此反复进行游戏。

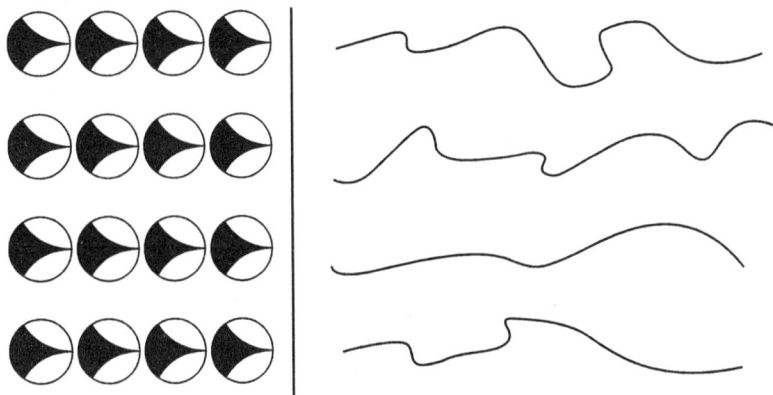

图8-4-1

解析：小班幼儿手的敏感度较高，通过手对绳子路线的感知，可以较准确地寻找到方向。此游戏中，教师应不断变化长绳的路线，使每个幼儿有陌生的路径。

此游戏中，为了能提高轮换的效率及教师组织的方便，教师可以利用一根长绳，或几根长绳进行拼接，形成 U 字形(如图 8-4-2 所示)。可多准备一些眼罩，让幼儿间隔一定距离出发，进行游戏。

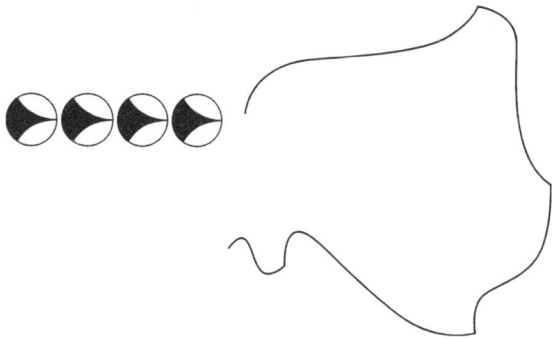

图 8-4-2

案例 4　老师您在哪里？(听觉游戏)

游戏方法：在较大场地上，教师要求小班幼儿自由散开一定的距离，并闭上眼睛。教师离开小朋友一定距离，首先用较大的掌声连续拍击。让幼儿听到掌声后，闭目行走找到老师。第二次，教师远离幼儿，用几次较小的掌声提示幼儿，让幼儿找到老师。第三次，教师远离幼儿，原地进行跺脚，让幼儿找到老师。第四次，教师用较重的脚步声行走，幼儿闭目跟着教师进行寻找。如此反复进行游戏。

解析：听觉游戏是幼儿园常用的游戏方式，听觉的灵敏性及定向性是小班幼儿需经常练习的内容；教师在此游戏的组织中，应按循序渐进的原则，不断提高幼儿听觉的灵敏性。

在听觉游戏中，声音的选择是关键。可以运用各种不同的声音对幼儿的听觉进行刺激，也可以采用两种不同的声音控制幼儿的动作。例如，在寻找教师的过程中增加一种声音，使幼儿停止不动，提高幼儿对声音的判别能力。

案例 5　我是孙悟空(听觉练习)

游戏方法：在游戏之前教师准备录音机，并录制各种事物的声音。例如：鸟的叫声、马儿的奔跑声、汽车的声音、青蛙的叫声、老虎的叫声等。

教师组织小班幼儿随机站于空旷的场地上，幼儿间保持一定的间隔。教师设置情境"孙悟空学本领"。当教师播放一种声音后，小朋友们给自己发出指令"变"。同时，按自己判断的声音模仿出动作。如此反复进行游戏。

解析：此游戏是把听觉、认知及事物的模仿相结合的游戏方式。对小班幼儿具有一定的挑战性。教师应根据幼儿的能力设置各种声音，并结合静态的模仿、原地动作的模仿及移动中的模仿进行组织。使幼儿在感受听觉辨析的同时，能充分活动身体。

案例 6　钓小鱼(视觉游戏)

游戏方法：如图 8-4-3 所示，把废旧的金属衣架进行变形处理，并在衣架两端用纸张贴出鱼的头尾。在较空旷的场地上，画出一个圆。组织幼儿随机站于圈外，手执有小钩子的小竹竿进行钓鱼比赛，看谁在规定的时间内钓得最多。

解析：以视觉为主导的游戏在体育游戏中相对较少，"钓小鱼"的游戏一方面是对视觉的练习，同时也是身体控制物品平衡能力的练习。教师在组织此游戏时，应更多发挥幼儿的自主性，取放小鱼

图 8-4-3

都可由小班幼儿来进行，数量应根据人数进行调整。难度可根据衣架上钩子的大小进行调整。也可保持较大的钩子，两个小朋友每人拿一根竹竿的两头，合作着把小鱼钓起来。

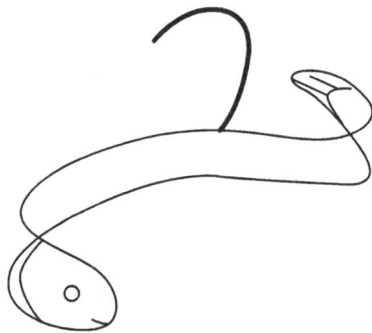

案例7 小鸡和狐狸（听觉及视觉游戏）

游戏准备：塑料小筐若干，各种颜色的雪花片若干。

游戏方法：教师充当母鸡，幼儿充当小鸡，教师给每名幼儿分发一个小塑料筐，挂在胸前。在草地里事先撒有一定数量的雪花片，充当小虫，要求撒的面积尽可能大些。

以模仿小鸡走的方式，教师带着幼儿到安全的鸡舍里，再带着幼儿来到草地找小虫吃。教师要求"小鸡们"把"小虫子"装入小筐内。

一定时间后，"母鸡"叫道"狐狸来了"，"小鸡们"快速跑回鸡舍内。游戏反复进行。

解析：此游戏主要针对幼儿手眼协调及听信号做反应进行设计。教师在教学中注意幼儿集体奔跑中的安全。在设计的过程中，教师也可以把幼儿分成若干组，对应不同颜色的雪花片，要求不同的组找不同颜色的雪花片进行游戏。

在材料的选择上，教师也可选择更小的材料进行，如用纸做的小星星、小瓜子、小贝壳等。

二、中班感知运动类体育游戏

案例1 小飞机起飞了（触觉游戏）

游戏方法：如图8-4-4所示，在场地上间隔2—3米距离设置一可移动的障碍物。教师把幼儿分成两人一组，前后站立。前面小朋友戴上眼罩，两臂侧平举，充当小飞机。后面小朋友两手搭在前面小朋友的臂膀上，充当飞行员。游戏开始，飞行员控制小飞机不断安全地绕过前面每个障碍物，并顺利回到终点。教师控制小组间的间隔，发出口令，使每组小飞机保持一定的前后距离起飞。在此过程中，辅班教师可定时调整障碍物的位置，使幼儿不通过视觉印象进行游戏。

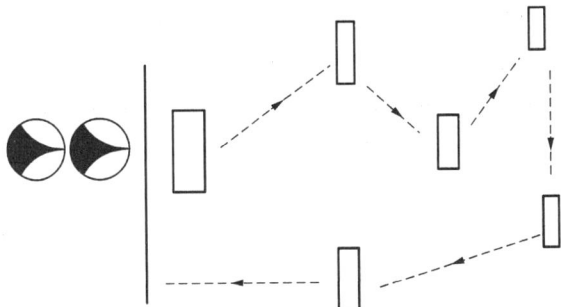

图8-4-4

解析：此游戏主要强调后面小朋友通过双手不同力度的调整，来控制前面小朋友行进的方向，前面小朋友通过感受后面小朋友双手的力度进行方向的变换，从而通过身体触觉的感受进行游戏。游戏过程中，主要强调左、右不同方向的变化；在增加游戏的难度时，也可借助器材，进行高度的限制，使游戏内容中增加高、低感受。（此变换的内容可在大班进行）

案例2 搬砖（触觉游戏：感知重量）

游戏方法：教师收集一定数量大小相同的废旧书籍若干。把每本书用相同颜色的外包装纸进行包裹，把不同重量的书籍进行分类，并在上面做出较为隐蔽的标识。如图8-4-5所示，游戏前，教师站于中间，周围围绕教师放若干呼啦圈，每个圈内放入至少5本以上两种不同重量的书籍充当砖头。把幼儿分成人数相等的若干组，每组选择一个呼啦圈站于旁边。游戏开始，教师发出指令"把轻的砖选出放于圈外"。以小组为单位,每组幼儿一起比较自己圈内哪本书是轻的。直到找出所有轻的书,游戏结束。教师根据隐藏的标识进行确定。

解析:重量的感知是感知觉中重要的内容之一,中班幼儿通过小组的形式,进行重量比较,同时鼓励幼儿相互交流,得出结论。

以此游戏为基础可以形成多种游戏形式,难度也可不断增加。例如,在此游戏的基础之上,把不同重量的书籍集中在一个圈内进行游戏,让幼儿在感知重量的同时,进行轻重分类的游戏,并要求按由轻到重排成一列。此游戏也可在大班进行。在分类游戏中,教师也可要求幼儿把不同重量的书籍放在不同的指定地点,以增加幼儿的活动量。

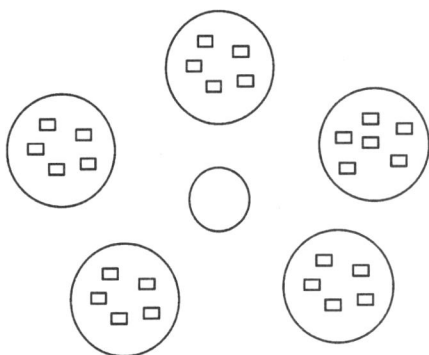

图 8 - 4 - 5

此游戏中教师既可安排一名小朋友独立完成,也可如上安排小组进行。应根据幼儿的能力,选择不同重量的书籍,使幼儿在练习过程中能感受到重量的变化。

案例 3　我知道你是谁(听觉、触觉游戏)

游戏方法:如图8 4 6所示,幼儿围成一圈,教师给其中的一名小朋友戴上眼罩,并站于圈中。外圈小朋友手牵手,在教师的带领下进行侧向绕圈走,一边走一边跟着教师念儿歌:"好朋友,找到我,听一听,摸一摸,想想我是谁?"2—3遍后,停下脚步。教师指定圈上的一名小朋友用击掌的方式引导戴眼罩的小朋友来到自己的面前,击掌可以是不断地进行,也可以是击几次停下来。戴眼罩的小朋友找到击掌的小朋友后,通过用双手触摸的方式确定击掌的小朋友是谁,并叫出他(她)的名字。完成后,不论成功与否,都要求两个小朋友相互拥抱。如此反复进行游戏。

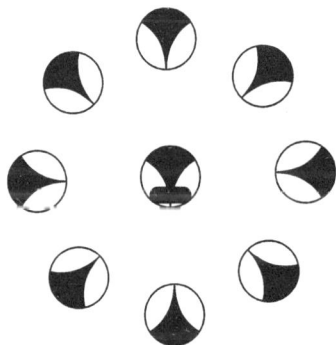

图 8 - 4 - 6

解析:此游戏是传统游戏中的内容之一,主要强调幼儿的听觉能力与触觉能力的发展。这是一种较好的内容形式,但由于参与的人数较少,不能满足全体幼儿都参与的可能。因此,在幼儿熟悉此游戏后,教师可以把幼儿分成若干组,同时进行。

此游戏可不断增加难度。在此游戏的基础上,教师可以安排两名幼儿戴上眼罩,站于圈的中心,并告知一名听掌声,另一名听脚步声。同时,指定圈上的两名幼儿发出不同的声音,一名幼儿用击掌的方式、另一名幼儿用踩脚的方式引导蒙眼的小朋友找到正确的目标,并用触摸的方式分辨目标小朋友是谁。完成后,不论成功与否,都要求两个小朋友相互拥抱。

案例 4　看我怎么变(视觉、运动觉及快速反应游戏)

游戏方法:以教师为中心,组织小班幼儿随机自由站于场地上,面向教师。小朋友之间间隔一定距离。游戏开始,要求小朋友们根据教师的示范进行模仿,在此过程中教师不发出任何口令,模仿的动作由易到难。由原地手臂动作开始,如洗脸的动作、刷牙的动作、穿衣服的动作、下雨的动作、波浪的动作等。再到躯体的动作,如拾东西的动作、泼水的动作、拍球的动作等。再到下肢的动作,如原地走的动作、跑的动作、跳的动作、下蹲的动作等。再到有一定难度的动作,如原地旋转的动作、左右短距离移动的动作等。

解析:绝大多数游戏都要依赖视觉进行,视觉成像引起大脑的一系列反应,再指挥身体进行准确的动作。教师通过各种动作的变换,促使幼儿进行判断与模仿,以促进此方面的发展。

此游戏以师幼互动的方式进行,教师应强调幼儿自我的观察,并能准确模仿。教师在组织此游时,每个动作的变换应由慢到快逐步增强。此游戏的内容非常多,例如:两臂依次或同时进行变换,可以是直臂进行,也可以是屈臂进行;可以是各个方位的变换,也可以是不同高度的变换。教师应根据幼儿能力选择合理的动作。

案例5　听准了,别出错(听觉、运动觉游戏)

游戏方法: 教师组织幼儿成四路纵队站于起跑线上,每组左右间隔约1米,起点至终点约15米。教师一手执铃铛,一手执哨子。游戏开始,听到教师吹哨子,每组排头小朋友快速向前走,听到教师摇铃铛,小朋友们快速跑动,到达终点后返回。如此反复,直至回到起点,与下一名小朋友击掌后,第二名小朋友出发。教师在其中反复控制,直至游戏结束。

解析: 此游戏强调幼儿对于不同声音做出不同反应,发展幼儿听觉及运动觉的能力。游戏既可以分组轮换进行,也可以进行集体练习。在进行集体练习时,教师应注意幼儿间的间隔距离,保证安全。在动作的选择上,也可以进行变换。例如:走、停的结合;走、蹲的结合;跑、停的结合等。

案例6　想想我是谁(方位感的游戏)

游戏方法: 教师把小朋友分成5—6人一组围成一个圈,选出一个小朋友站于圈的中心,其他小朋友手牵手围成圈。所有小朋友一起念儿歌,中间小朋友闭着眼睛在原地旋转。儿歌停,中间小朋友停下来。再猜一猜,面前是哪个小朋友。

儿歌: 小转椅,转转转,转过东南西北向,停下来,想一想,面前是哪位小伙伴。

不论成功与否,由中间的小朋友与最后面对的小朋友进行角色的交换。游戏反复进行。

解析: 此游戏是在幼儿平衡能力练习的基础之上,强调幼儿方向感的发展。在游戏开始之前,中间的幼儿要对拉成圈的幼儿排列的次序有清楚的认识,同时对于自己从何处开始,以及旋转的方位要有清楚的感知,才能有效进行此游戏。最开始进行此游戏的时候,教师可安排较少的幼儿进行,逐步增加人数。

三、大班感知运动类体育游戏

案例1　找到好朋友(平衡觉、触觉游戏)

游戏方法: 如图8-4-7所示,教师在地面按图贴上标识点,左右间隔1米,两端距离在5米左右。教师把小朋友们分成人数相等的两组,一组小朋友首先站于标识点上,并戴上眼罩。另一组小朋友在蒙眼小朋友准备好后,自由选择站于终点的标识点。游戏开始,听到教师发出"出发"的口令后,戴上眼罩的小朋友蒙眼呈直线行进,当到达终点时,终点的小朋友主动抓住蒙眼的小朋友。蒙眼的小朋友通过双手触摸的方式确定对面小朋友是谁,并叫出名字。完成后,不论正确与否,都要求两小朋友相互拥抱。如此反复,进行游戏。

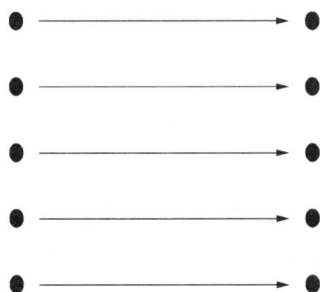

图8-4-7

解析: 此游戏主要强调平衡能力与触觉能力的发展,并给予大班幼儿自由选择的机会,以提高幼儿游戏的自主性。到达终点的幼儿在每次游戏完成后,可以不断调整自己的位置,同时也可以与对面蒙眼的幼儿交换位置。教师应根据幼儿的能力,不断调整两端之间的距离,以提高游戏的难度。

案例 2 大家一起帮帮我（听觉、触觉游戏）

游戏方法：如图 8-4-8 所示，在教师的带领下，小朋友们围成一圈。教师指定一名小朋友戴上眼罩蒙住眼睛，站于圈外。教师在圈内放入一小物品后，引导蒙眼的小朋友进入圈内。游戏开始时，在教师的带领下，其他小朋友们一同参与，当蒙眼小朋友远离小物品时，大家用轻轻的掌声给予提示，当蒙眼小朋友接近物品时，掌声不断变大。直至找到小物品。

解析：此游戏主要强调幼儿听觉及触觉能力的发展。此游戏的难度在于圈上幼儿能否协调统一，给予蒙眼的幼儿进行正确的提示。在游戏开始前，教师应针对此方面进行反复的练习，让小朋友们能较准确地控制声音发出的快慢。教师要以引导者的身份参与其中，保证游戏的成功完成。

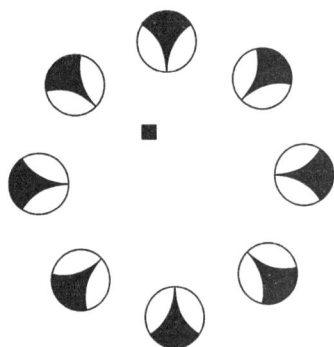

图 8-4-8

游戏中幼儿可以是击掌；也可以是击扫腿部；或用手鼓等物品；或以踩脚的方式发出声响。

案例 3 走过地雷区（触觉、平衡觉游戏）

游戏方法：如图 8-4-9 所示，把幼儿分成人数相等的四队，呈纵队站立于起点处。每队前后两名幼儿为一组，并要求面对面、手牵手站立。从起点位置，设一长方形的雷区，在其中随机放置一定数量的纸球。听到教师发出"出发"的口令后，游戏开始。面向行进方向的小朋友看着场地上的纸球，同时双手牵着对面小朋友的手向前进。背对行进方向的小朋友，通过同伴双手的暗示，寻找到正确的方向，向后退着行进。顺利通过雷区的一组获胜。踩到地雷的一组，也要数数从头至尾踩到了几个雷。

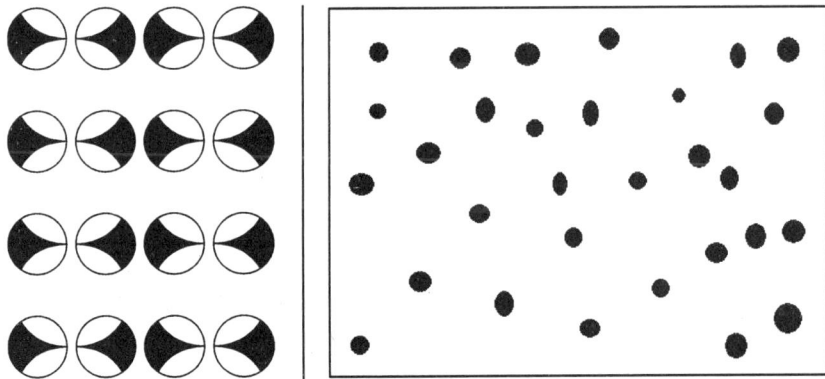

图 8-4-9

解析：此游戏强调触觉与平衡觉能力的发展。游戏中教师要强调两名小朋友之间不能说话，只能通过手与手之间的感觉来确定方向，因此速度不能太快。在注意地雷的同时，也要注意回避周围的小朋友。此游戏教师只要控制每组之间的间隔距离进行跟进即可。无须进行轮换，以避免后面的小朋友等待太长时间。

案例 4 我听你的（听觉游戏）

游戏方法：如图 8-4-10 所示，教师把小朋友们分成人数相等的两队，每队前后两名小朋友为一组，前面小朋友戴上眼罩。在每队前面的场地上按直线方向放置若干皮球作为障碍物，皮球之间错位放置。游戏开始,每组后面的小朋友用口令指挥前面戴眼罩的小朋友向前行进,并能准确地绕过每个皮球。此过程中,指挥的小朋友不能触碰蒙眼的小朋友,只能是通过声音进行提示。到达终点后,摘下眼罩,两人手牵手跑回起点,第二组出发。如此反复,直至游戏全部完成。

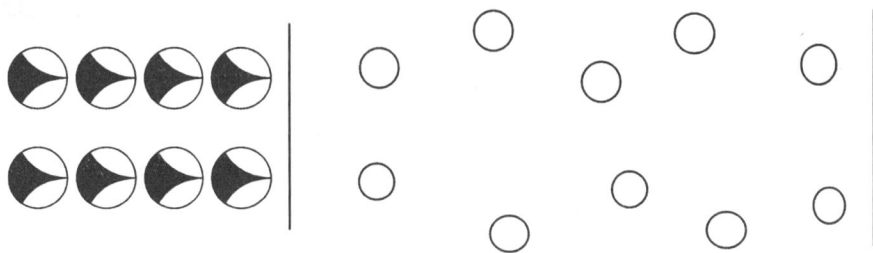

图 8 - 4 - 10

解析:此游戏主要针对幼儿的听觉及方向的认知进行游戏,具有一定的难度。在游戏之前教师应让大班幼儿掌握左右的概念,以保证游戏的顺利进行。在游戏中,强调两人之间的配合,向前行进的速度不宜太快。教师在整个游戏过程中可不断调整皮球的位置,以减少幼儿视觉记忆的依赖。

案例 5 摘星星(听觉、触觉游戏)

游戏方法:如图 8 - 4 - 11 所示,教师在场地上画一个大圆圈,同时在圈内随机放置一定数量用纸做成的小星星。小朋友们每两人一组面向圆心,分别站于圈外。每组中左侧小朋友手执一个小筐,同时戴上眼罩。游戏开始,听到教师发出"出发"的口令后,右侧的小朋友通过声音指挥戴眼罩的小朋友进入场地,并发出准确的口令,使戴眼罩的小朋友找到地上的小星星,并能放入小筐内。游戏中右侧小朋友不能触碰到同伴,只能通过自己的声音进行引导,同时要提示同伴不能与其他组的小朋友碰撞。直至场地上的所有小星星被摘完,游戏结束。看看哪一组摘得最多。第二次游戏,交换角色。

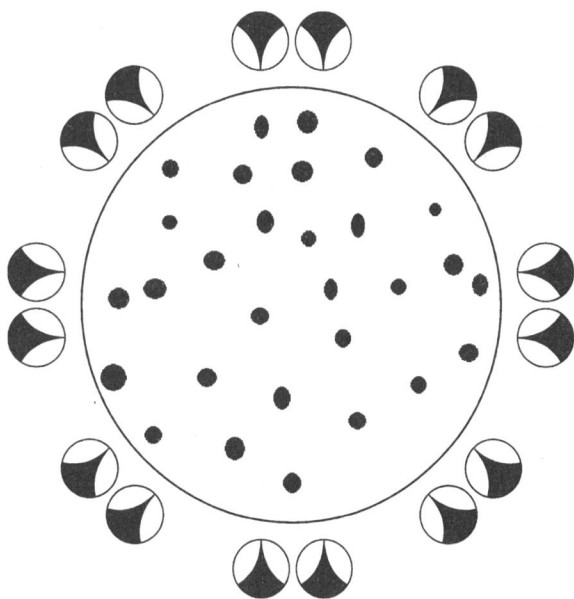

图 8 - 4 - 11

解析:此游戏是在案例 4 的基础上,增加一定的难度进行设计的,主要强调在纷杂的环境下,能听清同伴的要求,并做出准确的动作。游戏强调听觉与触觉的发展,并能保持小筐的平稳。对幼儿的综合能力具有一定的挑战性。

案例 6 归类(视觉游戏)

游戏方法:教师把室内各种结构类游戏的材料放于户外,如各种积木、雪花片、各种镶嵌类材料等。利用户外大场地,把各种材料打乱放于或藏于场地的各个地方。在场地的中间按材料类别放上对应数量的空筐。教师把幼儿分成若干组,每组安排一个队长。教师把各种任务分别分配给各个组。在队长的组织安排下,各组幼儿在场地上快速寻找自己任务中的材料,并把材料放回指定的空筐内。看看哪一组最快完成。

解析:此内容在幼儿园中不论小、中、大班都可操作。教师应根据幼儿能力进行内容量及场地的安排。小班幼儿可在室内进行此内容,目标物可以选择较大的,以个体寻找为主;中班幼儿可安排在室内或楼道进行此游戏,可以两人合作为主;大班则可安排在户外进行。一方面强调幼儿的观察及认知能力的发展,另一方面强调身体的运动。同时,对于幼儿常规行为的要求及合作方式也可渗透其中。

第五节 基本动作技巧性体育游戏

基本动作技巧性体育游戏,对幼儿身体各部分动作协调发展起着重要的作用。从幼儿早期发展来看,此类体育游戏能较好地促进幼儿大脑神经的进一步完善和提高。在此类体育游戏中,主要强调动作的协调性、灵敏性、关节的柔韧性、耐力及速度的控制等方面的能力发展。从身体部分来看,主要包括上肢基本动作技巧、下肢基本动作技巧及身体基本动作技巧等。

各年龄游戏活动项目分布表(参考)

总类别	游戏名称		小班	中班	大班
基本动作技巧性体育游戏	1. 我的小手拍起来		✓	✓	
	2. 身体上的节奏		✓	✓	
	3. 好朋友		✓	✓	
	4. 两只小老鼠		✓	✓	
	5. 相亲相爱的小麻雀		✓	✓	✓
	6. 手指的交叉	跷跷板	✓	✓	✓
		点指翘指		✓	✓
		交叉换位		✓	✓
		点双指			✓
	7. 蹦蹦跳跳		✓	✓	✓
	8. 腿的变换		✓	✓	
	9. 快乐的节奏			✓	✓
	10. 太极写字			✓	✓
	11. 抱拳屈伸			✓	✓
	12. 点指——单手点指			✓	✓
	13. 点指——对应切指			✓	✓
	14. 点指——同步点指			✓	✓
	15. 点指——对应点指			✓	✓
	16. 点指——指套环			✓	✓
	17. 点指——照相机			✓	✓
	18. 手指的摇摆			✓	✓
	19. 变换的跳步			✓	✓
	20. 脚步的平移			✓	✓
	21. 屈伸腿			✓	✓
	22. 踩踏自行车			✓	✓
	23. 我来指挥				✓
	24. 对掌(对指)转换				✓

续　表

总类别	游戏名称	小班	中班	大班
基本动作技巧性体育游戏	25. 抓握练习			✓
	26. 芝麻开花节节高			✓
	27. 包粽子			✓
	28. 手指的转换			✓
	29. 含羞草			✓
	30. 立卧撑			✓
	31. 交叉转体			✓
	32. 分并腿			✓
	33. 协同转体			✓

一、小班基本动作技巧性体育游戏

案例1　　我的小手拍起来(上肢基本动作技巧性体育游戏)

游戏方法:小朋友们随机站在场地上,前后左右保持一定的间隔。教师以儿歌的方式带领小朋友们进行动作的练习。

1)"小手小手拍拍"(两手在胸前拍四次),

"我的小手(在胸前击掌两次)拍起来"(两只手在胸前交叉快速击掌三次);

2)"小手小手拍拍"(两手在胸前拍四次),

"我的小手(在胸前击掌两次)举起来"(两只手臂快速向上举起);

3)"小手小手拍拍"(两手在胸前拍四次),

"我的小手(在胸前击掌两次)藏起来"(两只手快速藏到身后);

4)"小手小手拍拍"(两手在胸前拍四次),

"我的小手(在胸前击掌两次)合起来"(两只手臂快速交叉在胸前);

5)"小手小手拍拍"(两手在胸前拍四次),

"我的小手(在胸前击掌两次)转起来"(两只手臂平行于胸前转动);

6)"小手小手拍拍"(两手在胸前拍四次),

"我的小手(在胸前击掌两次)飞起来"(两只手臂分别在身体的两侧展开上下摆动);

7)"小手小手拍拍"(两手在胸前拍四次),

"我的小手(在胸前击掌两次)放好了"(两只手放于身体两侧,呈立正姿势)。

解析:此游戏主要强调幼儿上肢各种动作的变化。教师在教学中,应按循序渐进的原则进行教学,最终形成随机性变化。

案例2　　身体上的节奏(身体基本动作技巧性体育游戏)

游戏方法:幼儿随机站在场地上,前后左右保持一定的间隔,跟随教师进行动作的练习。

1)"1、2、3"(两手在胸前拍三次),

"拍拍我的小脑袋"(两只手在脑后侧轻轻地拍四次,同时低头);

2）"1、2、3"（两手在胸前拍三次），

"拍拍我的小肩膀"（两只手交叉胸前,同时拍到两侧肩膀四次）；

3）"1、2、3"（两手在胸前拍三次），

"拍拍我的小肚皮"（两只手在肚子上轻轻地拍四次,同时把肚子向前挺出）；

4）"1、2、3"（两手在胸前拍三次），

"拍拍我的小屁股"（两只手在臀部轻轻地拍四次,同时身体前倾）；

5）"1、2、3"（两手在胸前拍三次），

"拍拍我的小膝盖"（两只手在膝盖上轻轻地拍四次,同时身体呈半蹲）；

6）"1、2、3"（两手在胸前拍三次），

"拍拍我的小脚丫"（两只手在脚面上轻轻地拍四次,同时身体呈全蹲）。

身体上的节奏

解析：此游戏通过双手拍打身体,引导小班幼儿进行各种身体的变化,同时认识身体的各个部位,是一种简单的技巧性动作类型。教师在一开始的教学中,应控制好教学的速度,使幼儿掌握每个动作的要求后,再不断加快速度,最后形成随机的要求,不断培养幼儿的反应能力。在中、大班运用此内容时,可把"1、2、3"拍手的动作省略,直接进行拍身体动作。同时,增加上肢动作与下肢动作的对应交换,不断加快变换的速度。

案例3 好朋友（交叉抱拳：手指、手腕基本动作技巧性体育游戏）

动作要领：如图8-5-1所示,第一拍,两手交叉抱拳；第二拍,两手交换位置交叉抱拳。如此反复进行练习。

解析：此方法是以两手协调、节奏明确、手指屈伸自如为目的。以较小的手腕转动,结合手指屈伸进行练习。教师在教学中应控制好练习的节奏,逐步增加练习的速度。此方法可与两手正面击掌结合进行练习,最后结合儿歌进行综合运用。

图8-5-1

例如,儿歌《好朋友》：

"两个好朋友"（两手正向击掌三次）；

"见面抱一抱"（两手交换抱拳三次）；

"亲一亲"（两手正向击掌三次）；

"抱一抱"（两手快速交换抱拳二次）；

"亲一亲"（两手正向击掌三次）；

"抱一抱"（两手快速交换抱拳二次）。

如此反复进行手指、手腕游戏。

案例4 两只小老鼠（抱拳屈伸：手指、手腕基本动作技巧性体育游戏）

动作要领：如图8-5-2所示,两手交叉抱拳。第一拍,一只手四指并拢伸直；第二拍,伸直的四指收回成抱；第三拍,换另一只手伸出并拢的四指；第四拍,收回。如此反复进行练习。当一种抱拳法练习熟练后,换成两手的另一种抱拳法进行相同的练习。

图8-5-2

解析:此练习对于小班幼儿有一定的难度,由于两手交叉抱在一起,因此哪只手伸出,幼儿需要通过反复练习,才能逐步掌握。教师在教学中要控制好练习的速度,不要太快。在幼儿具有一定熟练程度后,可结合案例3运用儿歌进行综合性练习。

例如,儿歌《两只小老鼠》:

"两只小老鼠"(两手交换抱拳三次);

"躲在山洞里"(两手交换抱拳三次);

"向外瞧一瞧"(伸直一只手,四指并拢);

"急忙缩回来"(收回成抱);

"向外瞧一瞧"(伸直一只手,四指并拢);

"急忙缩回来"(收回成抱);

"瞧一瞧"(伸直一只手,四指并拢);

"缩回来"(收回成抱);

"瞧一瞧"(伸直一只手,四指并拢);

"缩回来"(收回成抱);

"喵喵喵喵,猫来了"(两手交换抱拳五次);

"吱吱吱吱,藏起来"(两只手同时五指并拢藏于身后)。

案例5 相亲相爱的小麻雀(啄掌心:手指基本动作技巧性体育游戏)

动作要领:如图8-5-3所示,两手五指指尖向内合拢。第一拍,两手五指指尖在胸前相互触碰一次;第二拍,一只手展开,另一只手保持原样,在展开的另一只手的掌心上触碰一次;第三拍,同第一拍;第四拍,互换两手,动作同第二拍。

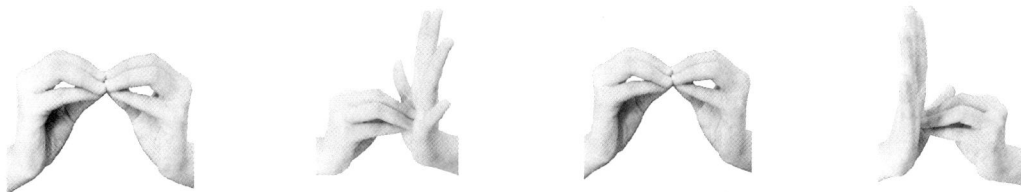

图8-5-3

解析:此动作主要发展幼儿五指合拢及展开相互交替的能力,是身体本位感练习的方法。动作具有一定的难度,对于两手的轮换是此动作发展的难点。教学中应循序渐进,逐步增加变换的速度。此动作可单独练习,也可结合儿歌进行综合练习。

例如,儿歌《两只小麻雀》:

"两只小麻雀"(两手掌心向下,自然展开,分别屈臂于体前两侧;五指指尖快速向内合拢,然后展开,反复做三次,最后形成两手五指合拢的形状);

"相亲又相爱"(两手从身体两侧向中间移动,五指指尖在胸前相互触碰一次);

"见面亲一亲"(两手五指指尖在胸前相互触碰三次);

"相互挠一挠"(两手五指指尖在胸前相互摩擦);

"我帮你挠挠"(一只手展开,另一只手保持原样,在展开的另一只手的掌心上触碰三次);

"你帮我挠挠"(换一只手展开,另一只手保持原样,在展开的另一只手的掌心上触碰三次);

"亲一亲"(五指指尖在胸前相互触碰两次);

"挠一挠"(一只手展开,另一只手保持原样,在展开的另一只手的掌心上触碰两次);

"亲一亲"(五指指尖在胸前相互触碰两次);

"挠一挠"（换一只手展开，另一只手保持原样，在展开的另一只手的掌心上触碰两次）；

"亲"（胸前触碰一次）；

"挠"（掌心触碰一次）；

"亲"（胸前触碰一次）；

"挠"（换手掌心触碰一次）；

"扑腾，扑腾，飞走了"（五指展开，手心朝下，手腕在胸前上下摆动）。

案例 6　手指的交叉（手指基本动作技巧性体育游戏）

幼儿在教师的带领下进行手指技巧动作的练习。双手十指交叉成抱拳状。

游戏方法 1：跷跷板（小班：手指基本动作技巧性体育游戏）

如图 8-5-4 所示，小朋友们五指交叉抱拳。第一拍，一只手除大拇指外，其他四指伸直；第二拍，伸直的手指收回，同时换另一只手的相同四指伸直。如此反复进行练习。

游戏方法 2：点指翘指（中班：手指基本动作技巧性体育游戏）

如图 8-5-5 所示，两名小朋友面对面进行游戏，一名小朋友两手十指交叉抱拳，同时闭上双眼。另一名小朋友随机地点交叉抱拳小朋友的任一手指，被点到的手指翘起来，其他手指不动。完成后，回复成抱拳状态。如此反复进行练习，一定时间后，交换角色。

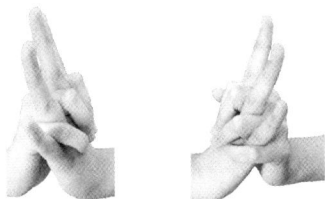 

　　　　图 8-5-4　　　　　　　　　　　图 8-5-5

游戏方法 3：交叉换位（大班：手指基本动作技巧性体育游戏）

如图 8-5-6 所示，小朋友们十指交叉抱拳后，十指伸直。练习时，要求两手五指位置形成交换，即如果第一次交叉时，左手大拇指在上，第二次交换时，换成右手的大拇指在上。如此反复不断加快速度进行练习。

游戏方法 4：点双指（大班：手指基本动作技巧性体育游戏）

如图 8-5-7 所示，两名小朋友面对面进行游戏，一名小朋友两手十指交叉抱拳，此间双眼睁开。另一名小朋友两手各伸出一个手指，同时点交叉抱拳小朋友的任意两个手指，被点到的两个手指要求同时翘起来，其他手指不动。完成后，回复成抱拳状态。如此反复进行练习，一定时间后，交换角色。

　　　　图 8-5-6　　　　　　　　　　　图 8-5-7

解析：此手指的交叉动作练习对于小班幼儿难度适中，是发展幼儿运动觉、触觉及本位觉的方法。点指翘指，在一开始练习时，可以用眼睛看着做，练习一定时间后，要求翘指的小朋友闭上眼睛，对触觉做出正确的反应，闭眼完成相对较难。交叉换位的练习，也可从看着交换到闭目交换。对于幼儿本位感的挑战，是点双指，多用于大班幼儿的练习中，练习时需循序渐进。

案例7 蹦蹦跳跳(下肢基本动作技巧性体育游戏)

游戏方法：幼儿面向教师随机站于场地上，前后左右保持一定的距离，在教师的引导下进行集体练习。动作要领：双脚并拢进行跳跃的练习。① 原地蹦四次；② 向前蹦两次；③ 向后蹦两次；④ 向左蹦两次；⑤ 向右蹦两次；⑥ 蹦四次原地转圈一周。

解析：小班幼儿下肢协调能力、力量都较弱，因此在跳跃游戏中，不应太难。一般采用并脚跳跃的方式进行。此游戏主要通过在跳跃中进行不同方位的变换，以发展幼儿的平衡能力。在教学中，首先进行单个方向的反复练习，再逐步进行各个方位的结合。

由于节奏明显，教师可以运用音乐伴奏的方式进行综合练习。在操作中，教师在方向上，应该用语言及手势加以说明。跳跃的距离不应要求太大。

案例8 腿的变换(全身基本动作技巧性体育游戏)

游戏方法：幼儿面向教师随机坐于场地上，前后左右保持一定的距离，在教师的引导下进行集体练习。动作要领如图8-5-8所示。第一拍动作：身体保持正直，双手支撑于体后，双腿并拢，膝关节伸直。第二拍动作：双腿并拢充分屈膝，双手抱膝，同时低头靠向腿部。第三拍同第一拍，第四拍同第二拍。如此反复进行练习。

图8-5-8

解析：此动作主要发展幼儿全身动作的协调能力及腰腹部力量，通过屈膝的动作，同时结合两臂的变换及头颈部动作，从而对全身的协调能力进行练习。由于此动作的运动负荷较大，教师应注意节奏不要太快。

二、中班基本动作技巧性体育游戏

案例1 快乐的节奏(上肢及全身基本动作技巧性体育游戏)

游戏方法：幼儿面向教师随机站于场地上，前后左右保持一定的距离，在教师的引导下进行集体练习。

练习方法1：① 身体呈直立，在胸前击掌两次；② 两臂交叉胸前，双手在臂上拍打两次。反复练习。

练习方法2：① 身体呈直立，在胸前击掌两次；② 半蹲，双手分别在同侧大腿上拍打两次。反复练习。

练习方法3：① 身体呈直立，在胸前击掌两次；② 全蹲，在脚面上拍打两次。反复练习。

练习方法4：① 身体呈直立，在胸前击掌两次；② 双脚原地踏步两次。反复练习。

解析：此游戏结合身体的各个部位，按照幼儿的节奏进行练习。在练习过程中，每次动作，都要求幼儿用"1、2"的口令进行辅助。教师要求由慢到快，带领幼儿进行反复操作。要注意控制好节奏的变换。

此种游戏方式可拓展的非常多：在室内，可以结合桌子进行，即击掌两次，拍击桌面两次；在室外，可以结合器材进行练习，材料的选择很多。在身体部位的选择上，内容也很多，例如：头部、肚皮、臀部、小腿等；下肢的结合可以是各种走步的方式，可以是各种跳跃的方式，也可以是下蹲的动作。

在内容的组合上，可以按上面方式在两种内容中进行变换，也可以是三种方式进行变换。例如：幼儿坐于椅子上：① 胸前击掌两次；② 桌面拍击两次；③ 在胸前击掌两次；④ 大腿拍击两次。反复练习。

在节奏的选择上，一般采用 $\frac{2}{4}$ 拍的方式。在大班可以用四种不同的内容，运用 $\frac{4}{4}$ 拍进行操作。也可尝试三种动作变换的 $\frac{3}{4}$ 拍进行。

案例2　太极写字（上肢及全身基本动作技巧性体育游戏）

游戏方法：幼儿面向教师随机站于场地上，前后左右保持一定的距离，在教师的引导下进行集体练习。

练习方法1：两脚左右开立，在教师的带领下，用较慢的速度，两臂同时由上到下写出阿拉伯数字"1"，以此方法也可出"2、3、4、5、6、7、8、9、0"等数字。

练习方法2：如上方法，先用左手臂进行书写，再用右手臂进行书写。例如：左手臂先写出"1"，接着用右手臂写出"1"，以此类推。

练习方法3：结合身体进行阿拉伯数字的书写。例如：左手臂先写"1"时，要求写出一个长长的"1"，此过程中，身体由直立到全蹲，再用右手臂进行相同的操作。除了全蹲动作的结合之外，还可进行半蹲、体前屈、体转、后屈等动作的结合。

练习方法4：用以上相同的方法进行字母、汉字的书写。

练习方法5：两个小朋友面对面进行相互模仿。例如：一个小朋友用双手臂写出一个"人"字，对面的小朋友以同样的方式写出"人"字。完成后，换另一个小朋友先写，如此反复进行游戏。

太极写字

解析：幼儿到了中班后，逐渐掌握了一些简单的数字、字母、汉字的书写方法，运用此内容结合身体的动作进行练习，可以增加趣味性。在教学与练习过程中，要求动作的速度由慢到快，教师应在手臂动作与身体动作相结合方面多做思考，以培养幼儿动作的协调能力及空间概念。

此内容到了大班，可以尝试两手臂同时写出不同的数字。例如：左手臂写出"1"，同时右手臂写出"2"。要求两手臂同时开始，同时结束，然后再逐步增加难度。

案例3　抱拳屈伸（手指、手腕基本动作技巧性体育游戏）

游戏方法：在小班教学中进行的"两只小老鼠"手指技巧性动作学习后，到了中班抱拳屈伸的动作需进一步增加难度。

练习方法1：如图8-5-9所示，双手交叉抱拳。第一拍，一只手四指并拢伸直；第二拍，伸直的四指收回成抱，同时换另一只手伸出并拢的四指。如此反复，形成同步交换，进行练习。

练习方法2：第一个八拍动作。第一拍，一只手四指并拢伸直；第二拍，伸直的四指收回成抱；第三拍，换另一只手伸出并拢的四指；第四拍，收回成抱；第五、六、七、八拍，每一拍交换两手呈交叉抱拳一次。

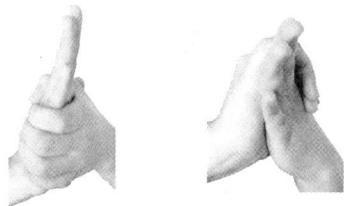

图8-5-9

第二个八拍动作同第一个八拍动作,如此反复进行练习。

解析:此方法把幼儿手指协调与手腕协调动作相结合进行练习,以形成难度的递进。综合的运用,方法2的操作方法也可运用方法1进行操作。此过程中,也可在过渡部分结合击掌进行练习,方法多种多样。

案例4　**点指(手指基本动作技巧性体育游戏)**

练习方法1:单手点指

如图8-5-10所示,一只手的大拇指指腹依次与食指、中指、无名指、小手指的指腹相触碰,当与小手指指腹触碰完成后,再与无名指、中指、食指进行依次触碰,形成由上到下,再由下到上的轮换。教师在教学过程中,要求幼儿双手同时进行练习。

图8-5-10

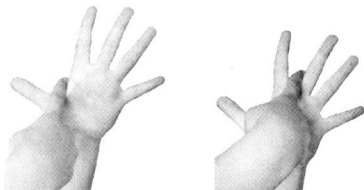

图8-5-11

练习方法2:对应切指

如图8-5-11所示,左手五指最大限度地张开不动,右手伸出食指依次切在两指中间。顺序为左手大拇指与食指之间;食指与中指之间;中指与无名指之间;无名指与小手指之间。完成后,再由下到上切回来。如此反复进行练习。当幼儿练习熟练后,双手交换进行练习。

练习方法3:同步点指

如图8-5-12所示,准备动作:双手五指在胸前自然张开;

第一拍:两个大拇指对应移动,在胸前触碰两次;

第二拍:两个食指对应移动,在胸前触碰两次;

第三拍:两个中指对应移动,在胸前触碰两次;

第四拍:两个无名指对应移动,在胸前触碰两次;

第五拍:两个小手指对应移动,在胸前触碰两次。

如此反复进行练习,在较熟练的情况下,把相互的触碰次数减少到一次,并不断增加两手间的距离。

图8-5-12

练习方法4:对应点指

如图8-5-13所示,左手五指最大限度地张开不动,右手伸出食指,用指腹依次点到左手大拇指、食指、中指、无名指、小手指的指腹上,再由下到上点回来。如此反复进行练习。在幼儿练习得比较熟练的情况下,双手交换进行练习。

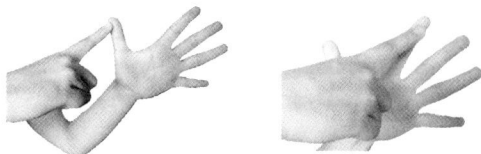

图8-5-13

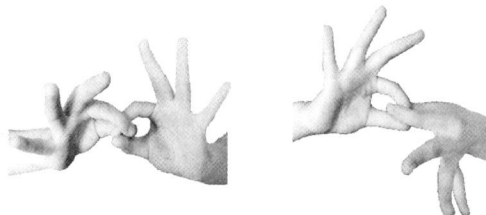

图8-5-14

练习方法5:指套环

如图8-5-14所示,在以上三种方法练习的基础上进行较复杂的指套环练习。

第一拍:左手大拇指与食指指腹相接触,右手动作相同,形成两个环,并把两环套在一起;

第二拍:手指动作相同,同时分开两手的大拇指与食指,转动手腕,再次把大拇指与食指的两环套在一起;

第三、四拍:分别用大拇指与中指相触碰,完成以上动作;

第五、六拍:分别用大拇指与无名指相触碰,完成以上动作;

第七、八拍:分别用大拇指与小手指相触碰,完成以上动作。如此反复进行练习。

练习方法6:照相机

如图8-5-15所示,双手置于胸前,左手掌心朝外,右手掌心向内,双手大拇指与食指张开,左手的大拇指与右手的食指指腹相触碰;左手的食指与右手的大拇指相触碰,形成一个长方形,完成后,放于一只眼的前方,四指同时向内挤压一次。完成动作。再次转动手腕,左、右手大拇指与食指互换,形成连接,进行练习。

图8-5-15

在此基础之上,可完成大拇指与中指的配合、大拇指与无名指的配合及大拇指与小手指的配合,此系列内容也可进行单独练习。

解析:点指的方法非常多,以上方法多以对称性练习为主,强调手指间及手腕的相互配合。通过此类游戏发展幼儿的本位感及控制手指的能力。教师在教学过程中,应着重于双手的同步完成。对于弱势手的能力发展将会起到较好的效果。练习中,教师应由慢到快、由小幅度到大幅度、由视觉辅助到无视觉辅助进行教学。

案例5　手指的摇摆(手指基本动作技巧性体育游戏)

动作要领:如图8-5-16所示,双手掌心相对,呈抱拳,从食指开始,两食指伸直,之间形成前后两次错位,再回复到对齐状态,其他手指不动。完成后,再依次进行中指、无名指、小手指之间的前后错位。反复练习。

图8-5-16

解析:此游戏主要练习幼儿手指的灵活性,同时也是对手指控制能力的发展。教师教学时,借助口令完成,每对手指进行练习时,一般采用错位一次喊口令"1",交换错位第二次喊口令"2",回复对齐喊口令"3、4"。如此反复。教师注意速度的控制。

案例6　变换的跳步(下肢基本动作技巧性体育游戏)

游戏方法:幼儿面向教师随机站于场地上,前后左右保持一定的距离,在教师的引导下进行集体练习。

练习方法1:如图8-5-17所示,双手叉腰,双脚并拢。第一拍,双脚跳起,呈前后落地;第二拍,交换前后脚的位置。如此反复进行练习。此方法可在每次动作完成后,进行次数的变换:第一、二拍,双脚跳起前后落地后,以此相同动作在原地连续跳两次;第三、四拍,交换前后脚的位置,同样在原地跳两次。

练习方法2:如图8-5-18所示,原地并脚站立。第一拍,双脚跳起左右分立;第二拍,双脚跳起并拢。如此反复进行跳跃练习。也可如方法1进行次数的变化。

图8-5-17

图 8-5-18   图 8-5-19

练习方法3：如图8-5-19所示，原地并脚站立。第一拍，双脚跳起左右分立；第二拍，双脚跳起成左右交叉；第三拍同第一拍；第四拍同第二拍。如此反复练习。同样也可如方法2进行次数的变化。

解析：到了中班，幼儿的下肢协调能力有了一定的发展，运用两脚的单独对称性练习，是中班幼儿可接受的方式，此方法对下肢协调能力及节奏的控制都有一定的促进作用。教师在教学时应逐步增大两脚间的距离，在幼儿较熟练的情况下，可结合音乐节奏进行练习。

案例7 **脚步的平移(下肢基本动作技巧性体育游戏)**

图 8-5-20

游戏方法：幼儿面向教师随机站于场地上，前后左右保持一定的距离，在教师的引导下进行集体练习。

动作要领：如图8-5-20所示，双脚并拢，同时抬起双脚的脚后跟，转动脚尖，两脚跟向左(右)同时移动一步，脚尖不抬起；完成后，同时抬起脚尖，转动脚后跟，向同侧方向移动一步，脚跟不抬起。如此反复，向一侧不停移动。完成此动作后，教师选择相反方向进行练习。

解析：此练习主要强调踝关节力量的发展，同时也是脚步节奏的练习。在教学中，教师应循序渐进，多让幼儿自主尝试，当幼儿向两侧动作都能完成后，再增加口令进行练习。例如：向左侧移动发出口令"1、2、3、4"，完成后，再向右侧移动发出口令"1、2、3、4"。进行两个方向有节奏的练习。

案例8 **屈伸腿(下肢基本动作技巧性体育游戏)**

游戏方法：幼儿面向教师随机站于场地上，前后左右保持一定的距离，在教师的引导下进行集体练习。

动作要领：如图8-5-21所示，双脚并拢站于原地。第一拍：一条腿伸直，向前弯曲另一条腿的膝关节，同时弯曲的这条腿，后脚跟抬起。第二拍：收回弯曲的一条腿，呈直立，换另一条腿向前屈膝关节，并抬起后脚跟。如此反复进行。

在原地练习较熟练的情况下，教师可带幼儿以此动作进行向前走的练习；或进行原地四面转法的练习，以提高动作的难度。

图 8-5-21

解析：此方法主要强调幼儿小腿力量的发展，同时对于幼儿下肢协调能力具有一定的挑战性。教师在教学中，应由慢到快、由原地到行进进行练习。在熟练动作后，可配合音乐进行综合练习。

🔬 **案例 9** 　**踩踏自行车（下肢基本动作技巧性体育游戏）**

游戏方法：幼儿面向教师随机坐于场地上，前后左右保持一定的距离，在教师的引导下进行集体练习。

动作要领：如图 8-5-22 所示，上体平躺于地面上，双手臂伸直放于身体的两侧，双腿举起与上体垂直，双腿依次在空中做屈伸的动作。

图 8-5-22

解析：此动作主要发展幼儿下肢动作的协调能力及力量，通过两腿的举起，练习幼儿的腰腹部力量，一屈一伸的动作，练习幼儿腿部的节奏感。教师应注意节奏的控制。

三、大班基本动作技巧性体育游戏

🔬 **案例 1** 　**我来指挥（手臂基本动作技巧性体育游戏）**

游戏方法：幼儿面向教师成四路纵队站于场地上，前后左右保持一定的距离，在教师的引导下进行集体练习。

动作要领：如图 8-5-23 所示，预备动作，身体呈直立，双脚并拢，两臂放于身体两侧。第一拍，左臂前平举，同时右臂侧平举；第二拍，左臂上举，同时右臂前平举；第三拍，左臂侧平举，同时右臂上举；第四拍，回复预备动作；第五、六、七、八拍，动作相同，方向相反。

我来指挥

图 8-5-23

解析：幼儿动作的练习主要是以对称性动作为主,在同一时间进行不对称动作的练习对于幼儿协调能力具有一定的挑战性。此方法通过两臂进行不同方位的操作,一方面发展幼儿的上肢协调能力,另一方面也是对于上肢基本动作的一种练习。

教师在教学中,以正面示范为主。带领幼儿一个一个完成动作。最后在熟练的情况下,再让幼儿独自练习。

案例 2 **对掌(对指)翻转(手腕、手臂基本动作技巧性体育游戏)**

练习方法 1：两手放于胸前,手臂平于身体,一手掌心朝下,另一手掌心朝上,两掌相触碰叠在一起。第一拍,转动手臂,双手手掌交换位置,击掌一次;第二拍,转动手臂,双手手掌交换位置,再次击掌一次,如图 8-5-24 所示。如此反复进行练习。

练习方法 2：两手放于胸前,手臂平于身体,一手掌心朝外,另一手掌心朝内,两掌相触碰叠在一起。第一拍,转动手臂,双手手掌交换位置,击掌一次;第二拍,转动手臂,双手手掌交换位置,再次击掌一次,如图 8-5-25 所示。如此反复进行练习。

图 8-5-24

图 8-5-25

练习方法 3：两手放于胸前,手臂平于身体,一手掌心朝外,另一手掌心朝内,两手掌向内收起大拇指与小手指,伸出中间三指相触碰叠在一起。第一拍,转动手臂,双手手掌交换位置,三指触碰一次;第二拍,转动手臂,双手手掌交换位置,三指再次触碰一次,如图 8-5-26 所示。如此反复进行练习。在此基础之上,不断减少手指的数量,由中间三指变成食指与中指伸出,进行练习,最后减少到只剩下食指进行练习。

图 8-5-26

解析：此方法主要是针对手臂的前臂、手腕的灵活性及身体的本位感进行练习。同时对手臂力量的发展也起到一定的作用。

在此内容的教学过程中,教师应针对每个动作进行重复练习,再逐步把各动作进行综合运用。"游戏方法 3"中的各种方法也要用在"游戏方法 1"中。在只用一根手指进行相互重叠的练习时,教师在幼儿较熟练掌握前面动作的基础上,也可变换其他手指进行操作。

案例 3 **抓握练习(手指、手臂基本动作技巧性体育游戏)**

准备动作：对撑手指

双手放于胸前,五指指腹相对,各手指自然张开,两掌心空出。第一拍,掌心向内挤压一次;第二拍,放松回复,如图 8-5-27 所示。如此反复进行练习。

图 8-5-27

图 8-5-28

练习方法 1：双手同步抓握

两臂伸直,双手放于身体的两侧,手指自然张开,伸直。第一拍,两手同时握拳;第二拍,放松回复到开始动作,如图 8-5-28 所示。如此反复进行练习。

在此基础之上,教师要求幼儿把此动作结合手臂的变换进行练习。例如:第一、二拍,手臂下垂,放于身体两侧,进行抓握;第三、四拍,两臂平抬起,成侧平举进行抓握;第五、六拍,两臂上举进行抓握;第七、八拍,两臂前平举进行抓握,反复练习。

练习方法 2：双手轮换抓握

双臂屈于胸前,掌心朝外。第一拍,左手抓握一次;第二拍,左手张开,同时右手抓握一次,如图 8-5-29 所示。如此反复进行练习。

解析: 抓握动作的练习,主要强调幼儿手臂的前臂及手指力量的发展;此练习的最大难度在于双手轮换抓握这一动作上,此动作在发展力量的同时,对于幼儿的双手协调能力提出了挑战。在幼儿较熟练地掌握以上动作方法 1 和

图 8-5-29

方法 2 后,教师在教学中可以结合一些儿歌进行练习。例如:儿歌《一闪一闪亮晶晶》。

第一段:"一闪一闪亮晶晶"(两臂上举伸直,双臂靠向左侧,随着节奏,由左侧移向右侧,同时双手同步抓握四次);

"满天都是小星星"(双臂随着节奏,由右侧移向左侧,同时双手同步抓握四次);

"挂在天空放光明"(双臂随着节奏,由左侧移向右侧,同时双手轮换,每手抓握四次);

"好像千万小眼睛"(双臂随着节奏,由右侧移向左侧,同时双手轮换,每手抓握四次);

"一闪一闪亮晶晶"(双臂随着节奏,由左侧移向右侧,同时双手同步抓握四次);

"满天都是小星星"(双臂随着节奏,由右侧移向左侧,同时双手同步抓握四次);

第二段:"太阳慢慢向西沉,乌鸦回家一群群,星星眨着小眼睛,闪闪烁烁到天明,一闪一闪亮晶晶,满天都是小星星。"动作同第一段的动作。

案例 4　芝麻开花节节高(手指、手臂基本动作技巧性体育游戏)

游戏方法: 幼儿面向教师随机站于场地上,前后左右保持一定的距离,在教师的引导下进行集体练习。

动作要领: 如图 8-5-30 所示,两臂垂直放于胸前,两手掌相互触碰。五指伸直并拢,左手中指处于右手手掌的中间。

第一拍:右手不动,左手中指位置不动,屈左手掌,在右手掌心处呈握拳;

第二拍:右手不动,左手掌根不动,伸直左手;

第三拍:左手不动,右手中指位置不动,屈右手掌,在左手掌心处呈握拳;

第四拍:左手不动,右手掌根不动,伸直右手。要求每只手完成屈、伸两个动作,再交换另一只手进行,随着每次动作的完成,手臂不断向上移动,最终形成手臂、身体伸直,脚尖点地,完成所有动作。

图 8-5-30

解析：此动作发展幼儿手指的灵活性及对节奏的控制能力。同时把手指运动与身体的伸展运动相结合，以增加运动的负荷。

此动作对于大班幼儿难度不大，在教学中教师应强调动作节奏的控制。同时，当动作到了最高点时，也可形成不断向下的动作进行。

案例5　　包粽子(手指基本动作技巧性体育游戏)

动作要领：两臂屈于胸前，两手掌心朝外，五指自然张开，双手分别同步进行相同的动作。

练习方法1：如图8-5-31所示，第一拍，两手握拳，大拇指在拳外；第二拍，两手自然张开；第三拍，两手握拳，大拇指藏于其他四指下，贴于掌心处；第四拍，两手自然张开。如此反复进行练习。教师指导语："包个小粽子"。

图8-5-31

图8-5-32　　图8-5-33

练习方法2：如图8-5-32所示。第一拍，两手握拳，大拇指在拳外；第二拍，两手自然张开；第三拍，两手握拳，大拇指贴向掌心，同时大拇指指尖从食指与中指之间露出；第四拍，两手自然张开。如此反复进行练习。教师指导语："包个小粽子，露出尖尖角。"

练习方法3：如图8-5-33所示，同练习方法2，大拇指指间也可从中指与无名指之间露出。教师指导语："包个小粽子，露出中间角。"

大拇指指间还可从无名指与小手指之间露出。教师指导语："包个小粽子，露出边边角。"此动作对于幼儿的大拇指柔韧性要求较高，难度较大，可有选择地进行教学。

解析：此动作主要针对大拇指的灵活性及柔韧性进行练习，同时也是动作协调能力的表现。对于大班幼儿具有一定的挑战性。

教师在教学中，应由易到难，逐步递进。同时，大拇指从食指与中指、中指与无名指、无名指与小手指之间露出，可以连续操作。

案例6　　手指的转换(手指基本动作技巧性体育游戏)

练习方法1：两臂屈于胸前，两手掌心朝外，五指自然张开。第一拍：一只手伸出食指，其他手指蜷起，另一手伸出中指、无名指、小手指，其他两指蜷起。第二拍：两手同时交换动作。如此反复进行练习。

练习方法2：两臂屈于胸前，两手掌心朝内，双手握拳。第一拍：左手伸出大拇指，右手伸出小手指。第二拍：两手交换动作，右手伸出小手指，左手伸出大拇指。如此反复进行练习。

练习方法3：两臂屈于胸前，一手掌心朝内，一手掌心朝外，双手握拳。第一拍：左手伸出大拇指与食指，右手伸出食指、中指、无名指与小手指。第二拍：两手交换动作。此动作被称为"一枪打四鸟"。如此反复进行练习。

解析：此方法主要练习幼儿手指的协调能力及对手指控制的能力。左右双手手指进行不同动作的相互转换,这类方式非常多。一、三手指进行同步变换对于大班幼儿具有一定的挑战性,教师在一开始的教学中,可从两手一、四手指同步进行变换开始练习,逐渐增加难度。此类型的内容还有很多,例如:双手一、二手指同步变换;一、五手指同步变换;二、五手指同步变换等。

案例7　　**含羞草(手指基本动作技巧性体育游戏)**

游戏方法 1: 两臂屈于胸前,两手掌心朝外,五指并拢。第一拍,两手最大限度地张开每个手指;第二拍,双手手指同时并拢。如此反复进行练习。

游戏方法 2: 两臂屈于胸前,两手掌心朝外,五指并拢。第一拍,左手最大限度地张开每个手指,右手不动;第二拍,左手并拢各手指,同时换右手最大限度地张开每个手指。如此反复,双手交替完成动作进行练习。

解析: 练习方法 1 较为简单,主要练习手指"张、合"的基本动作能力和节奏的控制;练习方法 2 由于对于幼儿的两手协调能力有较高的要求,因此具有一定的挑战性。

在幼儿熟练掌握此动作的情况下,教师可要求两幼儿间进行小游戏"含羞草"。游戏方法:两小朋友面对面,一名小朋友如上方法,两臂屈于胸前,两手掌心朝外,双手的五指张开;另一小朋友用一只手指任意点到对面小朋友张开的任一手时,被点到的手的手指快速合拢,点另一只手时,合拢的手指要快速张开,被点的手的手指要快速合拢。如此反复进行游戏。

案例8　　**立卧撑(身体基本动作技巧性体育游戏)**

游戏方法: 幼儿面向教师随机站于场地上,前后左右保持一定的距离,身体保持立正,在教师的引导下进行集体练习。

图 8 - 5 - 34

动作要领: 如图 8 - 5 - 34 所示,第一拍,身体呈全蹲,双手在体前支撑地面;第二拍,双脚同时向身后最大幅度地跳出;第三拍,双脚同时向前跳,身体呈全蹲;第四拍,回复身体呈直立。

立卧撑

解析: 此动作主要针对幼儿身体的协调能力,上肢和腰腹部力量的发展进行练习。

在教学过程中,教师对幼儿向后跳出的距离应逐步提出要求,根据幼儿能力不断完善动作的质量。由于此动作的运动负荷较大,教师应控制练习的速度与次数。

案例9　　**交叉转体(下肢基本动作技巧性体育游戏)**

游戏方法: 幼儿面向教师随机站于场地上,前后左右保持一定的距离,双手叉腰,双脚左右开立,在教师的引导下进行集体练习。

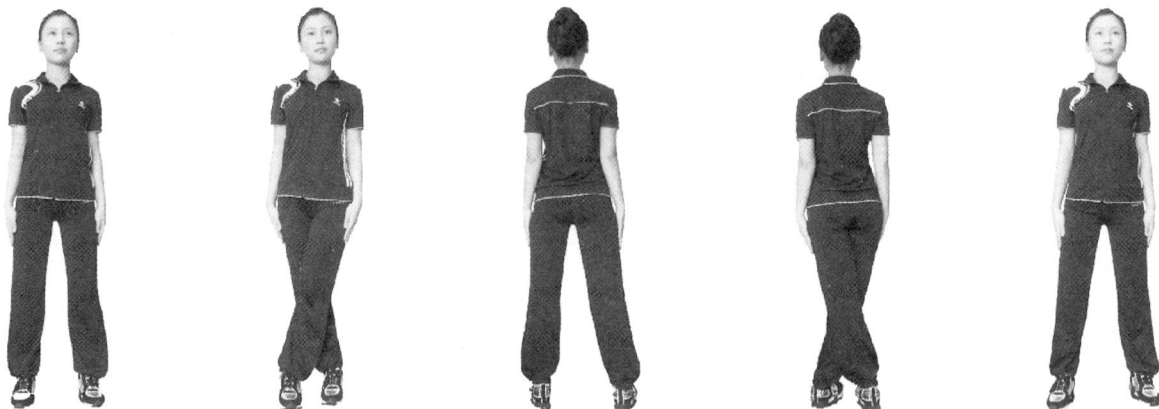

图 8-5-35

动作要领：如图 8-5-35 所示，第一拍，一脚向另一只脚方向侧向迈出，双脚左右交叉；第二拍，双脚原地转动，积极转动身体 180 度，形成两脚左右开立、身体方向相反的站立。如此反复进行练习。

解析：此动作主要发展幼儿的平衡能力及身体的协调能力。其中对于幼儿的方位感及本位感也有一定的练习效果。

交叉转体

在教学过程中，教师首先选择幼儿较习惯的方向进行反复练习，再到相反方向进行练习。一开始，对于交叉步的大小可以不做要求，随着幼儿能力的提高，逐步要求幼儿增大交叉的脚步。

在此练习基础之上，也可直接跳成左右双脚的交叉步，再进行转体的动作的完成。如此反复进行练习。

案例 10 **分并腿(下肢基本动作技巧性体育游戏)**

游戏方法：幼儿面向教师随机坐于场地上，前后左右保持一定的距离，在教师的引导下进行集体练习。

动作要领：如图 8-5-36 所示，第一拍动作，身体保持正直，双手支撑体后，双腿并拢，膝关节伸直；第二拍动作，双腿保持伸直，充分向两侧分开双腿，同时双手快速放于两腿之间的地面上；第三拍同第一拍；第四拍同第二拍。如此反复进行练习。

图 8-5-36

解析：此动作主要发展幼儿的腿部力量、柔韧性及上下肢协调能力。在幼儿熟练此动作的基础之上，可以进行两人间的互动游戏。

案例 11 **协同转体(全身基本动作技巧性体育游戏)**

游戏方法：教师把幼儿分成两人一组。如图 8-5-37 所示，两人面对面紧贴着站立，同时两臂展开呈平行，同侧手相互抓握，双脚呈开立，听从教师口令。教师要求"转"，此时两个小朋友的同侧手放开一边,另一侧手不动;不动的那一侧手,对应的脚在原地转动。放开的手那一侧的脚向外移动,身体同时向外转动180度,形成背对背,放开的手再次抓握在一起。完成后,教师再次要求"转",两个小朋友从背对背,再次回复到开始的姿态。如此反复进行练习。

图 8 - 5 - 37

解析:此运动方式以两个小朋友的协同,结合身体的转动进行练习。强调幼儿方向的准备,身体转动的灵活,两人间的同步协调。既可在两人间进行,也可在集体中开展。

注:基本动作形成的游戏,如走、跑、跳、投、攀、钻、爬类的游戏,请参考汪超著的《幼儿园体育活动设计与指导》(复旦大学出版社)。

第六节　基本身体素质发展的体育游戏

身体素质,通常指的是人体肌肉活动的基本能力,是人体各器官系统的机能在肌肉工作中的综合反映。身体素质一般包括力量、耐力、速度、灵敏性、柔韧性、平衡能力及协调能力等。身体素质经常潜在地表现在人们的生活、学习和劳动中,通过正确的方法和适当的锻炼,可以从各个方面提高幼儿身体素质水平。同时,身体素质的发展与大脑神经功能的发展有着密切的关系。因此,幼儿基本身体素质的发展就显得尤为重要。

各年龄游戏活动项目分布表

总类别	游戏名称	小班	中班	大班
基本身体素质发展的体育游戏	1. 货运小汽车	✓		
	2. 我是小小服务员	✓	✓	
	3. 我变,我变,我变变变	✓	✓	
	4. 我的小影子	✓	✓	
	5. 下冰雹了	✓	✓	✓
	6. 可爱的小动物	✓	✓	✓
	7. 身体的摇摆	✓	✓	
	8. 我给你鞠躬	✓	✓	
	9. 看你能够撑多久	✓	✓	✓

总类别	游戏名称		小班	中班	大班
基本身体素质发展的体育游戏	10. 我的脚步比你小		✓	✓	✓
	11. 我的脚步比你大		✓	✓	✓
	12. 看谁堆得高		✓	✓	
	13. 好玩的泡泡			✓	✓
	14. 相同的色彩			✓	✓
	15. 赶鸭子			✓	✓
	16. 交叉的舞步			✓	✓
	17. 青蛙跳跳跳			✓	✓
	18. 站住别动	走走停停		✓	✓
		跑跑停停		✓	✓
		起风了		✓	✓
	19. 向东还是向西			✓	✓
	20. 柔软的腰——切、切、切			✓	✓
	21. 柔软的腰——大象走			✓	✓
	22. 柔软的腰——见面碰一碰			✓	✓
	23. 请你跟我这样做			✓	✓
	24. 看你能够蹲多久			✓	✓
	25. 抱起你			✓	✓
	26. 该你换位			✓	✓
	27. 跳得远			✓	✓
	28. 穿过小山洞				✓
	29. 换物跑——捡西瓜，丢芝麻				✓
	30. 换物跑——找不同				✓
	31. 换位				✓
	32. 小时针				✓
	33. 战斗——运送炮弹			✓	✓
	34. 战斗——接炮弹			✓	✓
	35. 战斗——激战				✓
	36. 战斗——群体战斗				✓
	37. 羊村里的小羊				✓
	38. 花样单脚跳——跳圈圈				✓
	39. 花样单脚跳——小龙舟				✓
	40. 花样单脚跳——拖拉机				✓
	41. 花样单脚跳——编花篮				✓
	42. 花样单脚跳——跳蚱蜢				✓
	43. 看准了再跳				✓

续　表

总类别	游戏名称	小班	中班	大班
基本身体素质发展的体育游戏	44. 三轮车			✓
	45. 兔子舞	✓	✓	✓
	46. 小鱼跳龙门			✓
	47. 正反行进			✓
	48. 座位行			✓
	49. 身体——含羞草			✓
	50. 踩到你的脚			✓
	51. 猜拳跨越			✓
	52. 顶脚跨步			✓
	53. 谁追谁			✓
	54. 集体对抗		✓	✓
	55. 黑白配		✓	✓

一、小班身体素质发展的体育游戏

案例 1　**货运小汽车(上、下肢力量体育游戏)**

游戏准备: 塑料小筐若干;短绳若干;各种小型玩具若干。

游戏方法: 教师把短绳系在塑料小筐的一头。把塑料小筐放于地面上,幼儿手执短绳拉动小筐行走。教师在场地上不同的位置放置若干小型玩具,幼儿自由选择玩具,把玩具放于小筐内,从一个地点运送到另一个地点。要求又快又稳。

解析: 拖拉物品走,是小班幼儿较喜欢的游戏方式,此游戏主要针对幼儿上、下肢力量进行设计。教师在选择玩具时,应具有一定的重量,一般可选择木制的积木来进行游戏。借助此类材料也可形成双手搬运小筐的游戏,进一步强调幼儿上肢力量的发展。

案例 2　**我是小小服务员(平衡能力体育游戏)**

游戏准备: 塑料泡沫板若干;小沙包若干;塑料杯若干;障碍物若干。

游戏方法 1: 把若干小沙包堆放于起点处,幼儿每人双手持一塑料泡沫板,来到起点处。幼儿两手平端泡沫板,教师在每个泡沫板上放一沙包,由幼儿把沙包从起点处运送到终点处。在幼儿较好完成此任务后,教师可增加泡沫板上沙包的数量。

游戏方法 2: 同游戏方法 1,把放小沙包改成塑料杯,由幼儿从起点处运送到终点处。

游戏方法 3: 在前两种方法的基础之上,设置一定的路线,同时在路线上放置若干障碍物。幼儿按照路线要求,绕过每个障碍物,从起点把物品运送到终点。

解析: 持物平衡走是平衡能力发展中的内容之一,幼儿通过控制物品的平衡,从而达到提高身体平衡能力的目的,这是小班中经常采用的方法。在此游戏的设计中,首先通过较稳定的物品进行练习,再用较不稳定的物品进行练习;从直线走的练习到曲线走的练习,不断增加控制平衡的难度,使幼儿平衡能力得以发展。若幼儿能较好地完成以上内容,教师在设置障碍物时,还可采用通过小山洞的方式来增加练习的难度。

案例3 我变,我变,我变变变(灵敏性体育游戏)

游戏方法:幼儿面向教师随机站于场地上,前后左右保持一定的距离,呈立正姿势。在教师的引导下进行集体练习。如图8-6-1所示,教师发出口令1"小矮人",小朋友呈全蹲,同时双手抱住膝关节;教师发出口令2"小巨人",小朋友身体呈直立,两臂上举,同时足跟提起;教师发出口令3"小胖子",小朋友两脚左右开立,呈半蹲,两臂在体前抱圆,同时鼓起两腮;教师发出口令4"小瘦子",小朋友呈直立,双脚紧紧交叉,两臂紧贴身体在体前交叉,同时两腮向内缩起。

图8-6-1

解析:此游戏由四种动作进行组合变换进行。一方面通过幼儿所熟知的各种人体形态进行模仿,达到身体活动的目的;另一方面通过不同动作的组合,以发展幼儿身体的灵活性。

在教学中,教师应引导幼儿对各种动作进行熟练掌握,并在熟练的基础之上,不断加快变换的速度,提高幼儿的反应能力。

在中、大班中,教师也可借助相反口令进行练习,例如:发出口令"小巨人"时,小朋友变矮;发出口令"小胖子"时,小朋友变瘦等。

案例4 我的小影子(灵敏性体育游戏)

游戏方法:幼儿跟随教师随机站于场地上,身体呈立正姿势,在教师的带领下进行集体练习。教师向前走一步,所有小朋友向前走一步;教师向前走两步,小朋友们跟着走两步;教师向后退一步,小朋友们跟着退一步。如此方法,教师可以选择向前、向后、向左、向右、蹲下、站起、向前慢走、向前快走、立定等动作带领幼儿进行练习。

解析:此游戏主要练习幼儿看信号做出反应的能力,同时也能较好地形成师幼互动的内容。教师在教学中应循序渐进、由慢到快带领幼儿进行练习。此练习中的内容的选择性较大,教师可以根据幼儿的特点及能力进行组合。

此游戏的难点在于快步向前走时的立定动作。教师在开始此游戏时,应注意到幼儿之间的间隔,避免幼儿相互碰撞。

案例5 下冰雹了(上肢力量及协调性体育游戏)

游戏准备:塑料脸盆若干;海洋球若干。

　　游戏方法 1：如图 8 - 6 - 2 所示，教师组织幼儿站成一圈，每人手里拿一海洋球，教师站于圈的中间，把脸盆倒扣在头顶。当教师喊"下冰雹了"，幼儿把手里的海洋球由下向上往圈内抛起，教师蹲在圈的中央。如此反复进行游戏。

　　游戏方法 2：教师选出部分幼儿，每人手执一脸盆，站于圈中。游戏方法同上，如此反复进行游戏。游戏中教师组织幼儿互换角色。

　　游戏方法 3：教师在以上游戏的基础上，增加一口令"下元宝了"。此时站于圈中的小朋友要快速把脸盆口朝上，顶在头上，用脸盆接海洋球。两种口令可以在游戏中不断变换。如此反复进行游戏。

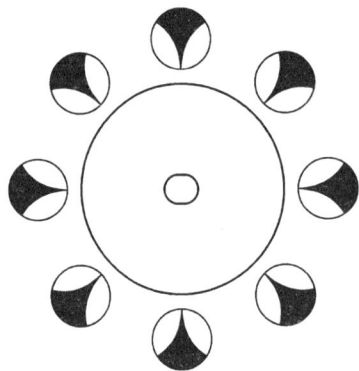

图 8 - 6 - 2

　　解析：小班幼儿在进行此类游戏中，不强调投掷的准确，只强调投掷中大概的范围。通过此种游戏，一方面可提高幼儿的上肢力量，另一方面可锻炼圈中幼儿的反应能力。同时，通过可能存在的声音及情境提高游戏的趣味性。

　　教师在组织圈内幼儿的人数时，应注意人数的变换。当圈内幼儿的投掷能力较弱时，圈内人数可多些；反之，减少圈内的人数。

案例6　可爱的小动物（全身力量及协调能力的体育游戏）

　　幼儿跟随教师随机站于场地上，在教师的带领下进行集体练习（如图 8 - 6 - 3 所示）。

图 8 - 6 - 3

　　游戏方法 1：幼儿跟随教师以手膝着地爬的方式，一边爬一边模仿老虎吼叫"嗷"。指导语："变、变、变，变成小老虎。"

　　游戏方法 2：幼儿跟随教师以双手向前，再双膝向前着地爬的方式，模仿毛毛虫爬行。指导语："变、变、变，变成毛毛虫。"

　　游戏方法 3：幼儿跟随教师以手脚着地爬的方式，一边爬一边模仿小猴子叫"吱、吱、吱"。指导语："变、变、变，变成小猴子。"

　　游戏方法 4：幼儿跟随教师以手脚着地爬的方式，一边爬一边模仿狮子吼叫"嗷呜"。指导语："变、变、变，变成小狮子。"动作要领：双手手掌支撑地面，一只脚着地，另一只脚高高抬起，运用一只脚和双手进行爬行。

解析：以四种爬行的方式进行游戏，一方面可以对幼儿不同身体力量进行练习，另一方面可以练习幼儿的反应能力。方法1中，小老虎的模仿主要练习幼儿四肢协调能力；方法2中模仿小毛毛虫，主要练习幼儿腰腹部力量；方法3中小猴子的模仿主要针对幼儿四肢的灵活性进行练习；方法4中，对于小狮子的模仿主要针对幼儿的下肢力量进行练习。

教师在教学中应遵循循序渐进的原则，首先对每个动作进行单独练习，在此基础之上，再进行综合的练习。

案例7　*身体的摇摆*(平衡能力的体育游戏)

幼儿跟随教师随机站于场地上，前后左右保持一定的间隔，在教师的带领下进行集体练习。

游戏方法1：教师带领幼儿进行小企鹅动作的模仿(如图8-6-4所示)。动作要求：全脚掌着地，膝关节尽量不弯曲，身体成左右摇摆，向前行进。行进的速度不应太快，教师在行进中，不断增大左右摇摆的幅度，最后形成单脚独立。如此反复进行练习。

图8-6-4　　　　　　　　　　　　　　图8-6-5

游戏方法2：教师带领幼儿进行小虾米动作的模仿(如图8-6-5所示)。动作要求：脚跟着地，身体稍稍前倾，两臂侧平举。教师口令："快速向前进""停"；"快速向后退""停"。

解析：两种游戏主要针对身体的平衡能力进行练习。

第一种游戏通过身体摇摆幅度的不断增大，强调幼儿对身体左右移动中重心的控制能力的发展，最后形成单脚独立，达到最难的效果。教师在带领练习中，应注意形成单脚独立时，左、右脚次数要均匀。练习中速度不应太快。

第二种游戏通过脚跟着地的行走，强调幼儿对身体前后移动中重心的控制能力的发展。练习中，教师应控制好行进的速度，由慢到快，不断增加难度。当教师喊"停"时，幼儿要尽量保持身体不动。

案例8　*我给你鞠躬——猜拳游戏系列*(腰腹部力量的体育游戏)

游戏方法：教师首先教会幼儿用手猜拳的方法。幼儿分成两人一组，相互猜拳，负的一方给胜的一方鞠躬一次，要求上体弯曲90度。游戏反复进行。

解析：猜拳的游戏作为运气性游戏的一种，非常受幼儿的喜欢。通过猜拳决定胜负，结合体育活动中的某一取向，既可成为教学性体育游戏，也可成为幼儿自主的体育游戏内容。本游戏中，结合小班幼儿的运动能力，运用某一礼仪动作进行练习，强调幼儿腰腹部力量的发展。

案例 9　**看你能够撑多久——猜拳游戏系列（平衡能力的体育游戏）**

游戏方法：教师首先教会幼儿用手猜拳的方法。幼儿分成两人一组，相互猜拳，负的一方呈单脚独立，并用单脚独立的方式继续猜拳，直到获胜才能双脚站立。

解析：此游戏为猜拳游戏系列中的一种，主要强调幼儿平衡能力的发展。在游戏中负的一方如果不能单脚独立站稳，则要求向胜的一方鞠躬一次。游戏重新开始。

案例 10　**我的脚步比你小——猜拳游戏系列（下肢的柔韧性体育游戏）**

游戏方法：教师首先教会幼儿用手猜拳的方法。幼儿分成两人一组，相互猜拳，首先要求两个小朋友双脚并拢，负的一方稍稍向两侧分开双脚，胜方双脚不动。游戏继续，直至一方的双脚不能再分开，为最终的失败者。

解析：此游戏为猜拳游戏系列中的一种，主要强调幼儿下肢柔韧能力的发展。在游戏中负的一方必须有较明显分开两脚的动作，才算完成。此游戏既可形成左右脚向两侧分开，也可形成左右脚前后分开的游戏。

案例 11　**我的脚步比你大——猜拳游戏系列（下肢柔韧性及力量发展体育游戏）**

游戏方法：教师首先教会幼儿猜拳的方法。两人一组，规定好起点和终点。距离一般定为 15 米左右。首先两人面对面站于起点处，相互猜拳，胜的一方向终点处用最大幅度跨出一步，负方不动，胜方双脚并拢站好后，继续与负方猜拳，决定谁向前跨步。最先到达终点的一方为获胜的一方。游戏重新开始。

解析：此游戏为猜拳游戏系列中的一种，主要强调幼儿下肢力量及下肢柔韧能力的发展，在游戏中不能用跨跳的方式，只能用跨步的方式进行游戏。此类游戏在小班中也可采用顶脚走的方式进行，胜方每次向前顶脚走两步，以练习幼儿走的平衡能力。

案例 12　**看谁堆得高——猜拳游戏系列（平衡能力发展的体育游戏）**

游戏方法：教师首先教会幼儿猜拳的方法。两人一组，每人面前放一些积木。首先，两人面对面相互猜拳，胜的一方在自己的面前放一块积木，负的一方不能动。游戏继续，只要获胜，就在自己的一方增加一块积木，并不断叠高，如果一方积木倒掉，就必须重新开始。最后，看看谁能把积木堆得最高。

解析：此游戏为猜拳游戏中的一种。主要通过一些常用材料的堆高进行游戏，以提高幼儿对物品重心的控制能力。借助材料进行猜拳游戏可形成多种活动方式，如"猜拳换物"。游戏方法：把两个系列的拼图卡片游戏材料打乱，平均分给两个小朋友，通过相互猜拳，不断地从对方提取自己所需要的卡片，看谁最快完成自己的拼图；再如，可以借助一定重量的物品，进行堆高或搬运，以练习幼儿的上肢力量。还可借助材料进行跳跃的游戏，例如：双方猜拳，在中间共同堆起积木，胜的一方堆高积木，负的一方要求从积木上跳过，看看谁最后不能完成。教师要学会对材料进行分析，以提供给幼儿进行合理的练习。

二、中班身体素质发展的体育游戏

案例 1　**好玩的泡泡（下肢力量及灵敏性体育游戏）**

教师组织幼儿手牵手面向圆心围成一圈，教师站于圆心处。

　　游戏方法 1：教师发出口令"泡泡转起来了"，在原地转圈，同时用手指明旋转的方向。此时小朋友们手牵手，按照教师指明的方向一起转动起来。一定时间后，教师发出口令"停"。此游戏方式把集体旋转与停相结合，进行操作。教师可变换两种不同的方向进行组织。游戏反复进行。

　　游戏方法 2：教师发出口令"泡泡变小了"，幼儿一起手牵手向圆心跑动。教师掌握好幼儿与自己之间的距离，发出口令"停"。教师发出口令"泡泡慢慢变大了"，此时幼儿手牵手慢慢向后退。当圆圈达到适宜的大小时，教师发出口令"停"。游戏反复进行。

　　游戏方法 3：在游戏方法 1 的基础之上，教师发出口令"泡泡飞低了"。幼儿手牵手慢慢蹲下来走，手的位置尽可能向下。教师发出口令"泡泡飞高了"，幼儿手牵手，把手尽可能举高，同时身体伸直，踮起脚尖，慢慢转动。游戏反复进行。

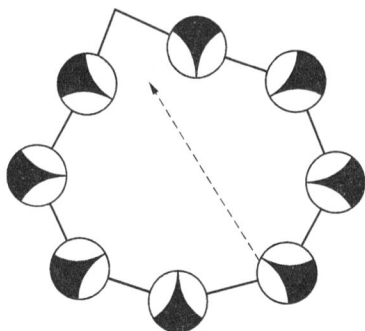

图 8 - 6 - 6

　　游戏方法 4：教师发出口令"泡泡翻跟头了"。（如图 8 - 6 - 6 所示）

　　第一步：小朋友们手牵手原地不动，教师从圆心走到某两个小朋友之间；

　　第二步：教师把这两个小朋友牵着的手举高；

　　第三步：站于这两个幼儿对面的小朋友首先出发，手牵手带着其他小朋友一起以正面钻的方式慢慢钻过举起的两手之间；

　　第四步：等所有小朋友都钻过后，这两个举起手的小朋友向外原地翻转 180 度；

　　第五步：此时所有小朋友手牵手，面朝外站立。

　　当全体幼儿面朝外时，教师还可按游戏方法 4 中各步骤，进行相反方向的练习。此时，所有小朋友从被选中的两个小朋友举起的手之间退出。最后，所有小朋友从面朝外又可以回到面朝内的组织形式。

　　游戏方法 5：在游戏方法 1 或游戏方法 2 的基础之上，教师发出口令"泡泡破了"。此时，小朋友们快速松开牵着的手向圈外跑，教师发出口令"停"，小朋友们听到后快速停止不动。看看谁离教师最近。

　　解析：此游戏来自对传统游戏的改编。游戏中包含了师幼的互动、集体的协同及身体的不同变换，是幼儿较喜欢的游戏方式。游戏方法 1 中，主要强调集体侧向跑停的练习；游戏方法 2 中，主要强调集体正向跑停的练习；游戏方法 3 中，强调集体不同体位的走停练习；游戏方法 4 中，强调身体灵敏性的练习；游戏方法 5 中，强调转身跑停的练习。

　　由于此游戏内容较多，教师在教学中应分阶段逐步进行教学，游戏的速度由慢到快。同时，在此过程教师对于自身的指导能力要有所要求，不断提高游戏活动的质量。

案例 2　相同的色彩（下肢力量及灵敏性体育游戏）

　　游戏准备：四种或五种不同颜色的海洋球；一个大筐。

　　游戏方法：如图 8 - 6 - 7 所示，小朋友们围成一圈，大圈的中间放一高度较低的、面积较大的筐，筐内随机放入各种颜色的海洋球。

　　第一步：小朋友们绕圈行时，每人从圈旁一固定筐内随机取一颜色的海洋球；

　　第二步：教师发出任意口令"红色交换"，持有红色海洋球的幼儿快速跑到圈中间的大筐旁，把手中红色的海洋球与筐中红色的海洋球进行交换，再快速跑回；

　　第三步：同第二步，教师可以选择其他不同的颜色发出口令，幼儿进行练习；

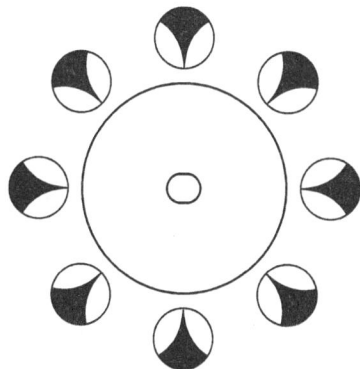

图 8 - 6 - 7

第四步：教师要求幼儿按顺(逆)时针方向,把手中的海洋球进行传递,一定次数后,再次进行以上游戏。

解析：在中班中进行此种游戏的组织,主要练习幼儿快速跑停的能力,以色彩为刺激物增加游戏的趣味性。同时,通过几种不同色彩的海洋球进行随机分组,便于幼儿分组轮换进行游戏,幼儿对于颜色的认知也得到一定的练习。

案例3　　赶鸭子(下肢力量的体育游戏)

游戏方法：如图8-6-8所示,教师在场地上画一个能容纳全班幼儿自由散开的大圈子。在班内选出四名小朋友站于圈外,充当赶鸭人;其他小朋友以全蹲的方式蹲于圈内,双手抓住踝关节,充当小鸭子。游戏开始,小鸭子以全蹲走的方式避开赶鸭人,尽可能逃出圈外;赶鸭人要以跑动的方式,相互配合,把逃出的鸭子赶进圈内。当赶鸭人抓到一只小鸭子,两者之间马上进行角色的互换。继续游戏。

解析：此游戏主要针对幼儿下肢力量的发展进行练习,通过幼儿间的互动提高练习的趣味性。

教师在组织进行此游戏之前,应针对全蹲走进行反复练习。练习中,也可设置一定的情境,在场地上画一定数量大小不等的圆,每个圆之间保持一定距离的间隔。采用赶鸭子的方式把充当小鸭子的小朋友们,从一个圈内赶入到另一个圈内进行游戏。当进入

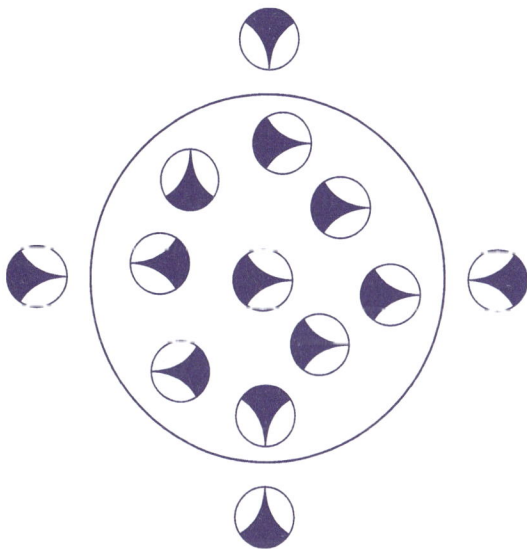

图8-6-8

较大圈时,幼儿间可保持较大间隔;进入较小圈时,就要求幼儿相互之间紧密地靠在一起。此游戏的运动负荷较大,幼儿在进入圈后,教师要进行一定时间的调整,同时可采用小鸭子飞起来的方式,让幼儿伸展腿部,再进行接下来的练习。

关于"小鸭子"的此类游戏非常多,在情境的设置中,可采用多种方法。例如：教师充当赶鸭人,通过各种口令要求"小鸭子"进行各种方向的行进;也可排成队,一个跟着一个全蹲走;还可设置"狐狸"进行反应类的游戏等。

案例4　　交叉的舞步(下肢协调能力及平衡能力的体育游戏)

游戏方法1：幼儿跟随教师随机站于场地上,身体呈立正姿势,在教师的带领下进行集体练习,教师要求小朋友们正向行进。动作要领：右脚最大幅度地交叉到左侧,然后左脚最大幅度地交叉到右侧,如此反复不断向前行进。

游戏方法2：幼儿跟随教师随机站于场地上,身体呈立正姿势。在教师的带领下进行集体练习。如图8-6-9所示,教师要求幼儿进行侧向交叉行走。动作要领一：一脚从另一脚的前面形成交叉,换另一脚形成开立;如此反复,向一侧行进。动作要领二：一脚从另一脚的后面形成交叉,换另一脚形成开立;如此反复,向一侧行进。动作要领三：第一步形成前交叉、再开立,第二步形成后交叉、再开立;如此反复,向一侧行进。

解析：此类游戏主要通过两种不同的行走方式,提高幼儿下肢协调能力及平衡能力。游戏方法1中,强调幼儿对于左右重心的控制。教师在活动中,应遵循循序渐进的原则,不断增加左右的幅度,以提高练习的难度。游戏方法2中,强调幼儿对于双脚交叉不同方向的控制能力,此练习的难度在于幼儿在快速行进中不断变换交叉的前后位置。教师还可在此练习中,不断变换方向,进一步提高练习的难度。

图 8-6-9

案例5 青蛙跳跳跳(全身力量及协调能力的体育游戏)

游戏方法:幼儿在教师的组织下,在大垫子上进行轮换练习。

如图 8-6-10 所示,幼儿两腿及两小腿内侧着地跪立在地面上,双腿之间稍宽于肩,双手及前臂支撑在地面上,头部抬起,眼视前方。用此姿势向前跳跃。准备动作:大小腿之间及上臂与前臂之间相互靠拢,身体的重心向下、向后降低。跳跃时,大小腿之间及上臂和前臂之间积极展开,重心快速向上向前移动,尽可能地使整个身体离开地面。如此反复,不断向前行进。

图 8-6-10

解析:此动作对于中班幼儿具有一定的挑战性,对于上下肢动作的协调提出了较高的要求。主要练习幼儿手臂及腿部的同步用力。在练习中,教师主要强调身体重心要尽可能地向下、向后移动,在跳跃时才能表现出向上跳跃的力量。

案例6 站住——别动(灵敏性体育游戏)

幼儿跟随教师随机站于场地上,前后左右保持一定的间隔,教师面向幼儿进行集体练习。

游戏方法1:走走停停

教师以侧向走的方式带领幼儿进行练习。练习步骤:① 侧向跨出一步,并脚。教师可针对左右方向进行选择,形成变化,动作完成后,教师发出口令"不动"。② 侧向快速跨出多步,同样形成左右的选择,口令相同。③ 教师向前进一步,全体幼儿向后退一步,口令相同。④ 教师向后退一步,全体幼儿向前进一步,口令相同。游戏反复进行。

游戏方法2:跑跑停停

教师带领幼儿向一侧跑动 3—5 米,幼儿也跟着向一侧跑动相同的距离,教师快速发出口令"停",教师和幼儿尽快停住不动。此方式同样可以进行向左、向右、向前、向后的选择。如此反复进行互动游戏。

游戏方法3:起风了

教师扮演"风"的角色,幼儿扮演"落在地上的小树叶"。教师发出口令"起小风了",同时向全体幼儿方向慢跑过去,幼儿也和教师同一方向转身向后慢跑,跑动3—5米。教师发出口令"风停了",教师和幼儿都快速停下来。教师发出口令"起大风了",方法同上。注意跑动的距离不需要太长。教师发出口令"龙卷风来了",教师和幼儿在原地转动。教师适时发出口令"风停了",教师和幼儿快速停止。

解析:此系列游戏借助各种不动、移动的方法,提高幼儿在移动中快速停止的能力。移动动作主要包括侧向走、向前走、退步走、跑动及旋转等,有助于幼儿在不同的情况下,能较好地控制自己的身体重心。此类游戏的价值是幼儿安全能力发展的重要内容之一。

在教学过程中,教师应遵循循序渐进的原则不断提高游戏的难度。由于是集体定向跑动练习,教师应注意幼儿间的间隔,避免相互碰撞。在组织活动中,教师既可以形成师幼相同动作的互动,也可以用手指示进行练习。

在大班中可增加相反动作的练习。教师向一侧方向移动,幼儿则向相反的一侧方向移动。

案例7 向东还是向西(灵敏性体育游戏)

游戏方法:如图8-6-11所示,教师在场地上画出两个大小相等的大长方形,相距12米左右。所有小朋友站于中线上。教师规定左侧的框框为蔬菜,右侧的框框为水果,游戏开始。

教师选择蔬菜或水果中具体的一种喊出来。所有小朋友选择正确的方向,跑进框框内,选择正确则给自己记1分。游戏重新开始,一段时间后,看看谁选得既快又准确。

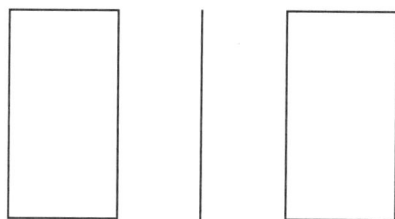
图8-6-11

解析:通过一定的认知结合反应跑的游戏,提高幼儿左右移动的能力,同时也提高游戏的兴趣。此种认知的内容很多,如动物与植物、某种事物形状的选择、5以内的单双数等。

案例8 柔软的腰(柔韧性发展的体育游戏)

幼儿跟随教师随机站于场地上,前后左右保持一定的间隔,教师面向幼儿进行集体练习。

图8-6-12

游戏方法1:切、切、切

如图8-6-12所示,小朋友们两脚并拢,膝关节伸直,两只手成掌,身体前屈,两手掌分别从大腿开始向下切,同时一起说"我切、我切、我切、切、切"。看看哪位小朋友切得最靠近脚。完成后,再由下切上来。游戏反复进行。

游戏方法2:大象走

如图8-6-13所示,小朋友们两脚左右开立。膝关节伸直,身体前屈,双手握住踝关节不动。教师发出口令"屈",小朋友们双膝弯曲成全蹲,教师发出口令"伸",小朋友们尽可能地伸直膝关节。重复若干次后,教师要求幼儿以伸直膝关节的动作向前行走。此时要求头部尽可能地抬起来。(能力较弱的幼儿可以两脚分开一定距离行进;能力较强的幼儿可以尽可能并拢两脚行进。)

游戏方法3:见面碰一碰

如图8-6-14所示,教师把幼儿分成两人一组,面对面坐于地面上,两个小朋友分别分开左右腿,膝关节伸直,同侧脚底相互顶住,双手支撑在体后,游戏开始。听到教师口令"碰一碰",两名小朋友同时身体前屈,在两人中间位置两人手掌相碰,再回复到准备动作。可以完成这个动作之后,幼儿不断缩小左右腿分开的距离,再次练习。如果不能相碰,则增大左右腿分开的距离。

图 8-6-13

图 8-6-14

解析：此系列游戏主要针对幼儿腰部的柔韧性进行练习,从个体到两人互动,以提高游戏的趣味性。此类活动的教学中,教师应关注到幼儿之间的差异。柔韧性练习应在个体能力的基础之上不断提高,不需要过分强调练习的幅度。

案例9　请你跟我这样做——猜拳游戏系列(灵敏性体育游戏)

游戏方法：两名小朋友一组,一一对应,面对面随机站于场地上,进行两人间的游戏。

第一步：两人通过猜拳的方式(可以是用手的猜拳,也可以是用脚的猜拳),决出胜负；

第二步：胜的一方可以站于原地,可以是原地选择不同的方位,也可以离开原地,走到或跑到一个位置站定；

第三步：胜方在原地按照自己的想法任意做出一种动作,同时发出口令"请你跟我这样做"；

第四步：负方小朋友快速跑到胜方小朋友的面前,做出和胜方一模一样的镜面动作,同时回复口令"我就跟你这样做"。

全部完成后,两个小朋友之间再猜拳决出胜负,如上方法进行第二次游戏。

解析：此方法主要运用两人间的相互配合进行游戏,通过结果的不确定性和幼儿对于动作的想象能力增加游戏的趣味性。此种方式主要练习幼儿的身体的灵敏性、反应能力及基本的规则意识。

此游戏得以顺利开展的主要基础是幼儿对于猜拳方法的掌握,因此在此之前教师应有针对性地对幼儿此技能进行反复练习。教师应鼓励中班幼儿多采用下肢猜拳的方式进行,操作方法如下：① 两人同时原地并脚纵跳,同时一起喊口令"石头、剪刀、布"。② 双脚跳成并步为"石头"；双脚跳成左右开立为"布"；双脚跳成前后跨步为"剪刀"。③ 判定胜负。对于游戏中的口令应进行反复练习,以保证游戏的顺利进行。在此游戏之间,教师可带领幼儿单纯地进行"请你跟我这样做"的练习,以规范和丰富幼儿的动作。

案例10　看你能够蹲多久——猜拳游戏系列(下肢力量性体育游戏)

游戏方法：教师首先教小朋友们用脚猜拳的方法。小朋友们分成两人一组,相互猜拳,负的一方双膝稍稍弯曲一些,并保持弯曲的动作继续猜拳,直至一方呈全蹲,游戏最终结束。最终失败的小朋友要向获胜的小朋友鞠躬一次,游戏重新开始。

解析：此游戏系猜拳游戏系列中的一种，主要强调幼儿下肢力量的发展。在游戏中负的一方必须有较明显的下蹲动作，才算完成。

案例 11　抱起你——猜拳游戏(上肢力量的体育游戏)

抱起你

游戏方法：教师首先教会幼儿用脚猜拳的方法。两人一组，相互猜拳，负的一方从胜的一方的身后把胜方抱起一次，完成后再次猜拳，游戏反复进行。

解析：此游戏系猜拳游戏系列中的一种，主要强调幼儿上肢力量的发展，在游戏中的抱起动作不能够太猛，只要把对方抱起双脚离地即可。在抱起时根据幼儿能力可提出更高的要求，例如，要求失败的一方把获胜方抱起后，转体 180 度，再把胜方放下。

案例 12　该你换位——猜拳游戏(灵敏性体育游戏)

该你换位

游戏方法：教师首先教会幼儿用脚猜拳的方法。两人一组，相互猜拳，负的一方快速跑到胜的一方的身后位置，胜方原地转体 180 度。完成后再次猜拳，游戏反复进行。

解析：此游戏系猜拳游戏系列中的一种，主要强调幼儿变向跑能力的发展，在游戏中要求负方跑动的速度要快，位置准确。

案例 13　跳得远——猜拳游戏(下肢力量的体育游戏)

游戏方法：教师首先教会幼儿用脚猜拳的方法。两人一组，规定好起点和终点，距离一般定为 15 米左右。首先两人面对面站于起点处，相互猜拳，胜的一方向终点处用最大幅度并脚跳出一步，负方不动。胜方双脚并拢站好后，继续猜拳，决定谁向前并脚跳跃。以此类推，最先到达终点的一方为最终获胜的一方。游戏重新开始。

解析：此游戏系猜拳游戏系列中的一种，主要强调幼儿下肢力量的发展。此内容是对立定跳远内容的练习，通过两人间的比赛，使幼儿最大限度地表现此方面的能力。

三、大班身体素质发展的体育游戏

案例 1　穿过小山洞(上肢力量及灵敏性体育游戏)

游戏方法 1：如图 8-6-15 所示，两个小朋友之间进行穿过小山洞的游戏。一个小朋友双手双脚支撑在地面上，面朝地面，身体形成孔洞，另一个小朋友钻过身体形成的孔洞。完成后，两人交换角色。

游戏方法 2：如图 8-6-16 所示，两个小朋友之间进行穿过小山洞的游戏。一个小朋友双手双脚支撑在地面上，背朝地面，身体形成孔洞，另一个小朋友钻过身体形成的孔洞。完成后，两人交换角色。

8-6-15

8-6-16

游戏方法 3：如图 8 - 6 - 17 所示，两个小朋友之间结合椅子进行穿过小山洞的游戏。一个小朋友通过身体的各种变化与椅子相结合，形成孔洞。可以是双手支撑在椅面上；可以是双手支撑在椅背上；可以是双脚放于椅面上，双手支撑在地面上；可以是把椅子侧向放置，降低高度等进行练习。在游戏中，两个小朋友不断变换角色进行游戏，看看哪组的变化方式最多。

图 8 - 6 - 17

游戏方法 4：三个小朋友之间进行穿过小山洞的游戏。两个小朋友通过身体的各种组合设计孔洞，让另一个小朋友钻过去。可以是两手的组合，可以是身体的组合，可以是腿与脚的组合，等等。三人之间不断交换角色进行游戏。

解析：此类游戏方式对于幼儿各方面的发展都很有帮助。一方面通过幼儿与幼儿之间，幼儿与材料之间形成互动，使幼儿对于身体的结构及各种材料形成一定的认识，另一方面对于幼儿身体力量及灵活性的发展都有一定的好处。同时帮助幼儿发展空间想象能力。

此类型的游戏方式非常多，教师在设计中主要针对幼儿人数的变化、不同材料的选择进行组织。以上内容既可形成两人间的游戏，又可形成分组对抗的游戏，并能形成集体性的配合。在路径的设计上，既可以直线分组的方式，又可以圆形的方式进行。

案例 2　　换物跑(大班：下肢力量及灵敏性体育游戏)

游戏 1：捡西瓜，丢芝麻

游戏准备：4 个小箩筐；4 个小沙包；4 个小皮球；4 根木棒。

游戏方法：如图 8 - 6 - 18 所示，小朋友们变成两路纵队站于起跑线上，在每组行进的路线上每间隔 10 米左右放一小箩筐，每个箩筐内放入一小皮球和一根木棒。每组排头小朋友手持一小沙包。游戏开始，听到教师"出发"的口令后，排头小朋友快速跑到第一箩筐处，把手上的小沙包任意交换成小皮球或木棒。跑到第二个箩筐处，再次交换手中的物品，要求和前面所持物品不同，再返回起点，把手中物品交于第二名小朋友，第二名小朋友立刻持物出发。如此反复，看看哪组最快。

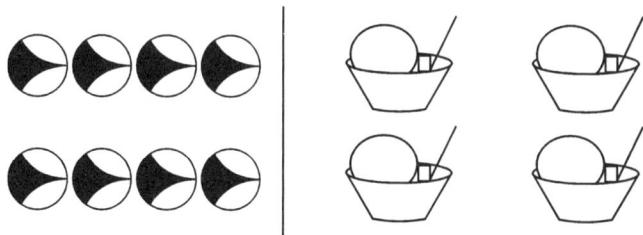

图 8 - 6 - 18

解析：此类换物游戏主要借助不同材料,形成取放的轮换。在跑停游戏中增加一定思维能力的运用,以使幼儿在身体运动中保持思维的持续性。对于大班幼儿来说,有一定的挑战性。教师在教学活动中应逐步增加物品的数量,不断增强幼儿此方面的能力。跑停能力是幼儿需要不断提高、完善的内容之一。

游戏2：找不同

游戏准备：2个小箩筐;适合手持的材料两份。

游戏方法：如图8-6-19所示,两组小朋友面对面间隔10米左右距离站立,在每组小朋友排头位置旁放一箩筐,两组的箩筐内放置相同的物品。听到教师口令后,左侧排头小朋友首先出发,快速随机从箩筐内拿起一物品,跑向对面一组小朋友的排头处。右侧排头小朋友快速从自己的箩筐内找出不相同的物品与跑来的小朋友进行物品交换。交换完成后,右侧排头的小朋友拿着手中的物品快速跑到左侧,以如上方法同左侧第二名交换物品。如此反复进行游戏。

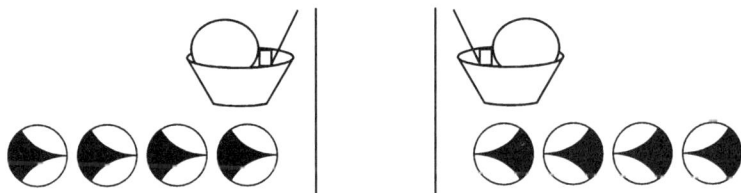

图8-6-19

解析：此游戏通过在跑动中物品的交换,主要练习幼儿跑动中的急停能力、持物跑的能力及简单的逻辑记忆能力。通过物品的不断变换提高游戏的趣味性。

教师在组织此游戏之前,可以针对跑停进行专门的练习,以提高游戏的质量。跑停能力是幼儿需要不断提高的能力之一,是幼儿在跑动中有效控制身体的表现,可促进身体灵敏性的提高。这是幼儿行为中安全教育的重要手段之一。

此类游戏的组织方式有很多。例如：可以形成一对一、二对二的组织方式等。

案例3　换位(灵敏性体育游戏)

游戏方法1：如图8-6-20所示,教师组织小朋友们围成一圈,两个小朋友为一小组,教师站于圆的中心。教师首先通过两种不同的角色把两个小朋友进行区分。例如：苹果和香蕉。游戏开始,教师发出口令"苹果",此时充当"苹果"的小朋友快速从同伴的身后绕到同伴的另一侧站立不动;当发出口令"香蕉"时,充当"香蕉"的小朋友快速从同伴的身后绕到另一侧站立不动。如此反复进行游戏。

游戏方法2：如图8-6-20所示,教师要求充当"苹果"的小朋友站于充当"香蕉"的小朋友身后。游戏开始,教师发出口令"苹果",充当"苹果"的小朋友快速绕到同伴的身前站立。如此反复进行游戏。如果教师发出的口令是"前排的幼儿",那么这些小朋友要转身跑到后面幼儿的身后站立。

游戏方法3：如图8-6-21所示,教师发出口令"苹果互换",各组中充当"苹果"的小朋友之间进行随机位置的交换。如此反复进行游戏。

解析：此类游戏是在群体中既强调集体的协同一致,同时又强调从两人间的各种有序互动到群体间的无序互动的过程,主要练习身体的灵敏性、秩序性及方位感。

教师在教学中应按此游戏顺序逐步进行教学,逐渐增大游戏的难度。此系列游戏也可在口令上发生变化,以增加难度。例如,把角色名称"苹果、香蕉"改变成数字"1、2"等进行游戏;或者改变成"左、右"口令进行游戏,对于幼儿的认知及方位形成挑战。

图 8-6-20

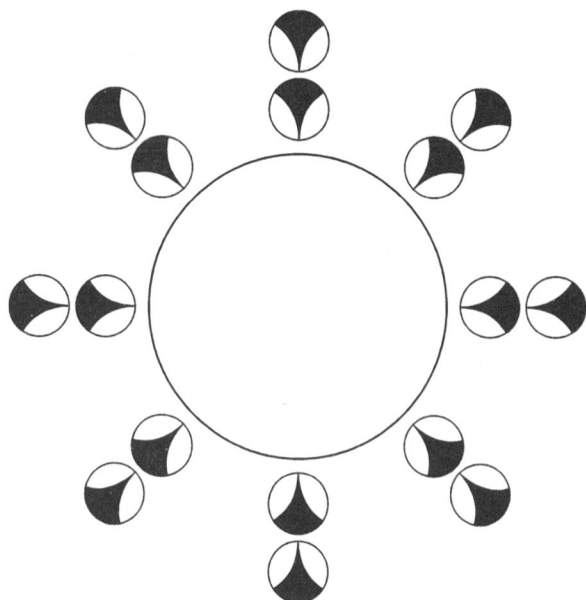

图 8-6-21

案例4　小时针(平衡能力的体育游戏)

游戏方法:教师组织幼儿围成一圈,随机选出一名小朋友站于圆的中间,此幼儿闭上眼睛,一只手搭于异侧肩上,另一只手臂向前伸出,同时食指向前指出。外圈的小朋友手牵手面向圆圈。游戏开始,在音乐的伴奏下,中间的小朋友原地转圈,外圈的小朋友与圈内的小朋友必须向相反方向绕大圈。一段时间后,音乐停止,所有小朋友全部停下来,此时中间小朋友的手指指到谁,谁就来替换成中间的转圈人。

解析:此游戏以旋转的方式进行个体和集体的互动练习,主要强调幼儿平衡能力的发展。在此游戏中音乐不应太长,全体小朋友按音乐的节奏行进,速度无需太快。

此游戏也可借助儿歌进行练习。例如:"小时针转圈圈,嘀嗒、嘀嗒转不停,指到谁就是谁,看看朋友他是谁。"全体幼儿一起念儿歌,当念到"他是谁"时,全体幼儿停止不动。

案例5　战斗(上肢力量及灵敏性体育游戏)

游戏准备:塑料小脸盆若干;羽毛球若干。

游戏1:运送炮弹

两个小朋友一组,每人各手持一脸盆,一个羽毛球,面对面间隔一定距离站立。游戏开始,首先任意一小朋友持羽毛球抛向对方,对方小朋友用脸盆接住。若成功接住,任意一方向后退一步;若未接住,则向前进一步。如此一投一接进行练习,看看哪组距离最远也可接住。

游戏2:接炮弹

两个小朋友一组,一人手持一脸盆,一人手执若干羽毛球。执羽毛球的小朋友背对着持脸盆的小朋友,间隔2—3米的距离站立。游戏开始,执羽毛球的小朋友把羽毛球从身前向后抛出,身后的小朋友用脸盆接住。如此反复,看一定数量的羽毛球,哪一组接得最多。完成后,两人交换角色进行练习。

游戏3:激战

两个小朋友一组,每人手持一个脸盆。其中一个小朋友拿一个羽毛球,间隔一定距离面对面站立。手持羽毛球的小朋友将球投向对方,对方用脸盆当盾牌挡住来球,并拾起掷回,如此反复进行游戏。

游戏 4：群体战斗

把全班小朋友分成两大组，间隔 3 米左右的距离面对面站立。每组中，一半小朋友手持脸盆，另一半手持羽毛球。游戏开始，手持羽毛球的小朋友，把羽毛球掷向对方，对方手持脸盆的小朋友要保护好己方没有脸盆的小朋友。之后，没有脸盆的小朋友拾球反击。如此反复进行游戏。此游戏中，没有脸盆的小朋友负责投掷，持有脸盆的小朋友负责抵挡。

解析： 大班小朋友在进行此类游戏中，强调投掷的准确性，通过两人间、群体间相互投掷，既练习了上肢的力量，同时对于幼儿的手眼协调和身体的灵敏性也有很好的练习。借助脸盆这一工具也更大程度上保障了幼儿相互投掷的安全，同时也增加了游戏的趣味性。

案例 6　羊村里的小羊（下肢力量及灵敏性体育游戏）

游戏准备： 长竹竿一根。

游戏方法： 在场地上画一个圆圈代表羊村（圆圈的大小视幼儿人数的多少而定）。教师手执竹竿当赶羊人，小朋友们分散在圆圈内当小羊。游戏开始，当教师把竹竿的一头与地面接触，小朋友们在圈内四散跑动；当教师把竹竿举过头顶时，小朋友们站在原地不动。反复练习。当幼儿熟练此游戏后，教师把竹竿的另一头与地面接触，并在地面上慢慢地画圈，小朋友们可以在圈内躲闪，也可以从竹竿上面跨跳过去。如此反复进行游戏。

解析： 此游戏主要练习儿童看信号做出反应的能力，同时练习幼儿身体的灵敏性。在此游戏中主要以两种方式进行结合，通过这两种结合，教师能较容易地控制幼儿的运动负荷，同时对幼儿的反应也是一种练习。

游戏中教师应注意在地面划动竿子的速度，以方便幼儿躲闪或从竹竿上跳过去。同时对于幼儿在圈内的四散跑动提出要求，避免相互碰撞。在游戏中要求幼儿不能跑出圈外。

案例 7　花样单脚跳（下肢力量及平衡能力发展的体育游戏）

游戏 1：跳圈圈

教师把幼儿分成两人一组。如图 8-6-22 所示，两名小朋友面对面站立，一名小朋友向前抬起一条腿，另一名小朋友用双手托住对方的脚。单脚站立的小朋友，用单脚围绕着另一名小朋友进行跳跃，另一名辅助的小朋友站于原地，跟着另一名小朋友的方向进行旋转。1—2 圈后，两人交换。如此反复进行练习。

游戏 2：小龙舟

教师把幼儿分成两人一组。如图 8-6-23 所示，两名小朋友前后同一方向站立，后面的小朋友双手搭在前面小朋友的肩膀上，同时向前伸直一条腿。前面的小朋友用单手托住后面小朋友的脚踝。在跳跃时，前面的小朋友双脚向前跳，后面的小朋友单脚向前跳跃。一定距离后，两人交换。

图 8-6-22

图 8-6-23

小龙舟

游戏3：拖拉机

教师把幼儿分成两人一组。如图8-6-24所示，两名小朋友前后同一方向站立，前面的小朋友单脚站立，同时向后方屈起一条腿。后面的小朋友用单手托住前面小朋友的脚踝，另一只手搭在前面小朋友的肩膀上。跳跃时，前面的小朋友单脚向前跳，后面的小朋友双脚向前跳。一定距离后，两人进行交换。

游戏4：编花篮

教师把幼儿分成两人一组。如图8-6-25所示，两名小朋友以相反的方向侧向并排站立。同时两人内侧相邻的两只手肩肘关节相互挂住。内侧相邻两条腿的膝关节相互挂住。一边唱儿歌，一边相互辅助，用单脚跳跃的方式进行游戏。

图 8-6-24

图 8-6-25

儿歌《编花篮》：编、编、编花篮，编个花篮上南山。南山开满了红牡丹，三朵两朵摘一篮。

图 8-6-26

游戏方法5：跳蚱蜢

教师把幼儿分成两人一组。如图8-6-26所示，两名小朋友面对面站立，同时向对方抬起一条腿，对面的小朋友用单手托住对方的脚踝，空出的手相互牵握，两人同时用单脚跳的方式进行绕圈跳跃，看看能够支撑多长时间。

解析：以上五种游戏方式都是以两人间的单脚跳跃为主的练习，同时都带有较强的趣味性。对于幼儿下肢力量的发展及平衡能力的发展都有一定的价值。以上练习中的动作都有一定的难度，教师在教学中应按难度的大小不断进行练习。在一开始的练习时，不应对速度提出要求，只有在较熟练的情况下，才能采用比赛方式。

案例8 看准了再跳(协调能力及跳跃能力发展的体育游戏)

游戏方法：教师把幼儿分成两人一组。如图8-6-27所示，每组中一名幼儿坐于地面上，双手撑地后，双腿伸直，同时并拢。另一名幼儿分腿站立，跨于地面小朋友双腿的两侧。游戏开始，听到教师口令后，地面小朋友快速向两侧分开两腿，同时站立的小朋友快速跳起，并把两脚并起，此时坐着的小朋友分开两腿，站立的小朋友并拢两腿。第二次动作相反。如此，在教师的口令下反复练习。

解析：此游戏主要借助于跳跃动作，练习幼儿的互动能力。此动作有一定的挑战性，教师可以先借助两根塑料棒，进行开分跳跃的练习，让一名幼儿双手各持一根塑料棒与另一名幼儿进行互动。在此基础之上，再进行以上游戏。

图 8 - 6 - 27

案例 9　三轮车（下肢力量及协同能力发展的体育游戏）

游戏方法：教师把幼儿分成三人一组，其中两个小朋友平排站立，内侧手牵手，第三个小朋友站于两名牵手小朋友的身后正中间，把任一单膝屈腿搭在牵手小朋友的双手上面，另一只脚支撑在地面上，同时把两手分别搭在其他两名小朋友的肩上，呈抱状。游戏开始，站于两侧的小朋友同时并脚向前跳跃，中间的小朋友呈单脚向前跳跃。三人要求相互配合向前行进。

三轮车

解析：此游戏主要强调幼儿单脚跳跃的练习，把两脚跳跃与单脚跳跃相结合，在协同能力上提出了更高的要求。教师在教学中可以先针对两人手牵手同步跳跃进行练习，再结合第三名小朋友进行整体的练习。

此游戏也可以形成两侧的小朋友通过跑的方式来完成动作。游戏既可三人之间自由玩耍，又可形成分组对抗。教师可根据幼儿能力进行组合。

案例 10　兔子舞（身体协调发展及耐力发展的体育游戏）

幼儿跟随教师随机站于场地上，前后左右保持一定的间隔，教师面向幼儿进行集体练习。

游戏方法 1：教师带领幼儿进行兔子舞的基本动作练习。动作要领如下：

第一拍：双脚跳起，同时左脚脚尖向左侧点地一次，完成后快速回复到并脚动作；

第二拍：同第一拍；

第三拍：换左脚进行跳跃，动作同第一拍；

第四拍：同第三拍；

每五拍：双脚向前并跳一次；

第六拍：双脚向后并跳一次；

第七拍：向前跳一次；

第八拍：向前跳一次；

第九拍：向前跳一次。

动作反复练习。

游戏方法 2：在游戏方法 1 的基础之上进行改变。

第一拍：以双脚并跳的方式向左侧跳一步；

第二拍：同第一拍；

第三拍：以双脚并跳的方式向右侧跳一步；

第四拍：同第三拍；

后面的动作和游戏方法1的动作相同。

兔子舞的前四拍的动作可以采用不同动作的跳跃方式进行,如图8-6-28所示:① 单脚脚尖点地;② 脚跟点地;③ 并脚跳跃;④ 单脚向同侧踢起;⑤ 单脚向前踢起;⑥ 屈腿向后踢起等动作进行练习。在此环节由于跳跃的方式多种多样,教师可以设计从易到难的跳跃方式,运用教学,对各种跳跃动作进行反复练习后,再结合兔子舞进行多种动作的游戏。

图8-6-28

游戏方法3: 在组织方法及基本的跳跃动作上同游戏方法1和游戏方法2。把最后7、8、9拍连续向前并脚跳跃三次的动作进行改变。改变方法一:把三拍连续向前跳跃改变成在原地转身跳三次,转身180度;改变方法二:同样是原地转身跳,转身360度。

游戏方法4: 在游戏方法1的基础之上进行改变,把1、2拍从左侧开始的跳跃动作改变成向左侧的跨并步动作。第一拍动作要领:左脚向左侧跨出一步;右脚并向左脚。第二拍动作同第一拍动作,方向相反。后面各拍次的动作不变。

游戏方法5: 如图8-6-29所示,两名小朋友面对面,手牵手站立。

第一拍:两名小朋友原地跳起,同时左脚脚弓碰右脚脚弓一次;

第二拍:同第一拍;

第三拍:同样原地跳起,换右脚脚弓相碰一次;

第四拍:同第三拍;

第五拍:两名小朋友同时并脚向圈内小跳一次;

第六拍:两名小朋友同时并脚向圈外退后小跳一次;

第七拍、第八拍、第九拍:两名小朋友手牵手转圈连续跳三次,形成换位。

动作反复进行。

游戏方法5

解析: 兔子舞是幼儿喜欢的游戏方式之一,通过有节奏的跳跃方式,以增强幼儿的下肢力量、协调能力,同时较长时间的跳跃练习对于幼儿的耐力也有一定的发展。

教师在进行兔子舞的编排过程中,应考虑以下四个因素:

(1)不同年龄段幼儿应采用何种动作可以完成此内容。

图 8 - 6 - 29

（2）不同年龄段幼儿运动负荷应如何安排。

由于在兔子舞中，可以把走步与跳跃动作相结合，增加更多的走步动作，就会减少运动负荷的强度，因此教师可针对此方面进行调节。

（3）不同年龄段幼儿间的组合。

兔子舞既可满足个体完成，也可进行两人间、多人间的操作，还可进行集体性的操作。针对不同年龄段幼儿的能力，教师可进行针对性的选择。

（4）队形的变换。

兔子舞常采用的队形是纵队的方式，教师也可采用圆形或横队的方式进行练习，亦可变成更为复杂的队与队之间的配合。教师应根据幼儿的能力进行选择。

案例 11　小鱼跳龙门（下肢力量及灵敏性练习的体育游戏）

游戏方法： 如图 8 - 6 - 30 所示，教师把幼儿分成两组呈纵队站立，前后间隔一肩距离，两组间隔 2 米。在每组中任意选择两名小朋友，同时把一根皮筋系在这两名小朋友的内侧腿上，站于排头面向自己一组的最前面。游戏开始，听到教师发出口令后，系有皮筋的小朋友同时向前跑动，跑到谁的面前，这名小朋友就必须快速跳起来，如此一个跟着一个跳过皮筋。游戏反复进行。若有碰到皮筋的小朋友则成为跑动者。

解析： 此游戏主要练习幼儿观察移动中的高度，进行快速反应跳跃。教师在教学中对于跑动的幼儿要有一定的要求，跑动的速度不应太快，同时要形成同步跑动。此内容也可从走开始，逐步加快速度。皮筋的高度是此游戏中的关键，随着幼儿跳跃能力的展现，不断增加高度。

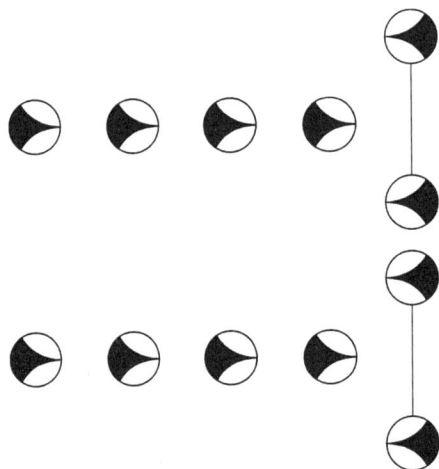

图 8 - 6 - 30

除了以上进行有序的队列组织方式外,此游戏也可进行四散追逐的游戏方式。游戏方法:教师规定幼儿跑动的区域,任选两名幼儿腿部系上皮筋,追逐其他小朋友。在追逐的过程中,只能用皮筋去触碰,不能用双手去抓。其他小朋友可以绕过,也可选择从皮筋上跳过去。此游戏的难度较大,教师应视情况选择运用。

案例 12　正反行进(平衡能力发展的体育游戏)

游戏方法 1: 如图 8-6-31 所示,教师把幼儿分成若干组,每组幼儿成横队站立。从排头开始,每间隔一名幼儿身体向后转。操作方法:从排头开始进行角色报数,第一名小朋友报"萝卜",站立不动;第二名小朋友报"白菜",身体向后转。如此反复,直至所有幼儿操作完成。教师再要求左右小朋友肘关节相互挂住。游戏准备完成。

听从教师口令:"向老师方向前进,看看哪组最整齐。"此时所有幼儿相互协同,其中一半幼儿面向教师行进,一半幼儿背向教师行进,一定距离后停止,教师评价哪组最整齐。完成后,教师跑向另一侧,再次进行行进练习。

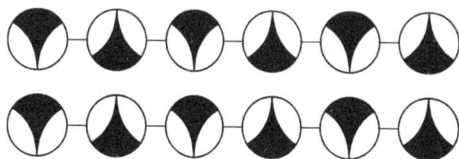

图 8-6-31　　　　　　　图 8-6-32

游戏方法 2: 如图 8-6-32 所示,教师组织幼儿每三人一组,其中两名幼儿面向前方站于两侧,一名幼儿背向行进方向站于中间,左右小朋友相互肘关节相挂。游戏开始,每组小朋友在场地上自由练习,通过跑的方式进行游戏。

游戏方法 3: 在游戏方法 2 的基础之上进行,此时中间的一名幼儿正向跑,两侧的幼儿倒退跑。此方式对于幼儿有一定的挑战性,教师应根据情况选择运用。

解析: 此游戏主要练习幼儿的倒退走及倒退跑的能力,通过集体及三人间的组织方式,使幼儿在较安全的情况下完成此类动作。由于相互之间是用肘关节相互连接,腿与腿的距离会较小,教师在教学中,应提醒幼儿注意安全。游戏方法 1 中,主要练习集体的倒退走,对于大班幼儿要强调集体行进的整齐。游戏方法 2 中,主要练习倒退跑,教师要求幼儿不要跑得太快,两侧幼儿应保护好中间的幼儿。游戏方法 3 则是对幼儿倒退跑能力的挑战。

当幼儿较熟练掌握此类游戏的情况下,教师也可选择左右小朋友手牵手进行以上操作。

案例 13　坐位行(上下肢协调能力及全身力量发展的体育游戏)

游戏方法 1: 教师带领幼儿自由分散在场地上坐下,左右、前后保持一定的距离,跟随教师进行游戏。动作要领:双手支撑在体后,双膝并拢、弯曲,借助双手及双脚交替移动,可以使整个身体完成向前、向后、向左、向右、原地旋转等动作。教师带领幼儿反复练习,由易到难不断进行。

坐位行

游戏方法 2: 游戏方法 2 是在游戏方法 1 的基础之上形成的。如图 8-6-33 所示,教师把两名小朋友分成一组,两人背对背坐下,每人双手支撑在地面上,形成交叉,双膝并拢。一名小朋友双膝弯曲;一名小朋友双膝伸直。游戏开始,双膝弯曲的小朋友双脚向后用力,尽力伸直双膝,同时,双膝伸直的小朋友尽快配合弯曲自己的双膝。通过两个人之间的配合,不断使两人一起向一个方向移动。

图 8 - 6 - 33

游戏方法 3：游戏方法 3 是在游戏方法 2 的基础之上形成的。如图 8 - 6 - 34 所示，教师把两名小朋友分成一组，两人朝一个方向坐下，前面小朋友双腿并拢，双膝弯曲。后面的小朋友双脚夹在前面小朋友的腰上，同时双手支撑在地面上；前面小朋友向后用力蹬腿，用支撑的手进行协调，同步向后移动。此种方式也可以尝试向前移动。

图 8 - 6 - 34

解析：坐位行的动作区别于其他位移的方式，具有很强的趣味性，同时此动作服务于全身各关节，对于身体综合力量的发展具有一定的价值。个体完成的坐位行，可以进行各个方向的练习，因此对于幼儿的灵敏性、协调能力都具有一定的挑战性。游戏方法 2 及游戏方法 3，在个体能力的基础之上，增加了双人协同能力的发展，对幼儿的运动能力的发展提出了更高的要求。

案例 14　　身体——含羞草（灵敏性及反应能力的体育游戏）

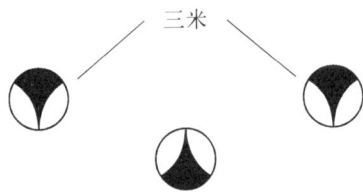

图 8 - 6 - 35

游戏方法：教师把小朋友分成三人一组。如图 8 - 6 - 35 所示，两个小朋友平行站立，每个人在站立时，尽可能地把四肢伸展开来，充当"含羞草"。两人间隔 3 米左右。第三个小朋友面向其他两个小朋友站于两者中间。游戏开始，站于中间的小朋友可以任意选择一棵"含羞草"，快速触碰其身体，被触碰的"含羞草"快速蹲下。幼儿再去触碰另一棵"含羞草"，此时已被触碰的"含羞草"快速展开。如此反复，进行游戏。一定时间后，交换角色。

解析：此游戏通过角色性的运用，提高游戏的趣味性。在练习中通过往返跑，提高幼儿身体的灵敏性；通过蹲起动作的练习，提高幼儿快速反应及下肢力量。在游戏中，允许幼儿多次触碰同一棵"含羞草"。

案例 15　　踩到你的脚——猜拳游戏系列（全身灵敏性及协调能力的体育游戏）

游戏方法：教师首先教会幼儿用角色猜拳的方法。两人一组进行游戏，首先两人面对面相互猜拳，胜的一方向快速伸出一只脚踩向对方，对方可快速躲闪。完成后，游戏反复进行。

解析：幼儿进入到大班，猜拳游戏的方式既可采用手进行，也可采用脚进行，同时教师还可把全身运动的猜拳方式教会幼儿进行。此方式把各种角色进行运用，以提高游戏的趣味性，同时对于幼儿全身协调能力、反应的灵敏性、平衡能力及下肢力量的发展都提出了更高的要求。

操作方式举例：游戏"孙悟空三打白骨精"。如图 8 - 6 - 36 所示：孙悟空单手掌搭在前额，单脚独立，悬空腿屈于身后，身体前倾，另一只手背于身后；唐僧呈马步站立，双手合十在胸前；白骨精双手自然张开成爪，单脚独立，悬空腿屈于身前提膝。白骨精胜唐僧；唐僧胜孙悟空；孙悟空胜白骨精。

三打白骨精

此类方式还有很多，如"老虎、棒子、鸡""猎人、老虎、枪""大象、老鼠、猫"等。

图 8-6-36

案例 16 **猜拳跨越——猜拳游戏系列（下肢柔性及力量发展体育游戏）**

游戏方法: 教师首先教会幼儿用角色进行猜拳的方法。两人一组,规定好起点和终点。距离一般定为 20 米左右。首先两人面对面站于起点处,相互猜拳,胜的一方向终点处以跨跳的方式最大限度地跨出一步,负方不动,胜方双脚并拢站好后,继续与负方猜拳,决定谁向前跨步。最后看谁最先到达终点。最先到达终点的一方面为最终获胜的一方。游戏重新开始。

解析: 此游戏系猜拳游戏系列中的一种,主要强调幼儿下肢力量及下肢柔韧能力的发展,在游戏中要求幼儿必须从原地开始跨跳,一只脚站于原地不许动,另一只脚摆动跨越。

案例 17 **顶脚跨步——猜拳游戏系列（下肢柔性及力量发展体育游戏）**

图 8-6-37

游戏方法: 教师首先要求幼儿用手猜拳的方法进行游戏。两人一组,如图 8-6-37 所示,首先两人面对面站立,每个人的两只脚脚尖连着脚跟在一条直线上,同时两个人的前脚脚尖相互接触。游戏开始,相互用手猜拳,胜的一方向把前脚向后退一步,并把脚尖与脚跟连在一起。失败的一方,后脚不动,把自己的前脚脚尖移到对方脚尖处,并相互触碰。完成后,再次进行猜拳,胜方的脚向后退,失败一方的前脚向前移。如此反复,直到一方的前脚不能触碰到对方的脚尖为最终的失败方。

解析: 此游戏是猜拳游戏系列中的一种,主要强调幼儿下肢力量及下肢柔韧能力的发展,在游戏中要求幼儿每次猜拳分出胜负后,不论胜方还是负方,后脚不能动。此类游戏主要结合了顶脚走、跨步走两种方式进行,由于不到最后都不能确定游戏的最后胜方,因此具有很强的趣味性。

案例 18 **谁追谁——猜拳游戏系列（反应能力及灵敏性发展的体育游戏）**

游戏方法: 如图 8-6-38 所示,两个小朋友一组,之间间隔一米左右的距离,两边各设一终点线。两人之间可以借助于三种不同的猜拳方法中的一种进行,得出胜负。胜的一方追输的一方,输的一方转身跑向自己的终点线,能顺利跑过自己的终点线时,算胜利;如果在终点线之间被胜的一方触碰,就算失败,失败的一方要给胜方鞠躬一次。游戏再次开始。

图 8-6-38

解析：此游戏系猜拳游戏的一种,主要通过相互追逐发展幼儿的反应能力及身体的灵敏性。此游戏具有一定的危险性,要求相互触碰时,不能推、打、抓,只能用手指触碰。避免幼儿出现身体伤害。

案例 19　　**集体对抗——猜拳游戏系列(反应能力的体育游戏)**

游戏方法:如图 8-6-39 所示,教师把幼儿分成两组,每组呈纵队站立,两组面对面。首先从每组的排头开始,运用角色猜拳的方法决出胜负。负方快速跑到对方一组的排尾等待,胜方与对面一组的第二个继续游戏,直到其中一组的人没有了,游戏结束。

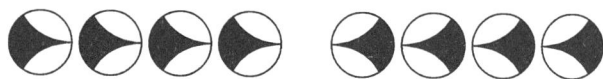

图 8-6-39

解析:此游戏主要借助于集体进行展开,同时带有一定的胜负结果,因此具有较强的趣味性。教师在组织此类游戏时,注意人数的控制,不要让幼儿等待的时间太长。

案例 20　　**黑白配　　猜拳游戏系列(下肢力量及反应能力的体育游戏)**

游戏准备:如图 8-6-40 所示,在地面上画出一个连线的五角形。每个黑点之间的距离在 50—60 厘米。

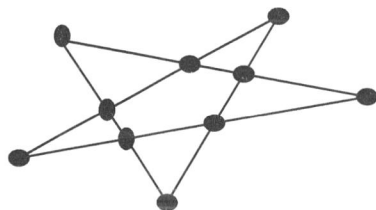

图 8-6-40

游戏方法:三个小朋友一组参与游戏。

1. 一开始时,三个小朋友在五角星中任选一个顶角站立。

2. 通过"黑、白"翻掌的游戏决定胜负。操作方法:三个小朋友在胸前同时击掌两次,同时口中一起喊出"1、2",再喊出"3"时,伸出一只手,任意选择掌心朝上,或掌心朝下。掌心朝上为"白",掌心朝下为"黑",出掌时,与其他两个小朋友不同的为胜,其他的两个为负。

3. 胜的一方跨出一步,选择最近的一个点站立,失败方同样跨出一步,选择最近的一个黑点站立。

4. 完成后,再次通过翻掌的游戏决出胜负,再次选择离自己最近的一个点站立。

5. 如此反复,当胜方和负方踩到同一个黑点时,一轮游戏结束。

解析:此游戏方式是另一种猜拳游戏。通过三人间的"黑白配"进行趣味性的追逐游戏,教师应根据幼儿能力决定两点间的距离。

规则:

1. 在游戏中每次变换位置,必须只能跨出一步踩到黑点;

2. 每次决定胜负后,胜方和负方都必须换位;

3. 每次决出胜负后,都由负方先跨步,胜方才能跨步。

第七节　各种运动材料形成的体育游戏

幼儿体育游戏中,运动材料和玩具等同,是幼儿最好的玩伴。任何年龄段,幼儿对于运动材料都表现出浓厚的兴趣。好的运动材料对于发展幼儿的运动能力、提高幼儿的身体素质都能起到很好的效果。在操作材料的过程中,幼儿既获得了身体的发展,又获得了对各种材料本身的理解。运动材料既可满足幼儿自我操作,又能成为伙伴间交流的主要媒介,运动材料的使用既满足了幼儿自主体育游戏的过程,又是教师开展体育游戏的重要资源,是幼儿综合发展的重要平台之一。

运动材料在幼儿园集体游戏中被广泛运用,其中既有成品的运动材料,又有一些非成品运动材料的使用,非成品运动材料既有非运动类材料又有自制的运动材料。不论选择何种非成品材料,教师都应注意材料的安全性、适宜性、趣味性、功能多样性、运动辅助性及可发展性等特点。

运动材料形成的游戏教材分布表

总类别	材料	游戏名称	小班	中班	大班
运动材料形成的游戏	小皮球	1. 和我一起出去玩	✓		
		2. 看谁滚得直	✓		
		3. 小猪快跑		✓	
		4. 高尔夫球		✓	
		5. 抛滚球		✓	✓
		6. 拍球传递		✓	✓
		7. 传接球——对墙抛接球			✓
		8. 传接球——接住我的球			✓
		9. 传接球——抛球进退步			✓
		10. 夹球抛接			✓
		11. 拍球跑停			✓
		12. 后抛球			✓
		13. 看谁送得多			✓
		14. 棒球			✓
	绳子	1. 走过小路	✓	✓	✓
		2. 踩田埂	✓	✓	
		3. 谁能走得最远	✓	✓	✓
		4. 看谁抛得高		✓	✓
		5. 头顶上的绳子	✓	✓	✓
		6. 变幻莫测的绳子		✓	✓
		7. 一起骑大马		✓	✓
		8. 翻转的绳子		✓	✓
		9. 旋转			✓
		10. 踩蛇头			✓
		11. 公交车			✓
		12. 变向跳			✓
		13. 长绳晒衣服			✓
		14. 两人跳绳			✓
	呼啦圈	1. 提圈——踩圈走	✓	✓	✓
		2. 拼图行进	✓	✓	✓
		3. 燕子找家		✓	✓
		4. 我要快快走		✓	✓

续　表

总类别	材料	游戏名称	小班	中班	大班
运动材料形成的游戏	呼啦圈	5. 棒子上的小圈圈		✓	✓
		6. 圈的运输		✓	✓
	垫子	1. 穿过小山洞	✓		
		2. 爬过小山坡	✓		
		3. 滚下小山坡	✓		
		4. 好多的热狗		✓	✓
		5. 托垫换位		✓	✓
		6. 黄包车		✓	✓
		7. 炸碉堡			✓
		8. 垫子的运输			✓
		9. 立垫换位			✓
	易拉罐	1. 看谁堆得高	✓	✓	
		2. 听话,别乱跑	✓	✓	
		3. 听到响声了	✓	✓	
		4. 建高楼		✓	✓
		5. 小足球		✓	✓
		6. 夹牢了		✓	✓
		7. 看你能够举多少		✓	✓
		8. 脚的本领		✓	✓
	枕头	1. 顶罐罐	✓	✓	
		2. 背大米	✓		
		3. 小枕头飞起来	✓	✓	✓
		4. 骑大马	✓		
		5. 我要旋转	✓	✓	✓
		6. 过雪地	✓	✓	
		7. 和我一起滚动	✓	✓	✓
		8. 夹心饼干	✓	✓	
	纸	1. 让纸飘起来	✓	✓	✓
		2. 夹纸跳	✓	✓	✓
		3. 可以用哪夹	✓	✓	
		4. 小纸球的滚动	✓	✓	
		5. 牵纸走	✓	✓	✓
		6. 纸的传递			✓
		7. 撕纸接龙			✓
		8. 踩蟑螂			✓
		9. 脚丫撕纸			✓
		10. 可以怎么夹		✓	✓

总类别	材料	游戏名称	小班	中班	大班
运动材料形成的游戏	长凳	1. 平衡走	✓	✓	
		2. 翻山越岭	✓	✓	✓
		3. 骑马	✓	✓	✓
		4. 种和收			✓
		5. 绕过障碍			✓
		6. 对应走			✓
		7. 并腿变向跳			✓
		8. 更上一层楼			✓
		9. 侧向爬行			✓
	椅子	1. 椅子上的体操		✓	✓
		2. 我应该在哪里		✓	✓
		3. 开汽车		✓	✓
		4. 椅子上的平衡		✓	✓
		5. 椅子的重量		✓	✓
	鞋盒	1. 合为一体		✓	✓
		2. 找到相同的面		✓	✓
		3. 金字塔		✓	✓
		4. 捉老鼠		✓	✓
		5. 击壤		✓	✓
		6. 滑冰打雪仗		✓	✓
	气球	1. 气球不落地			✓
		2. 扇子和气球			✓
		3. 合作和对抗			✓
		4. 桌面吹气球		✓	
	轮胎	1. 碰撞			✓
		2. 飞跃轮胎			✓
		3. 筑地基			✓

一、小班

案例1　小皮球

游戏方法一：和我一起出去玩

游戏准备：小皮球若干，各种障碍物若干(包括可以绕行的障碍物、跨越的障碍物、钻行的障碍物等)。

每个小朋友手执一个小皮球，在教师带领下自由在场地上进行游戏。

练习方法1：每个小朋友手持皮球,按照一定的路线绕过、跨过或钻过各种障碍物,把小皮球从一个地方运送到另一个地方。

分析：持物走,是小班练习走的能力的重要手段之一,借助各种障碍。例如：绕、跨、钻等设计,不断提高幼儿在不同情境中走的能力。

练习方法2：教师要求小朋友们把球放在地面上,同时以蹲着走的方式,用双手控制小皮球行进,使球始终在自己的身边。

分析：控制物品进行各种方向的蹲走练习,可以提高幼儿的下肢力量。教师在教学中,不断采用向前、向后、向左、向右的变换,以提高练习的兴趣性。

练习方法3：教师要求小朋友把球放在地面上,同时身体前屈,用单手控制小皮球向前行进,使球始终在自己的身边。

分析：用单手进行皮球的控制,对于球性的理解有很大帮助,这种方式是在较快速度中对于球的控制能力的发展。从有利手控球向前行进开始,教师可以结合走、停进行控制,再到变向练习,再结合弱势进行各个方向的练习。

练习方法4：教师要求小朋友呈爬行姿势,同时把小皮球放于肚皮下,用身体始终控制着球跟着自己行进。

分析：爬行的练习动作,对于幼儿全身各个方面的协调都很有帮助。通过用身体控制小皮球,以提高练习的趣味性。在此过程中,教师主要控制幼儿爬行的速度,以提高游戏的有效性。

练习方法5：教师要求小朋友呈爬行姿势,把球放于身体的前面,始终用头控制着球跟着自己行进。

分析：此练习同样以发展幼儿爬行的能力为主。在此过程中,教师可以采用较大的皮球进行练习,以避免幼儿身体出现伤害。开始练习时,主要采用直线进行,要求幼儿对于球的速度有一定的控制。

练习方法6：教师要求小朋友用双脚轻轻地带着球行进,要求球能始终在自己的身边。

分析：此练习对于幼儿有一定的难度,由于幼儿下肢协调能力较弱,教师在教学中要控制幼儿对于球的力量不应太大。将用脚轻轻推的动作及踩球的动作相结合,以有效控制好皮球的速度。

游戏方法二：看谁滚得直

练习方法1：两个小朋友一个球,间隔3—4米距离。面对面蹲下,两人用双手相互抛滚球,如此反复进行练习,能力较强的两个小朋友可适当增加间隔的距离。

分析：此练习主要强调幼儿对球性的理解。双手用力,如何使球成直线运动,幼儿必须反复练习才能有此效果,练习中对面幼儿能快速接住球,也是此练习的难点。在练习中,教师要注意两名幼儿间距离的控制。

练习方法2：两个小朋友一个球,间隔3—4米距离,面对面。一个小朋友蹲下,把球放于地面,另一个小朋友双脚尽可能左右开立,执球小朋友要求用双手拨球的方法,尽量把球从两腿开立的小朋友的双脚之间滚过,看谁滚得直。两人相互轮换进行练习。

分析：此练习是在练习方法一的基础之上,对于幼儿控制球的准确性提出更高的要求,在幼儿具有一定能力的基础之上,可以不断增大滚动的距离。

练习方法3：两个小朋友一个球,间隔3—4米距离。一个小朋友背面另一个小朋友并执球,执球小朋友双脚开立,身体前屈,同时把球从自己的胯下滚出,看谁滚得直。两人相互轮换进行练习。

分析：此练习对于幼儿控制球的能力提出进一步的挑战,需要背向滚动球,以提高幼儿不同动作的感知。

解析：小皮球的玩法多种多样,既可形成个体的活动的方式,也可形成两人间及群体的活动方式,在此内容的练习中,教师应针对小班幼儿的能力特点进行内容的安排。主要强调幼儿通过手、脚、身体等部位对于球的控制及地面滚动传递球的能力的发展,其中主要结合了不同情境中,幼儿执物平衡走、蹲走、前屈走、各种不同姿势的抛滚。教师在教学中应循序渐进进行活动的开展。

案例 2　　**绳子**

游戏方法一：走过小路

如图 8-7-1 所示,把两根长绳拉成直线并排放于地面上,两绳之间间隔 30 厘米左右,小朋友们呈一路纵队在教师的指导下依次从两根长绳中间走过,要求不踩到绳子。教师在组织时应注意前后小朋友的间隔。

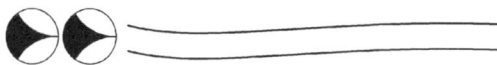

图 8-7-1

分析：1. 教师可不断缩短两根长绳之间的距离；2. 把两根长绳拉成平行的不规则的各种弧线,不断挑战幼儿走的平衡能力。

游戏方法二：踩田埂

如图 8-7-2 所示,把两根长绳交叉放于地面上,在教师的带领下,小朋友们自由跟随老师在交叉的长绳间行走,当遇到长绳时,教师要求小朋友们用两脚并跳的方式踩准长绳,反复练习。

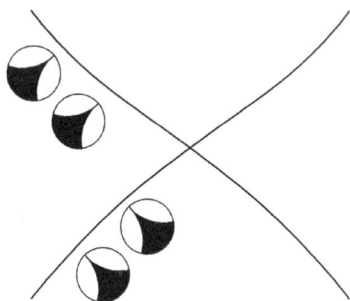

图 8-7-2

分析：1. 教师可不断增加长绳交叉的数量,提高练习的频率；2. 要求幼儿以双脚并跳的方式跳过长绳,不断练习幼儿的跳跃能力。

游戏方法三：谁能走得最远

如图 8-7-3 所示,把两根长绳成"V"字形放置于地面上,幼儿呈一路纵队在教师的带领下依次以开步走的方式从两根长绳的外侧进行行走。动作要求：两脚分别放于最窄两根长绳的外面两侧,开始不断向前行进,随着"V"字形宽度的增加,幼儿两脚间的距离也不断增加,从而挑战幼儿下肢的柔韧性。幼儿在挑战较宽的位置时,可以用双手扶住大腿,降低重心,从而保持相对稳定的身体姿势。

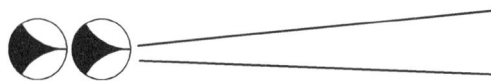

图 8-7-3

分析：此游戏借助于长绳进行幼儿下肢柔韧能力的发展。教师在教学中,应根据幼儿能力调整两根长绳的夹角。在组织练习中,可以采用间隔距离的方法,让幼儿依次跟随进行练习。

游戏方法四：看谁抛得高

教师带领幼儿在场地上进行练习,每两个小朋友一组,每组一根没有手柄的短绳。游戏开始,教师要求每组中的一个小朋友先开始练习。首先幼儿把短绳尽可能团成一团,身体呈半蹲,听到教师口令后,小朋友们快速伸直身体,同时尽力把绳子抛向空中。第二次,换另一个小朋友进行练习。如此反复。

分析：轮换的方式可以让幼儿进行间隔式休息。此练习主要强调幼儿上肢力量及全身协调能力的发展。

游戏方法五：头顶上的绳子

教师带领幼儿自由分布在场地上,每名幼儿一根没有手柄的短绳。首先教师要求幼儿把短绳按绕圈的方式缠在一起,然后把短绳放在头顶上,听从教师口令。教师可以提各种要求,如慢慢蹲下、慢慢坐下、转个身、慢慢跟着老师走、停止等。在此过程中,教师要求幼儿不要用手去扶短绳。

分析:通过控制头顶上的绳子,不断提高幼儿的平衡能力。在教学活动过程中,教师应根据幼儿能力,遵循循序渐进的原则,不断提出更高的要求。

解析:绳子的玩法多种多样,既可形成较为复杂的内容,也可形成较为简单的内容。在小班的体育教学活动中,主要采用长绳的直线形式及短绳的变形形式进行操作。在以上游戏中,长绳的游戏主要针对幼儿的各种走步动作及简单的跳跃动作进行练习,短绳游戏则利用绳子盘绕起来,进行投掷及各种平衡的练习,都有较强的趣味性及练习性的特点。此内容在中、大班也可采用。

案例3　呼啦圈

游戏方法一:提圈——踩圈走

教师带领幼儿自由地站于场地上,每个小朋友手拿两个呼啦圈。如图8-7-4所示,每只手拿一个呼啦圈的一端,同时把呼啦圈的另一端放于地面上,用同侧脚踩踏住,同侧手、脚控制一个呼啦圈,形成同手同脚提圈-踩圈向前行进。教师组织幼儿在场地上进行自由的行走练习。

分析:此游戏方法是最简单的踩高跷的练习。通过此方式,增加练习的趣味性,同时练习幼儿提物走的能力。

图8-7-4

游戏方法二:拼图行进

如图8-7-5所示,教师可运用若干呼啦圈按一定的图形进行摆放。教师组织幼儿呈一路纵队,跟随教师进行集体练习。教师要求每名幼儿尽可能用双脚脚底的中间位置走在呼啦圈的外沿上,可使呼啦圈不翘起来。要求行进中,步幅不宜过大,两臂左右张开,保持身体的平衡。

在此之前,教师也可以要求每名幼儿结合一个呼啦圈,进行自由练习。在此基础之上,再进行集体游戏。

分析:多个呼啦圈的拼图方式非常多。以圈的周边材料为路线,可以形成各种曲线平衡走的练习。同样,以上图形中也可以变成内外跳跃的练习等。

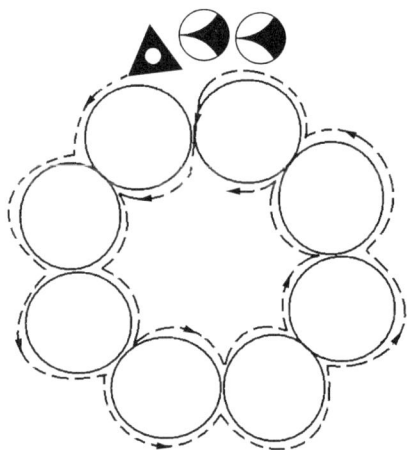

图8-7-5

解析:呼啦圈是幼儿园最常见的运动材料之一,主要服务于幼儿钻、跳等能力的发展。此游戏设计主要借用呼啦圈进行行走的练习。

案例4　垫子

游戏方法一:穿过小山洞

如图8-7-6所示,在教师的帮助下,把一个垫子拱起,幼儿依次从山洞中钻爬过去,随着幼儿顺利完成,教师不断缩小拱起的垫子空间,挑战幼儿的钻爬能力。

分析:借助于垫子可变形的特点,进行此种方式的设计。教师在教学中可以安排两个小朋友辅助“小山洞”的搭建,也可采用有一定宽度的长布放于垫子上,让幼儿自己钻过长布进行游戏。

图8-7-6

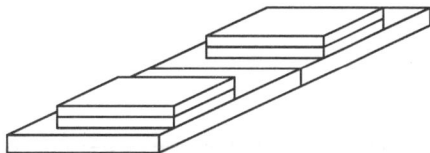

图 8-7-7

游戏方法二：爬过小山坡

如图 8-7-7 所示,把若干长垫子拼接在一起,再把若干折叠垫间隔地放于长垫上,教师要求幼儿以爬行的方式从每个小山坡上爬过。随着幼儿顺利完成,教师不断增加折叠垫子的高度。

分析:此游戏在材料搭配时,也可把折叠垫子放在长垫子下面,让长垫子形成坡度。幼儿利用各种坡度进行爬行的练习。

游戏方法三：滚下小山坡

如图 8-7-8 所示,把若干长垫子与折叠垫子相结合,铺成一定角度的斜坡,幼儿可以从斜坡上以各种姿势滚下来。例如:前滚翻、侧向滚翻等,也可借助斜坡,由下向上爬行。

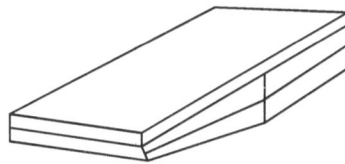

图 8-7-8

分析:在此练习中,教师也可借助轮胎进行架高。练习中,可以不断增大滚动的坡度,以提高幼儿滚动的速度。此种方式也是学习前滚翻中的主要辅助手段。

解析:幼儿园中大、小垫子的功能表现得非常多。小班在运用垫子时,主要进行各种滚动、爬、钻的动作练习,垫子以平放或堆高为主。以上方式中的每个活动,教师也可形成多种层次的教学关系。例如,不断缩小钻过的空间、不断增高爬行的山坡、不断增大滚动的幅度等。

案例 5　　*易拉罐*

游戏方法一：看谁堆得高

教师把幼儿分成若干组,每组 2—3 名小朋友,每组分配若干易拉罐,由每组小朋友们一起商量如何把易拉罐堆得更高。

分析:此游戏的组织方式非常多,既可是一个小朋友进行操作,也可以是多人的操作。小班小朋友一般不采用合作的方式进行游戏。由于此内容较为简单,又是幼儿所熟悉的结构类游戏,因此在小班下学期,可以以多人的方式进行尝试。

游戏方法二：听话,别乱跑

教师带领幼儿自由站于场地中,每人分配一个易拉罐,把易拉罐平放在自己身边的地面上。在教师的带领下,用单手拨动的方式控制易拉罐始终保持在自己的身边,可进行向前行进、向后退、原动转圈等动作的练习。

分析:易拉罐滚动的趣味性在于线路的不确定性上,拨动易拉罐进行滚动,主要练习幼儿根据现实情境进行各种变向走的能力。教师在组织此游戏时,注意幼儿间的间隔,避免相互碰撞。

游戏方法三：听到响声了

教师把幼儿分成两组,每个小朋友一个易拉罐。

练习方法 1:首先教师要求一名幼儿把易拉罐平放于地面上,另一名幼儿身体呈直立,站于地面易拉罐之上,同时手执另一易拉罐,对准地面上的易拉罐,以自由落体的方式进行碰撞。看看谁能打得准。两人间轮流进行。

练习方法 2:在此基础之上,教师要求放于地面的易拉罐立起来。再次进行游戏。

练习方法 3:在幼儿获得以上能力的基础之上,要求幼儿离地面易拉罐一定距离,但不要太远,用抛的方式进行相互游戏。

分析：借助易拉罐便于抓握及相互碰撞能发出声音的特点，运用易拉罐进行手眼协调的练习，具有较强的趣味性，以上游戏分成了三个层次，难度不断递进，教师在教学中依据幼儿能力进行选择。

解析：易拉罐也是幼儿园中常用的非体育材料之一。在小班中，易拉罐更多用于多个捆绑在一起，进行木桩走的练习。由于易拉罐本身具有堆高、滚动的不确定性，声音的特色及各种不同提抓的方式，幼儿对此类活动都表现出较大的趣味性，教师可针对这些功能进行体育游戏的设计。小班中，主要针对最基本的能力进行设计，以上游戏中主要表现为控制物品的能力、上肢的基本力量及动视觉能力等。

案例6　纸

游戏方法一：让纸飘起来

每个小朋友手持教师分发给的一较软的纸张，四散站于场地上，教师要求幼儿用单手把自己手里的纸张展开，捏住纸的一角，尽力抛向空中，然后尽可能地接住。游戏反复进行。

分析：此游戏主要练习幼儿全身协调能力及上肢力量的游戏，此游戏也可以进行两人间的互动。一人抛，一人接。

游戏方法二：夹纸跳

教师要求每名幼儿把纸张夹于两腿之间，跟着教师按一定的方向进行跳跃起，看看哪个小朋友的纸张不会掉下来。

分析：运用纸的薄度，使幼儿两腿最大限度地并拢。此方式也可采用夹纸走进行练习。在此基础之上，再进行跳跃的练习。这是幼儿身体姿势练习的一种手段。

游戏方法三：可以用哪夹

教师要求小朋友们想一想不用手掌，用自己身体的其他部位，可以用哪些地方夹住纸。并且带领幼儿一一进行练习。（嘴与鼻子之间；头颈前屈；头颈的左、右侧屈；手臂与身体之间；前臂与上臂之间；两个手臂之间；手背与手背之间；上体与下肢之间；两腿之间；大腿与小腿之间；两脚之间；手臂与身体之间的各个位置；手臂与下肢之间的各个位置。）

分析：此种游戏目的在于拓宽幼儿的思维能力，同时提高幼儿对于自身身体的认识。通过此方式也可练习幼儿身体的舒展能力。例如：手臂与下肢之间的各个位置，就要求幼儿有较好的柔韧性，才能完成。

游戏方法四：小纸球的滚动

教师把小朋友们分成两组，每组站于起点处，集体进行练习，左右保持一定的距离。教师要求每名小朋友把纸张揉成团，用抛滚的方式，看看哪一个小朋友抛滚得最远。一组完成，接第二组进行。如此反复进行游戏。

分析：纸球的滚动是投掷练习中最基本的动作，这也是各种投掷游戏的基础。在此过程中，教师要求幼儿对于纸球的制作需要合理，才能使纸球滚动得远。

游戏方法五：牵纸走

教师要求两个小朋友一组，把两个人手里的纸张叠在一起，每个人牵着纸张的一端一起跟着教师行走，看看哪组不会把纸张弄破。如果完成得较好，教师可以要求更多的小朋友连接在一起试试看。

分析：此方式是一种协同走的练习，在此过程中，教师要求从定向走开始，再逐步增加难度。难度的增加主要体现在人数的变化、路线的自我选择及不同障碍物的设计上。

解析：纸张相关的游戏非常多，无论纸张不做变形，还是形成一定的形状，各种方式都可以用到体育活动当中来。小班幼儿更多聚焦个体的游戏中，因此以上游戏更多以个体的抛、跳、夹、滚等方式展开。

案例7　枕头

游戏方法一：顶罐罐

教师分发给每名幼儿一个枕头，幼儿之间左右、前后保持一定的间隔。教师要求幼儿把枕头放于头顶，双手不能扶住。教师带领幼儿做各种练习。例如：跟着老师做向前走、变向走、倒退走、原地转圈、下蹲、站起等动作。

分析：枕头是一种既安全又实用的材料。顶上头顶，主要练习幼儿的平衡能力。顶枕头对于小班幼儿来说也是较为简单的动作，因此教师可采用不同的身体变化加以练习，以提高难度。上述动作如果幼儿能够完成，也可增加坐于地面进行身体旋转的练习。

游戏方法二：背大米

教师分发给每名幼儿一个枕头，幼儿之间左右、前后保持一定的间隔。教师要求幼儿把枕头放于背上，双手从肩上抓住枕头的上侧，同时低头，身体前倾，双膝稍弯曲，跟着老师一起行进。游戏反复进行。

在此基础之上，也可进行"送大米"的游戏。把幼儿分成两组，把枕头平均放于室内最远的两个地方，一组幼儿把"大米"从甲地运到乙地，另一组幼儿把"大米"从乙地送往甲地。

分析：此游戏主要练习幼儿前屈走的能力，在一定的情境中，进行练习，以提高游戏的趣味性，在分组对抗中，教师应对幼儿行进的速度加以控制。

游戏方法三：小枕头飞起来

教师分发给每名幼儿一个枕头，幼儿之间左右、前后保持一定的间隔。教师要求幼儿把枕头向上尽可能地抛高，看看谁能抛得最高。

教师在室内的中间位置拉上一条1.5米左右高度的横线，把幼儿分成两组，要求幼儿把枕头从横线上相互抛过。

分析：抛枕头主要提高幼儿全身协调及上肢力量的发展。抛枕头在室内练习，经常会与幼儿身体相互碰撞，因此带有很强的趣味性。此种游戏方式也是幼儿进行情绪宣泄的很好的手段。

游戏方法四：骑大马

教师分发给每名幼儿一个枕头，幼儿之间左右、前后保持一定的间隔。教师要求小朋友们把枕头夹于两腿之间，双手在体前抓住枕头，一起向前蹦。

分析：借助枕头形成一定的情境，提高游戏的趣味性。开始练习时，教师让幼儿运用双手进行辅助，练习幼儿的平衡能力及跳跃能力。第二步可以让幼儿松开双手，只借助于双腿夹紧进行练习，提高幼儿的下肢力量。

游戏方法五：我要旋转

教师分发给每名幼儿一个枕头，幼儿之间左右、前后保持一定的间隔。教师要求幼儿把枕头放于地面上，自己坐在枕头上，移动双脚，让自己在枕头上，原地转动起来。

分析：能不能让自己坐在枕头上很好地转动起来，需要四肢很好的协调和一定力量的保障。教师在教学中，不断提高转动的要求，看看谁能让自己转得最快。教师也可要求幼儿进行向左和向右的旋转。

游戏方法六：过雪山

教师把所有的枕头堆积在场地中间,把幼儿分成两组:一组幼儿按一定的顺序和方向,从堆起的枕头上爬过,或从枕头下穿过;另一组幼儿不断地把散开的枕头堆起来。如此反复,进行练习。一定时间后,两组交换角色。

分析:此游戏方式主要强调幼儿爬行能力的发展,借助一定的情境,以增加游戏的趣味性,对于爬行的难度也有一定的提高。教师在教学中要注意对幼儿爬行速度的控制。

游戏方法七：和我一滚动(室内体育游戏)

练习方法 1:每名幼儿手持一个枕头,四散分布在室内场地中,左右、前后保持一定的间隔。小朋友们坐于地面上,用双臂和双腿把枕头夹住,头低下。教师要求小朋友紧紧地抱着枕头进行侧向滚动。

练习方法 2:教师在枕头上系上两根带子,可以用来背起,每个小朋友背起一个枕头,在地面上进行侧向滚动。

分析:此游戏方式主要练习幼儿团身滚动的能力。第一种方式,主要借助于枕头,使幼儿的身体尽可能团得更紧;第二种方式,使幼儿在侧向转动中,感受高低的变化。

游戏方法八：夹心饼干

练习方法 1:教师给每名幼儿一个枕头,把小朋友分成两人一组。要求每名幼儿把枕头抱在胸前,两名幼儿隔着两个枕头抱在一起行进。

练习方法 2:教师给每名幼儿一个枕头,把小朋友分成两人一组。要求两名小朋友前后朝一个方向站立,前面小朋友抱着枕头,后面小朋友把枕头放在自己胸前与前面小朋友的背上夹紧,然后抱着前面小朋友的腰,一起行进。

练习方法 3:在练习方法 2 的基础之上,让更多的幼儿一个接着一个,人与人之间夹着一个枕头,一起行进。

分析:借助枕头形成一定的空间距离,使幼儿能较为安全地抱在一起,同时便于一起进行协同走,这也是一种较好的触觉游戏。

解析:枕头的用途非常多,由于材制的特殊性,非常适合用于小班的室内活动,教师可针对幼儿的各种能力进行设计,强调由易到难,逐步递进。

案例 8　长凳

游戏准备:长凳若干条;塑料小筐若干。

如图 8-7-9 所示,把若干条长凳拼成一条直线,小朋友们呈一路纵队站于长凳前。游戏开始,小朋友们依次按顺序出发,中间间隔一定距离。

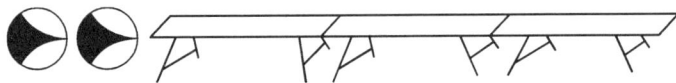

图 8-7-9

游戏方法一：平衡走

练习方法 1:小朋友们依次从长凳上走过去,或从长凳上爬过去。

练习方法 2:把塑料小筐间隔一定距离放于长凳上,小朋友们在长凳上行走时,要求依次跨过塑料小筐。

分析：此方式是小班幼儿进行的平衡能力的练习，两种方式形成递进能力的发展。教师在组织时，注意前后幼儿的间隔。

游戏方法二：翻山越岭

小朋友们首先从长凳的一侧上面爬到对面一侧，然后从长凳的另一侧下面钻爬到对面一侧。如此反复进行练习。

分析：此方式通过跨越障碍和钻过低矮物，练习小班幼儿身体的灵敏性及协调能力。由于长凳的高度较低，因此要求幼儿以匍匐爬的方式通过。

游戏方法三：骑马

小朋友们两腿左右分开骑跨在长凳上，双手支撑在长凳上面，首先双手同时向前支撑在长凳上，再次双脚支撑在地面上向前跳，如此反复进行练习。

分析：此方式通过骑在长凳上进行双脚跳跃，强调幼儿上下肢协调能力的发展。在教学中，教师注意凳子之间的衔接，可采用塑料薄膜进行缠绕，避免夹住幼儿。

解析：小班幼儿运用长凳进行练习，难度不宜过大，一般以长凳本身形成的各种空间进行游戏。教师要求在长凳上进行平衡走时，要求幼儿眼睛尽可能地看着较远处，不能只看自己的脚下，才能较好地保持身体的平衡。

二、中班

案例1　小皮球

游戏方法一：小猪快跑

游戏准备：小皮球若干，羽毛球拍若干。

教师让幼儿随机站于场地上，每名幼儿一个羽毛球拍，一个小皮球。

首先进行自由练习，要求幼儿用球拍控制好皮球，在行进中不让皮球离开自己的控制。反复练习后，教师给出要求："跟随老师，把小猪赶到草地上去吃草。"每个小朋友跟随教师按一定的路线用球拍控制皮球到达指定地点。此内容反复练习，教师变换不同的目的地带领幼儿进行练习。

分析：此游戏方式是借助于材料控制材料，需要一定的力量保障和对球性的熟悉。在以上游戏中，若幼儿能较好地完成以上练习，教师可不断增加一些情境，以提高练习的难度。例如，在行进的路线上设置一定的障碍进行练习。

练习的主要动作：①单面球拍控制球向前滚动；②单面球拍控制球滚动停止；③单面球拍控制球滚动成圆形行进；④双面球拍控制球左、右行进；⑤双面球拍控制球滚动成圆形行进等。

游戏方法二：高尔夫球

游戏准备：小皮球若干，塑料棒若干。

教师把两名小朋友分成一组，每组小朋友一个皮球，两根塑料棒，两人间隔一定的距离，小朋友之间借助于木棒击打球，让球在两人之间滚动。教师要求开始时，幼儿击打的力量不宜过大，以准确性为主。停球时也尽可用塑料棒进行。在较熟练的情况下，再逐步增大力量和距离。

分析：此游戏对于幼儿挥棒的准确性提出了较高的要求。同时对幼儿全身协调能力的发展也有一定的帮助。在此基础之上，教师也可设置一定的目标物进行练习，如小球门、一组塑料瓶等，进一步提高幼儿击打物品的准确性。

游戏方法三：抛滚球

练习方法 1： 教师把小朋友分成两人一组，每组一个皮球，教师要求两个小朋友面对面，把球放于地面上，用单手进行相互的抛滚练习。反复练习。

练习方法 2： 两个小朋友一个皮球，相隔5—6米的距离，一个小朋友用单手抛滚球，对面的小朋友用脚把球停住。反复练习。

练习方法 3： 教师组织小朋友们围成一圈，选出三分之一的小朋友站于圈中，圈外小朋友共用一个皮球进行游戏。圈外小朋友向圈内滚动皮球，圈内小朋友运用各种动作进行躲避，若球触击到某个小朋友，此小朋友与抛球者进行角色交换。如此方式反复进行。

分析： 抛滚球的动作，到了中班有了更高的要求，用手进行停球和用脚进行停球等动作，基本都能完成。运用综合群体游戏，进一步巩固幼儿抛滚球的能力，同时对于圈中幼儿的灵敏性也是一种练习。

游戏方法四：拍球传递

练习方法 1： 两个小朋友一个球，对面对站立，一个小朋友首先拍球，几次后，球不停，换另一个小朋友接着拍，如此两人反复交换，保持球始终处于被拍动的状态。

练习方法 2： 教师把小朋友们分成若干组，每组6—8人，呈纵队站立。每组一个皮球，从排头开始，要求每人拍二次，拍完以后，球不停，第二个小朋友接着拍，拍完的小朋友快速跑到排尾。如此反复进行练习。

分析： 这两种游戏方式是建立在中班幼儿已基本掌握了初步拍球方法基础之上，形成的两人间及集体相互合作的拍球方法。教师应循序渐进地进行教学。

解析： 小皮球的玩法多种多样，在中班中，可从个体的练习逐步形成两人及两人以上的简单合作练习，以提高运动的趣味性。在以上内容的练习中，主要通过结合其他的材料进行球的控制，以及通过击打，形成球的运动中的空间概念。

案例 2 **绳子**

游戏方法一：变幻莫测的绳子

教师给每名幼儿一根短绳，在教师的组织下进行练习。幼儿自由站于场地上，左右前后之间保持一定的距离。

练习方法 1：摇摆的绳子

教师要求幼儿蹲下，同时用手拿住绳子的一端，让绳子更多贴在地面上。教师首先要求幼儿左右摆动手臂，看谁的绳子变化大。反复练习后，教师要求换一只手进行练习。

练习方法 2：抖动的绳子

教师要求幼儿身体稍前倾，同时用手拿住绳子的一端，另一端垂于地面上，教师要求幼儿上下摆动手臂，手臂的幅度不宜太大，看看谁的绳子掀起的波浪多。一定时间后，教师要求换手练习。

练习方法 3：骑马扬鞭

教师要求幼儿把短绳对折两次，单手拿住绳子的一端，把绳子举过头顶，转动绳子，同时两脚依次在原地交换跳跃。一定时间后，换手练习。

练习方法 4：小风车

教师要求幼儿把短绳对折两次，单手拿住绳子的一端，手臂伸直，转动绳子，同时身体在原地转圈。一定时间后，换手练习。

分析： 以上四种游戏方法都是练习幼儿手臂的持续力量及灵敏性。借助不同的游戏形式，使练习更具有趣味性。

游戏方法二:一起骑大马

教师把幼儿分成3—4人一组,每组一根短绳,这几名幼儿呈纵队站立,之间保持一定的间隔,同时把绳子放于两腿之间,双手握绳。这几名幼儿可以采用走步的方式一起行进,也可采用慢跑的方式进行。要求协同一致,相互配合。在反复练习的基础之上,教师运用一定的路径,设置若干障碍进行练习。

分析:此游戏方式是运用绳子的长度进行的协同性练习。此种方式非常多:几个小朋友呈纵队站立,同时把一根绳子放于肩上,进行行进;几个小朋友呈一列横队站立,双手把绳子放于胸前,一起向前行进,等等。

在此游戏中也可让更多幼儿同时把一根长绳放于胯下,进行集体走或跳跃的练习。此种方式有一定难度,教师注意一根绳子上的小朋友前后的间隔。操作时,可在长绳上每间隔一定的距离系上一个结,明确幼儿的位置。

图 8-7-10

游戏方法三:翻转的绳子

如图8-7-10所示,教师把小朋友分成两人一组。每组两根短绳,两个小朋面对面站立,每只手各牵两根绳子的一端,使两根绳子呈平行线。首先双手拉住绳子,从同一方向开始摆动,左右摇摆三次,此时双脚站于原位。然后向同一侧转动身体180度。变成背对背,再一起向一个方向转动身体180度,再次变换成面对面。如此反复练习。

分析:此游戏是借助于绳子的柔软性进行身体练习。此方式更利于中班幼儿进行身体翻转的操作。在此过程中,教师也可以要求幼儿朝不同的方向转动,把两根长绳相互缠绕起来。再次交换方向,把缠绕在一起的绳子解开。

解析:绳子的玩法多种多样,既可形成较为复杂的内容,也可形成较为简单的内容。在小班的体育教学活动中,主要采用长绳的直线形式及短绳的变形形式进行操作。在以上游戏中,长绳的游戏主要针对幼儿的各种走步动作及简单的跳跃进行练习,短绳游戏则利用绳子进行各种平衡的练习,都有较强的趣味性及练习性的特点。此内容在中、大班也可采用。

案例3 **呼啦圈**

游戏方法一:燕子找家

如图8-7-11所示,教师把呼啦圈分成两组,每组平行放置,两组之间间隔10米左右。教师首先说明:一侧的呼啦圈为北面,当春天到了,燕子会向北面飞去;另一侧的呼啦圈为南面,当秋天到了,燕子会向南方飞去。

首先教师带领幼儿在场地上模仿小燕子的飞行,幼儿自由跟随教师进行练习,在此过程中,可以进行高飞、低飞、旋转、休息、相互梳理羽毛等动作。当教师发出口令"春天到了"时,小朋友们各自跑向"北面"的呼啦圈内,每个呼啦圈允许站多名幼儿,要求在同一个呼啦圈内的小朋友相互拥抱在一起。完成后,教师发出口令:"和我一起去找食物吧。"此时小朋

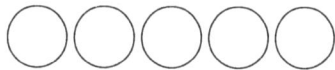

图 8-7-11

友再次跟着教师"飞"出圈子,进行各种走、跑、停的练习。当教师发出口令"秋天到了",小朋友们各自跑到"南方"的呼啦圈内。如此反复进行游戏。

分析:此游戏是以一定的情境为导向,以呼啦圈形成的空间进行游戏的方式。此类相关游戏内容较多,主要是以占领呼啦圈的空间为主。不论是把呼啦圈集中在中心位置,还是把呼啦圈排成大的圆形,都可形成多种占圈游戏。教师在组织此类游戏时,不要形成过多的胜负概念,或把失败的幼儿置于游戏之外。

游戏方法二:我要快快走

练习方法1:如图8-7-12所示,教师带领幼儿自由站于场地上,左右、前后保持一定的间隔。给每个小朋友分发一个呼啦圈。每个小朋友站于自己的呼啦圈内,同时把两脚张开,用踝关节把呼啦圈顶住,跟着教师一起向前走。

练习方法2:组织方法同上。如图8-7-13所示,要求幼儿把呼啦圈套于身上,双手持圈。完成后,要求身体前倾,把呼啦圈立起,同时头钻过呼啦圈,并把头尽可能抬高。此时圈的下沿挂住膝关节的后面,圈的上沿扛在幼儿的双肩上。幼儿跟着教师一起向前走。

图8-7-12　　　　　　　　　　图8-7-13

分析:此类游戏主要是借助于呼啦圈形成固定动作,具有一定的趣味性,同时对于幼儿身体某部分的发展具有明确性。第一种练习方法中,主要强调幼儿大腿外侧肌肉的发展;第二种练习方法中,主要强调幼儿背部肌肉的发展。

游戏方法三:棒子上的小圈圈

游戏准备:小圈圈若干;小塑料棒若干。

教师把小朋友们分成两人一组,每组一根塑料棒,多个小呼啦圈。两个小朋友各拉住塑料棒的一端。在塑料棒上套上小圈圈,两个小朋友一起同步向一个方向摇动,让圈圈在塑料棒上转动起来。不断增加呼啦圈的数量,反复游戏。

分析:此类游戏主要借助呼啦圈可以转动的特点进行设计,具有较强的趣味性,主要练习幼儿的协同性及上肢持续力量。此类方式很多,既可以在身体的各个部分进行旋转,也可借助一定的材料进行旋转,如用短绳代替塑料棒,可以进一步提高难度。

游戏方法四:圈的运输

游戏准备:中型呼啦圈一个,长绳一根。

教师把小朋友们分成人数相等的两组,每组如图8-7-14所示,各站于长绳的两端。两名教师各拉长绳的一端,拉高到胸前,并尽可能地把绳子拉直,同时在绳子上套上一个呼啦圈。游戏开始。排头的小朋友双手持圈,借助绳子的滑动性,把圈滑出,跟着跑到圈停止的位置,再次滑出,直到终点位置,交于另一组的排头开始。自己排到对面一组的后面。如此反复进行游戏。

分析：此游戏借助于呼啦圈可悬挂的特点，及绳子上可滑动的特点进行设计。主要练习控制物品的能力、上肢力量及协调能力的发展。

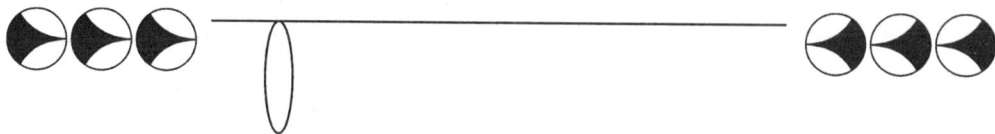

图 8-7-14

解析：呼啦圈的用法，到了中班，在操作的难度上有了一定的提高。在此过程中，运用呼啦圈的正面钻及侧面钻的用法依然很多。以上所举案例，更多从呼啦圈的空间进行设计，以提高幼儿的各种能力。

案例4　垫子

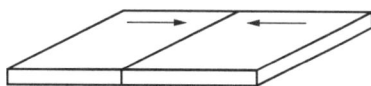

图 8-7-15

如图 8-7-15 所示，把若干大垫子平放于地面上，其中每两个垫子拼接在一起。

游戏方法一：好多的热狗

练习方法 1：教师把幼儿分成与垫子数量相等的组别，每组幼儿依次从垫子上以直体侧向滚翻的动作进行练习。动作要求：身体如图中箭头所指方向，头部在箭头位置，身体平躺在垫子上保持正直，同时两臂上举呈直臂，身体拧动，进行侧向滚动。

练习方法 2：教师让更多幼儿以同一方向平躺在垫子上，左右保持一定的间隔，听从教师口令。教师发出口令"这边"，同时用手指出方向。滚翻一圈后，教师再次发出口令"停"，幼儿停止动作。如此反复，不断变换方向进行练习。

练习方法 3：如图 8-7-15 所示，两名幼儿在练习方法 1 的基础之上，两手相互牵拉在一起，同步向一侧滚动。

练习方法 4：两个小朋友一组，首先其中的一个小朋友面朝上平躺在垫子上，另一个小朋友面朝下压在前一个小朋友的身上，两人相互抱紧，一起朝一个方向滚动。

分析：以上四种设计主要借助于垫子，进行侧滚翻的练习。从个体开始进行自由练习，逐步提高到有一定指向的练习，再到双人练习等，不断提高滚翻的难度。

游戏方法二：托垫换位

练习方法 1：教师把小朋友们分成四人一组，每组一个垫子。如图 8-7-16 所示，四个小朋友分别站于垫子的四个边上，同时要求每个小朋友手臂向下伸直，并用双手把垫子托起来。听到教师发出开始的口令后，四个小朋友按事先商量好的同一方向进行换位，每次只能换一个位置。在换位时，四名幼儿始终托着垫子，不让垫子掉下来。如此反复进行练习。

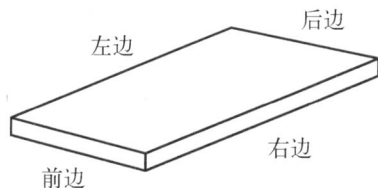

图 8-7-16

练习方法 2：组织方法同练习方法 1，每边小朋友把垫子托起来，当教师发出口令"左右两边换位"，此时前、后两边的小朋友托住垫子，左右两边的小朋友弯腰从垫子下面钻过，进行位置的交换。在操作过程中，垫子的高度不变，同时左右换位的小朋友注意相互不要碰撞。完成后，当教师发出"前后两边换位"时，左右两边小朋友不动，前后的小朋友进行交换。如此反复进行游戏。

练习方法 1 和练习方法 2 可相互结合进行操作。

分析：借助于垫子有一定的重量，也可提供给多名幼儿同时操作的特点，进行以上游戏的设计。在以上游戏中,通过不同的组织方式,主要练习幼儿变向跑、换位跑、钻、绕等能力。部分内容对于中班幼儿有一定的难度,教师在组织中,应逐步递增。

游戏方法三：黄包车

教师把幼儿分成三人一组,每组一张垫子。一个小朋友跪于垫子上,双手抓住垫子的两边;另外两个小朋友各拉住垫子的一角,带动垫子上的幼儿一起行进。一定距离后,三人进行轮换。

分析：此游戏主要运用了垫子可滑行移动的特性。一方面坐于垫子上的幼儿练习平衡及抓握力;另一方面拉动垫子的幼儿练习身体力量及抓握力。教师在操作过程中,一定要强调垫子上的幼儿以跪着的方式进行,使身体重心尽可能地保持在前面,使游戏更加安全。

解析：在中班,垫子的使用强调难度更大的滚动及力量的发展,幼儿园中应准备大小不一的各种垫子,以提供给幼儿更多的游戏方式。

案例5　易拉罐

游戏方法一：建高楼

游戏准备：易拉罐若干;小的泡沫垫子若干。

教师把幼儿分成若干组,每组2—3名幼儿。每组提供一定数量的易拉罐和一定数量的泡沫垫子。如图8-7-17所示,几名幼儿相互合作,完成"高楼"的建设。看看哪组建得高。

分析：由于易拉罐之间相互可以扣住,单纯易拉罐的堆高相对容易,到了中班,幼儿可以尝试此种方式进行操作。练习幼儿的空间感觉以及对材料平衡性的理解。

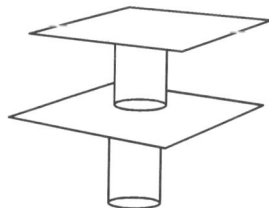

图8-7-17

游戏方法二：小足球

教师把幼儿分成两人一组,每组一个易拉罐,两个人间隔一定距离,用脚相互踢传易拉罐。或两人一边踢着,一边追着易拉罐跑等方式进行游戏。

分析：运用易拉罐充当小足球,具有很强的趣味性。一方面因易拉罐的声音,能形成较好的反馈;另一方面由于易拉罐的滚动距离有限,同时方向不确定。因此,这种游戏能较好地练习幼儿身体的灵敏性。

游戏方法三：夹牢了

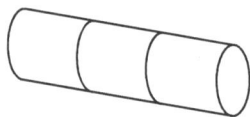

图8-7-18

教师把幼儿分成两人一组,每组三个易拉罐,如图8-7-18所示,每个小朋友握住一个易拉罐的底部,两人同时运用手里的易拉罐夹住中间的一个易拉罐进行同步走的练习。

分析：协同走的方式非常多。在中班中,两人之间借助易拉罐进行行走,具有一定的挑战性,需要幼儿有很好的默契。这对于幼儿上肢力量也是一种练习。在此练习中,教师首先让幼儿进行直线走,再到有一定障碍的曲线行走,再到自由行走,不断提高两人的同步性。

游戏方法四：看你能够举多少

教师把幼儿分成两人组,每组分配若干易拉罐,每组从其中的一名朋友开始,依次进行挑战。如图8-7-19所示,首先在地面上把两个易拉罐叠在一起,此小朋友手握住最底下的一个,上面的易拉罐不允许触碰。把两个易拉罐同时举起来,不能倒下。如果成功,就再增加一个。如果失败,就换另一个小朋友来挑战。如此反复进行游戏。

图8-7-19

分析：此游戏方式，主要挑战幼儿对于物品的控制能力，同时使身体的平衡能力得以练习。平衡能力的发展，主要表现为运动中自身重心的控制、借助材料和环境控制自我重心、通过控制物品来控制自我重心三种方式来实现的。

游戏方法五：脚的本领

练习方法1：幼儿自由站于场地上，左右、前后保持一定的间隔。每人一个易拉罐，再选出一位破坏者。教师要求有易拉罐的小朋友把易拉罐平放在地面上，再运用双脚把易拉罐立起来。破坏者看见谁把易拉罐立起来了，就用手把易拉罐拨倒。如此反复进行游戏。

练习方法2：教师给每个小朋友准备若干易拉罐，要求小朋友们用双脚把易拉罐一个一个堆高起来。方法：坐在地面上，双脚夹住易拉罐，一个一个堆高。

分析：到了中班阶段，双脚的协调能力及力量的发展，逐步成了幼儿需要提高的重点内容之一。通过以上内容，结合易拉罐进行一定的趣味性游戏和挑战性练习，使幼儿有更多机会，在此方面得以练习。

解析：中班的幼儿在使用易拉罐时，难度上有了一定的递进。借助于易拉罐进行平衡的练习、下肢协调性练习、灵敏性练习不断增多。也可采用易拉罐进行各种投掷的练习，如打保龄球，把若干易拉罐作为目标物。目标物形成的方式也很多，不但可以单层放置，也可设计成各种多层方式进行游戏。

案例6　椅子

游戏方法一：椅子上的体操

练习方法1：如图8-7-20所示，幼儿站于椅子后面，间隔一定距离，双手扶住椅背，手臂伸直，身体前屈，背部尽可能伸直，双腿伸直。双肩有节奏地向下振动。

练习方法2：如图8-7-21所示，幼儿侧身站于椅子后面，双脚稍靠近椅子，单手扶住椅背，手臂伸直，身体向椅子方向做体侧屈运动。一定次数后，做相反方向的练习。

练习方法3：如图8-7-22所示，幼儿站于椅子前，把一只脚放于椅面上，进行压腿的练习。

图8-7-20　　　　　　　图8-7-21　　　　　　　图8-7-22

练习方法4：如图8-7-23所示，幼儿平卧于椅面上，上、下肢悬空，模仿自由泳和蛙泳的动作。

图8-7-23

练习方法 5：如图 8-7-24 所示，幼儿平躺于椅面上，上、下肢悬空，模仿仰泳的动作。

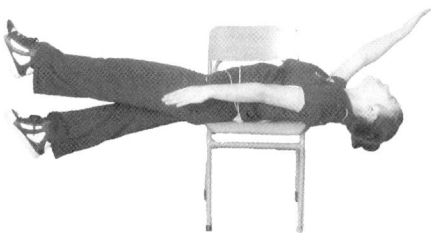

图 8-7-24

分析：椅子作为幼儿园最常见的材料之一，多用于幼儿身体的活动中。以上练习方法中，主要借助于椅子的高低位置的特点进行身体各部位的练习。主要用于一些基本伸展动作及模仿动作来完成。更多用在体育活动的准备中。

在集体活动中，一定数量的椅子可以摆放成几路纵队、正方形、圆形等形状，进行设计。

游戏方法二：我应该在哪里

教师带领幼儿把椅子以几路纵队的方式摆放在场地上，每名幼儿首先坐在椅子上。听从教师口令。教师示范并要求："躲到椅子后面去。"小朋友们快速起身跑到椅子后面藏起来。教师示范并要求："坐到椅子上来。"小朋友们快速从后面跑到前面坐下。教师示范并要求："到这边，双手扶住椅子。"此时小朋友们跑到椅子的侧面，身体前屈，双手扶住椅面。教师示范并要求："绕着椅子跑一圈，坐下来。"如此反复进行练习。

分析：以单个椅子为障碍物，借助于椅子的四个方位，进行灵敏性的游戏，同时以不同的身体姿势进行表现，以提高游戏的趣味性。此种方式也可扩充到多个椅子的练习。教师可借助所有椅子，带领幼儿以椅子形成的路径，即以椅子为障碍，进行各种走、跑、跳、爬、绕、蹲等动作。

游戏方法三：开汽车

组织方法同上，小朋友反向跨坐在椅子上，双手抓握椅背，听从教师要求。教师发出指令"汽车向左转"，此时小朋友们把身体重心向左移动，同时把椅子右侧的两只脚翘起；教师发出指令"汽车向右转"，方法同上，方向相反；"汽车下坡"，小朋友们双脚向前移动，把椅子后面的两只脚翘起；"汽车上坡"，方法同上，方向相反。

分析：此方式主要借助于椅子的四只脚选择性的支撑，形成不平衡状态。幼儿通过控制椅子的平衡，以达到自身重心的控制。这是一种较简单的平衡性练习。

游戏方法四：椅子上的平衡

教师要求每名幼儿站于椅面上：① 让幼儿进行单脚独立的练习，两脚交替；② 让幼儿双手扶住膝关节，轻轻地坐在椅背上；③ 让幼儿在椅面上运用双脚进行原地的旋转，左右方向交替进行；④ 身体呈蹲，在原地旋转，左右方向交替进行。

分析：身体控制能力的发展，是幼儿时期身体发展中的重要部分。借助于椅面，进行此种练习，对于幼儿在一定的心理负荷下完成以上内容，具有一定的挑战。此种练习，时间不宜过长。要注意动、静相结合。

游戏方法五：椅子的重量

练习方法 1：幼儿站于椅子的后面，蹲下，把椅子抱起来。

练习方法 2：幼儿站于椅子的前面，双手抓住椅子下沿的横杆，把椅子提起来。

练习方法 3：幼儿站于椅子的后面，站直，双手抓住椅背，把椅子提起来。

练习方法 4：教师把幼儿分成 5—6 人一组，每组幼儿把椅子左右并排，拼接成一条直线。每名幼儿同一方向各站在一把椅子上。教师提供一把椅子，交于排头。排头小朋友抓握椅背，把椅子交给身边的小朋友，如此反复，直到排尾。排尾小朋友把传递的椅子并在所有的椅子中，成一条直线。所有小朋友向排尾移动一步，换一把椅子站立，排头小朋友再次把多出的椅子进行传递。如此反复进行游戏。

分析：此游戏主要借助于椅子具有一定的重量而形成的。让幼儿以不同的方式感受椅子的重量，同时以集体游戏练习幼儿的上肢力量。在中班开展此类活动,不要以比赛的形式展开。更多让幼儿进行自主的练习。

解析:中班幼儿已具有一定的基础运动能力,椅子的使用也就变得多种多样。例如:开汽车,幼儿反向坐于椅子上,带动椅子一起跳跃;平衡走,把椅子形成各种路径的连接,让幼儿在上面进行行走,也可以把椅子按同一形状放倒,幼儿进行更大难度椅子上的行走;爬小山,把椅子按金字塔的形状架构成一定的高度,幼儿进行攀爬;跨障碍,把椅子侧向放倒,借助于椅背的高度形成障碍;等等。

案例7 鞋盒

游戏方法一:合为一体

教师提供给幼儿大小不一的各种鞋盒,要求幼儿在短时间内把这种大小不一的鞋盒套装在一起,看谁最快完成。

分析:此游戏主要运用了鞋盒不同的大小,以提高幼儿对于大小不同的判别。适合在室内进行游戏。在材料提供时,不需要鞋盖。在组织活动时,既可单独完成,也可进行分组比赛。

游戏方法二:找到相同的面

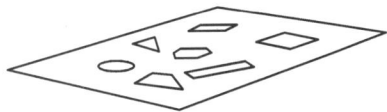

图 8 - 7 - 25

如图 8 - 7 - 25 所示,教师在户外放置一张大的纸板,在纸板上画有不同盒子的各个面。在远离纸板的地方,放上各种不同的盒子,每一个盒子其中的某个面,和纸板上画的图形相对应。教师要求幼儿仔细观察纸板上的图形,选择合适的盒子,并把此盒子的某个面,准确地和纸板上的图形拼接在一起。

分析:此活动主要练习幼儿对图形的认识以及观察能力的发展。在组织此类活动时,教师既可以让幼儿自主进行活动,也可以分组进行比赛。

在制作大纸板时,剪出一些图形,临时固定在纸板上。教师在每次活动中,可随时调整这些图形,使此活动更具有可变性。

游戏方法三:金字塔

教师把幼儿分成4—5人一组,每组分配若干大小相同的鞋盒,教师提供金字塔的图片,幼儿按图片进行建造。

分析:由于鞋盒具有大的空间和较轻的特点,因此,是户外各种大型结构性游戏中较好的材料之一。这是通过身体的运动,获得思维发展的游戏。类似的方式非常多,如城堡、实心墙面、镂空的墙面、楼梯、长城、高塔等等。教师在准备鞋盒时,应注意把鞋盒与鞋盒固定在一起。在结构性建构中,鞋盖朝下放置。

游戏方法四:捉老鼠

教师把幼儿成分两人一组,每组中每个小朋友手拿一个去掉盖子的鞋盒,并给每组提供一个纸球。两人距离3—4米,游戏开始。其中一个小朋友把纸球抛滚向对方。对方小朋友双手拿鞋盒去扣纸球,看谁扣得准。如此反复进行游戏。

分析:此游戏主要练习幼儿抛滚的能力,及运用鞋盒的空间大小准确判断球的滚动方向和速度,以提高幼儿手眼协调的能力。

此种方式也可用于集体比赛中,例如,把幼儿分成若干组,每组幼儿呈直线站立,每人手执一个纸盒,间隔2—3米的距离。从排头开始,滚动纸球,第二个小朋友扣住纸球后,把球传给下一个小朋友。如此反复,进行游戏。

此游戏在难度的提升上,教师可以提供塑料小球,增加球滚动的速度。

游戏方法五：击壤

教师把幼儿分成两人一组，每组 3—4 个大小不同的鞋盒，再提供一个沙包。游戏开始，其中一个小朋友把鞋盒立起进行各种图形的拼接。完成后，另一个小朋友手执沙包，在距离 3—4 米处，用力掷出，努力把鞋盒打散。能够完成的一方，继续投掷，不能完成的一方，要求交换角色，进行游戏。

分析： 此方式主要借助多个鞋盒的长宽面形成的不稳定性进行游戏，以提高幼儿对于空间大小的认识及投掷的准确性。教师在一开始时，提供较多的鞋盒，当幼儿具有一定掷准能力后，不断减少鞋盒的数量。

游戏方法六：滑冰打雪仗

教师把幼儿分成两人一组，每人两个没盖子的鞋盒。再提供一个纸球。游戏开始，每名幼儿把双脚分别踩进放于地面的两个鞋盒里。其中一名幼儿手拿一纸球，掷向对方的鞋盒，对方用双脚移动鞋盒进行躲避。完成后，再快速移动鞋盒，拾起纸球，攻击对方的鞋盒。看谁能够打中谁。游戏反复进行。

分析： 踩在鞋盒内进行行走，使幼儿移动的速度变慢，非常适合结合投远进行游戏。此方式也可单独进行游戏。例如：看谁滑得快。

教师在组织此游戏时，要让幼儿多练习此方式的移动，再进行对抗游戏。在游戏中，教师要求只能击打对方的鞋盒。

解析： 鞋盒在幼儿园中的运用非常多，既存在单独鞋盒的操作，又有多个鞋盒相互松散结合在一起的操作，还可把多个鞋盒进行固定在一起，形成更多功能的运动材料。同时借助鞋盒，可以练习幼儿走、跑、跳、投、钻、平衡、灵敏等多种能力，是幼儿园活动中不可缺少的材料之一。

三、大班

案例 1　小皮球

游戏方法一：传接球

练习方法 1：对墙抛接球
每个小朋友手执一皮球，面墙站立，间隔 2 米左右距离。小朋友自己运用双手，把球由低到高抛向墙面，当球被墙面反弹回来后，快速用双手把球抱住。如此反复进行练习。

练习方法 2：接住我的球
教师把幼儿分成两人一组，每人一个皮球。两人间隔 1 米左右。游戏开始。两人一起报数："1，2，3。"报到"3"，同时把球垂直抛起，力量不要太大。此时两个小朋友快速跑向对方原有的位置，接住对方抛起的球。开始练习时，允许球在地面反弹一两次。接到对方后，再次进行，如此反复进行练习。

练习方法 3：抛球进退步
教师把幼儿分成两人一组，每组一个小皮球。两人面对面间隔 2 米左右站立。一侧小朋友手执皮球，把球抛向对方，对方小朋友用双手接住皮球。如果接到，接球者向后退一步，继续抛球；如果没有接到，接球者向前进行一步。如此反复进行练习。

分析： 总体来说，幼儿对于物品空间及时间的判断能力都较弱。对于大班幼儿需要从不同的层面进行反复练习。以上方法中，从个体自我练习，到两人间的练习，都是不断提高练习此方面的能力。

游戏方法二：夹球抛接

教师把幼儿分成两人一组，幼儿间隔 5 米左右的距离，面对面站立。每组一个小皮球。教师要求其中的一个小朋友双脚夹住皮球,向对面小朋友抛出。对面的小朋友用脚把球停住,或把球踩住。再次进行交换的练习。如此反复,进行游戏。

分析:此练习主要强调幼儿下肢协调能力的发展。双脚夹球抛掷,对于幼儿身体的协调发展具有一定的作用。教学中,教师不但需要对双脚抛球的幼儿提出要求,同时对于停球的小朋友也要给予一定的要求。在此过程中,只能运用双脚进行,而不借助于手来游戏。

游戏方法三:拍球跑停

教师带领幼儿自由站于场地上,幼儿左右、前后保持一定的间隔。每名小朋友一个皮球。听从教师的口哨。教师用口哨吹出一声,小朋友原地拍球。教师用口哨连续吹出两声,幼儿朝指定的方向拍球移动。教师反复进行一声与两声的交替吹哨,使幼儿始终进行原地和移动拍球的练习。如此反复进行游戏。

分析:在大班拍球的练习中,主要强调幼儿在可变的情境中,对球的控制能力的发展。

借助于跑、停拍球的练习,主要强调幼儿对球的移动及原地状态的控制。在大班拍球的练习中,主要练习双手交替原地拍球、移动中的拍球、绕障碍变向拍球、退步拍球、弱势手拍球、双手拍双球、不动的身体体位(站、蹲、坐、躺、卧)进行拍球练习等。

游戏方法四:后抛球

教师在场地上用绳子拉一条2米左右高的横线。在距离横线3米、3.5米及4米处的地面上,各画一条平行于横线的直线。每名幼儿手执一皮球,背对绳子进行投掷,首先从最近的一条线开始,幼儿自由选择位置站立。动作要领:背对投掷方向,双脚左右开立,身体重心降低,双膝稍屈,上体前倾,双手执球于胯下。投掷时,蹬腿,同时两臂执球,快速经体前向后展开,腰部由前倾快速过渡到后屈,把球从头顶向后方抛出。看谁能抛过绳子。在完成第一条线后,不断增加距离,看幼儿是否能够完成。在一定时间后,自由选择不同距离进行练习。

分析:后抛球的动作主要练习幼儿全身协调的能力及上肢力量。对于大班幼儿的投掷能力是一种挑战,但由于具有较大的运动价值,可以让幼儿进行尝试。

在以上教学组织中,教师可把三条线的挑战再进行区域划分,使不同能力的幼儿相互不干扰。

游戏方法五:看谁送得多

如图8-7-26所示,教师把幼儿分成两组,呈纵队面对面站立,之间间隔6米左右的距离。在每组的起点处放上一筐小皮球,游戏开始。听到教师口令后,第一组排头小朋友首先出发,从筐里取出小皮球,数量不限,允许在第二名小朋友的帮助下,想办法尽可能多地拿小皮球,可以捧在手上,夹在手臂与身体间,可以用腿夹球等方法进行。出发后,要求把球顺利运到对方的球筐内,并排到对面一组的排尾。当第一组排头完成后,第二组的排头出发,也尽量多拿球,运输到对面一组的球筐内,如此反复进行游戏。当所有幼儿都完成后,看看哪一组筐内的球剩得多,多的一方为负。

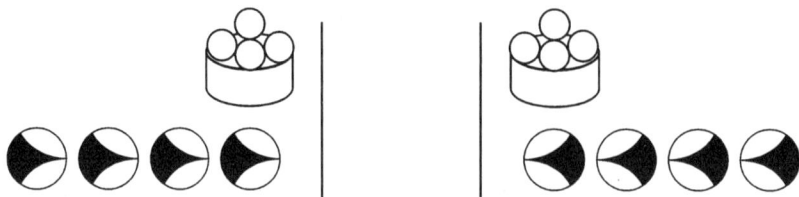

图8-7-26

若中途有球落下,当对方一组操作时,前面操作的小朋友必须把掉落的球放回自己一方的筐内,再回到对方一组的排尾。

分析：此游戏是以两组对抗的方式开展的,带有一定的趣味性。组织方式比较特殊,强调运输的数量和稳定性,并不追求速度。参与的人数不宜太多,应减少幼儿等待的时间。若幼儿较多,可分多组进行。

<h3 style="text-align:center">游戏方法六：棒球</h3>

游戏准备：刺刺球若干,塑料棒若干。

教师把两名小朋友分成一组,每组一根塑料棒,一个刺刺球。其中一名小朋友双手执塑料棒,做好挥棒的准备;另一名小朋友双手执刺刺球站于旁边合适的位置。当教师发出"开始"的口令后,执刺刺球的小朋友把球轻轻抛起,另一个小朋友挥棒击打。看看哪组打得远。完成后,抛球者拾回球,两人交换角色。游戏继续进行。

分析：此游戏方式对于两名幼儿的能力都是一种挑战,抛球的幼儿要有较好的抛球能力,击打的小朋友要有很好的准确性。大班幼儿通过一定的练习,基本能达到这样的能力。

解析：到了大班,由于各种运动能力的增长,幼儿在使用小皮球的活动内容上得以更多地表现。群体性、规则性及对抗性等元素也得以不断增加。以上游戏中,大班幼儿更多围绕篮球的基本技能、多样投掷能力、小足球的基本技能等进行展开。

案例 2　绳子

<h3 style="text-align:center">游戏方法一：旋转</h3>

教师安排两个小朋友共用一根短绳,分别拿住绳子的一端,把绳子拉紧。其中一个小朋友把绳子放于腰间,游戏开始。把绳子放于腰间的小朋友顺着绳子进行旋转,不断把绳子缠绕在自己的腰上,同时人不断移向对面的小朋友。到达对面小朋友的位置后,再次反转,让绳子逐渐展开,最终回到准备状态。完成后,两人交换角色进行练习。

分析：此游戏主要强调幼儿结合绳子进行平衡能力的锻炼。此过程中,练习的次数是由绳子的长短来决定的。在以上操作中,既可以是一名幼儿操作,一名幼儿辅助,也可以是两名幼儿同时进行。

<h3 style="text-align:center">游戏方法二：踩蛇头</h3>

教师安排两个小朋友共用一根绳子,分别拿住绳了的一端,把绳子拉紧,放于地面上。其中一名小朋友用脚踩住绳子的一端,另一名小朋友用手拿住绳子的一端,游戏开始。拿住绳子的小朋友左右摇动,让绳子在地面左右摆动;踩住绳子的小朋友在摆动的绳子上行走,要求每一步都要走在绳子上,如果有一脚走空,就算失败,两人互换角色。如果能走到另一个小朋友不能摇动绳子时,就算成功。

分析：此游戏主要练习幼儿的平衡能力及脚眼的协调能力,有着较强的趣味性。在操作中,要求幼儿以小步进行,不要跨大步。

<h3 style="text-align:center">游戏方法三：公交车</h3>

如图8-7-27所示,教师给两名幼儿一根长绳,长绳两头系起,呈一圆环,两名小朋友都把自己套在圆环内,把绳子拉直。前面一名小朋友站在最前面,后面的小朋友站于最后面。教师在场地上设置多个"车站",其他幼儿分别站于各个车站处,按次序排好。游戏中的所有行动听从绳圈内排头小朋友的要求。排头上朋友可以要求"车子"停在哪个"车站",上几个小朋友,下几个。两人以协同跑的方式进行。要停靠在哪个"车站"时,排头小朋友需要大声说"停车",所有后面的小朋友都要停下来。当说"上两个"时,这个"车站"排在最前面的两个小朋友上车,排在排头的后面。当把

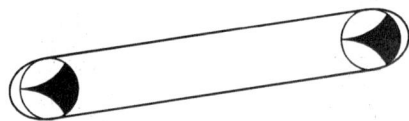
图8-7-27

所有人都接上车后,排头小朋友在"车站"再次喊"停车""下三个",此时排在排头小朋友后面的三个,必须"下车"。如此反复进行游戏。

分析:此游戏主要练习幼儿的协调跑、停的能力,通过情境的创设和幼儿角色性的自主操作,提高游戏的趣味性。

在组织以上游戏过程中,教师应注意以下六个方面:

(1) 游戏的整个方法需要通过一定的教学,让幼儿懂得如何操作;

(2) 排头小朋友要有较好的组织能力,才能使游戏顺利进行;

(3) 人数多时,可安排多辆车同时进行;

(4) 教师在游戏前规划好"车辆"行进的路线;

(5) 整个游戏的速度要求不能太快;

(6) 在多次操作后,可不断循环替换排头的小朋友,提高每个幼儿组织的能力。

游戏方法四:变向跳

练习方法 1:教师把一根长绳拉直放于地面上,所有幼儿呈一路纵队站于绳子的一端。在练习中,主要采用间隔距离、循环的方法进行操作。动作要领:幼儿双手背于身后,双脚并拢在绳子的一侧,重心稍稍降低,快速由绳子的一侧并脚跳向另一侧,再跳回,如此反复进行练习。

练习方法 2:组织方法同上,教师要求两名幼儿各站于长绳的两端,把长绳提起20厘米左右,并拉直。其他幼儿按以上方法进行操作。

练习方法 3:组织方法同上,教师要求两名幼儿各站于长绳的两端,近端的幼儿把长绳踩在脚下,远端的幼儿用手把长绳拉直,提高到自己的腰部位置,进行左右变向跳的练习。

分析:变向跳的动作主要练习幼儿下肢力量、身体的灵敏性及平衡能力。在操作过程中,教师要求幼儿尽可能保持跳跃的连续性,更多运用前脚掌进行操作。有利于幼儿踝关节力量的发展。

游戏方法五:长绳晒衣服

教师把幼儿分成若干组,每组一根长绳,每名幼儿手执一件有袖子的衣服。教师要求每组安排两名幼儿把长绳提高、拉直,游戏开始。每组每名幼儿依次把自己手里的衣服,通过两个袖孔穿过长绳,并快速把衣服拉向绳尾,为后面的衣服留下空间。如此方式,后面的幼儿依次把衣服都穿过长绳,并有序地拉平。最后通过所有幼儿在绳子的两端或中间,把绳子拉直,才算完成。比比哪一组做得又快又好。

分析:借助生活化的情境进行游戏,使幼儿在懂得一些生活常识的同时,也进行身体的活动,有较强的趣味性。此游戏可以在幼儿自我讨论基础之上开展。教师要注意,由于最后衣服都挂在长绳上,有一定的重量,需要所有幼儿一起参与,才能把长绳拉直。

游戏方法六:两人跳绳

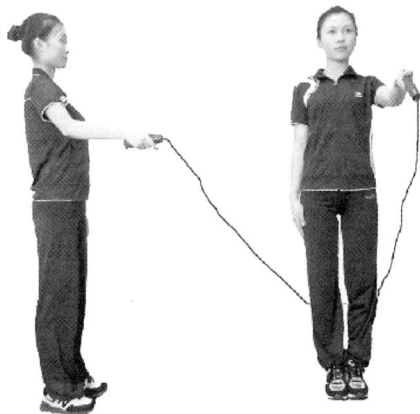

图 8-7-28

要求在幼儿个人跳绳较熟练的基础之上进行练习。

练习方法 1:两名幼儿一根短绳。如图 8-7-28 所示,一名幼儿做好跳短绳的准备,其中自己一只手拿住绳子的一端,绳子的另一端交给另一名幼儿,要求练习时,两名幼儿同时摇动绳子,一名幼儿单手摇绳进行跳绳练习,另一名幼儿站于旁边辅助摇绳,共同完成此动作。看看哪一组完成得最好。

练习方法 2:两名幼儿两根短绳。如图 8-7-29 所示,两名幼儿左右并排站立,每名幼儿都做好跳短绳的准备,两人中间的两只手交换拿住对方的绳子,绳子在两人中间交叉。跳绳时要求同步进行摇动,看看哪组跳得最多。

练习方法 3：两名幼儿一根短绳，如图 8-7-30 所示，左右并排站立，左侧幼儿左手拿住绳子的一端，右侧幼儿右手拿住绳子的另一端。要求跳绳时，两人同步一起摇动绳子，看看哪组跳得最多。

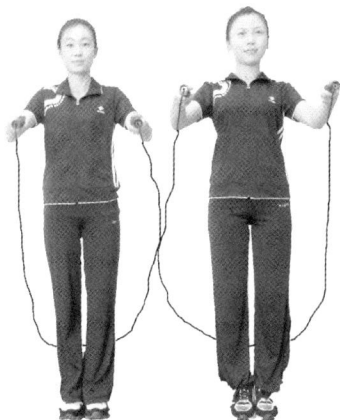
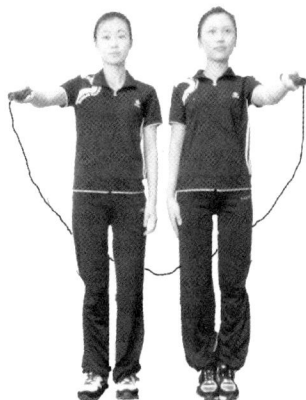

图 8-7-29　　　　　　　　　　　　　　　　　　图 8-7-30

分析：绳子的玩法多种多样。在大班的体育教学活动中，借助绳子的可变性，更多进行两人间及集体性的体育活动，同时有更多规则性游戏的使用。

在中、大班中，跳绳是必须学习的内容，以下介绍跳绳的相关知识。

跳绳是幼儿园从中班开始对幼儿进行的一项技能性的体育活动。跳绳对于场地、气候、器械的要求较少，是一项简单易行、便于开展的运动，不论人数多少都可以组织出有效的活动方式，因此深受幼儿喜欢。

跳绳主要能增强幼儿的臂部和腿部肌肉力量，发展弹跳力、灵活性、协调能力和耐力等身体素质。对于提高运动器官和血液循环系统的机能都有着良好的作用，还有利于促进身体的全面发展。

跳绳主要有跳短绳和跳长绳两种方法，其操作的内容非常丰富，形式变化多样。幼儿园在此方面的教学主要是以跳短绳为主。如何指导幼儿进行跳短绳，教师要注意以下三个方面。

1. 跳绳前的准备

由于跳绳练习运动量较大，对于全身各部位的爆发力及耐久力都要求较高，因此在跳绳前教师应组织幼儿进行一定的活动准备，使各关节得以舒展。同时，使内脏器官逐步适应即将开始的大运动量的活动。

（1）绳子的选择。

绳子质量的好坏、与幼儿是否适合等方面都会影响跳绳的表现。幼儿由于力量较小，同时又要能摇出一定的速度，因此在选择绳子时，应注意三个方面：① 选择有手柄的绳子，便于幼儿抓握；② 绳子整个的重量较轻；③ 在绳子的中部可增加一定重量和宽度的胶带进行缠绕，以提高绳子转动的力量。

（2）确定绳子的长短。

两手各持手柄一端，双脚并拢踩在绳子的中间，两臂屈肘把绳子拉直向上提起，绳子的顶端靠近胸口，即为合适的绳长。由于幼儿在开始学习跳绳时，习惯性地把两臂张开得较大，同时容易跳得较高，因此在开始学习跳绳时绳子的长度适当地加长一些，随着技术的提高再适度缩短绳子的长度。

2. 幼儿跳绳时常出现的错误动作

（1）双臂向两侧展开过大，以肩关节为轴进行摇绳的动作。

（2）身体重心不稳，主要表现在过于低头或抬头的动作；过于含胸或挺胸，过于挺腹或收腹。

（3）上肢与下肢不协调，摇绳频率与跳起的频率不能形成同步。

（4）膝关节在跳起时，过分弯曲。

3. 跳绳动作的要领

(1) 摇绳的基本要求。

摇绳时两臂在身体的两侧,尽可能地靠近身体,以肘关节为轴,借用前臂和手腕的力量在体侧向前摇动绳子,在跳绳时要把绳子摇直,绳子中端落地点在脚前不超过 10 厘米的地方,从脚掌与地面之间摇过。

(2) 摇绳的练习步骤。

① 双绳同步摇:让幼儿每只手各拿一根绳子,绳子的长度与标准长度一般,双脚轻轻地跳起,两手同时摇绳,练习到两绳能够同步向前摆动。

② 摇绳跳过:轻轻摇动绳子,放于身体前,双脚并跳过绳。

③ 摇绳踩绳:双手加快摇绳速度,当绳子落地后快速抬起前脚掌,使绳子的中端置于脚底。

(3) 跳跃的方法。

跳跃的方法很多,如并脚跳、双脚交换跳、跑跳等。幼儿在开始学习跳绳时,主要运用的方法是并脚跳。并脚跳时,要求在跳的过程中,头部及身体始终保持正直,双膝随着跳跃,在空中伸直,在落地时,保持稍稍弯曲,一直能用前脚掌落地与蹬起。

案例 3　　纸

游戏方法一:纸的传递

教师把幼儿分成若干组,每组呈横队站立。教师给每组的排头一张 A4 纸。排头小朋友把 A4 纸的一端夹在双膝之间,游戏开始。听到教师口令,排头小朋友转向第二名小朋友,把纸张传递给第二名小朋友,第二名小朋友也用双膝夹紧,把纸张接过来。如此反复传递下去,看看哪一组最快完成。

分析:此游戏方式主要练习幼儿身体的平衡能力。通过身体不同部分进行传递,具有很强的趣味性。在练习中,幼儿要保持好双膝之间的力量,同时保持身体的平衡,才能完成身体的转动。

游戏方法二:撕纸接龙

教师把小朋友们分成两人一组,给每组幼儿一张废弃的 A4 纸,并准备发出口令。教师口令:"把纸撕成纸条,同时纸条之间不断开。看看哪一组能够展开得最长。"一名幼儿撕纸,另一名幼儿帮助在地面上把撕好的纸展开。看哪组做得又快又好。第二次游戏,两名小朋友交换角色进行。

分析:撕纸是一种精细动作的练习,同时进行展开纸条的活动,带有更多大肌肉群的活动,进一步形成两人配合,完成此项内容。这是适合大班进行的活动方式。

在此活动开展的过程中,若幼儿把纸张撕断,只能选择最长的一段参与比赛。教师也可以在活动中以时间为单位进行控制。

游戏方法三:踩蟑螂

教师把幼儿分成两人一组,每组幼儿分配一张报纸。两名幼儿首先把报纸撕成小块,并把小块报纸团成若干纸球,一名小朋友手里拿着做好的几个纸球,另一名小朋友间隔 2—3 米距离面向其站好。游戏开始。拿纸球的小朋友把一个个纸球依次抛滚向对面的小朋友。对面的小朋友用脚把纸球一个个踩停。把所有纸球踩停后,两人一起修复纸球,使其成圆。两人交换角色,再次进行此游戏。

分析:此游戏主要练习幼儿脚眼协调能力。在游戏中,所有材料由幼儿自主进行操作,增加自主性游戏的可行性。此游戏在操作中,抛滚球的幼儿注意在一开始时,控制每个球抛出的速度,不宜太快,随着练习次数的增加,可以不断提高滚出球的频率,以不断挑战此方面的能力。

游戏方法四：脚丫撕纸

此游戏在室内开展,幼儿光脚进行。教师给每名幼儿一张废弃的宣纸。要求幼儿光脚踩在上面,同时在规定的时间内,运用双脚,把纸撕成小块。看谁撕的块数多。

分析： 此游戏主要练习幼儿双脚的协调能力。通过双脚有序的撕扯,达到练习的目的。此游戏也可用于户外,运用报纸进行,还可用于亲子活动中。

游戏方法五：可以怎么夹

教师把幼儿分成两人一组,每组一张 A4 纸。要求两名幼儿商量用身体的相同部位,把纸夹住,一起行进,看看可以有多少部位进行选择。

分析： 此游戏进一步提高幼儿对身体的认识,同时运用身体的不同部位形成多元锻炼的价值。此内容可选择的身体部位非常多,如前额、后脑、脸、背、肩、手臂、胸、手、髋、臀、大腿、小腿、脚等等。

案例 4　垫子

游戏方法一：炸碉堡

游戏准备： 垫子若干,沙包若干。

教师把四人分成一组,每两组进行对抗游戏,如图 8 - 7 - 31 所示,两组之间进行对抗比赛。教师把沙包分给每个小朋友。游戏开始,两边小朋友互掷沙包,投向对方的垫子,同时四个小朋友可以一起移动垫子,保护自己,去取已投出的沙包。如此进行游戏。

分析： 此游戏借助垫子较宽的面,形成目标物;借助于垫子的重量,练习幼儿上肢力量;借助于沙包进行投准的练习;采用多人一起操作,练习幼儿合作的能力。这是一种综合性体育活动内容。

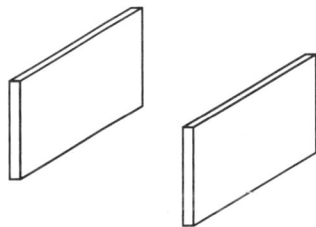

图 8 - 7 - 31

教师在组织此游戏中,要求每一组选出一名小队长,指挥自己一组协同一致,与对方对抗。

游戏方法二：垫子的运输

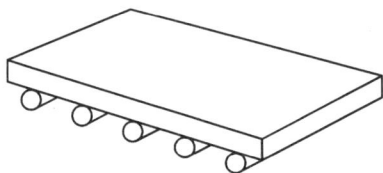

图 8 - 7 - 32

练习方法 1： 如图 8 - 7 - 32 所示,教师为每组准备垫子一张,圆木棒若干。教师要求以小组为单位进行此游戏。幼儿把木棒平均放在地面,在这些木棒上放上一张垫子。幼儿进行角色分配。要求有一名幼儿坐在垫子上,有两名幼儿负责推动垫子,有两名幼儿负责不断取放木棒。

分析： 此游戏是以小组合作的方式进行的。游戏中推动垫子的幼儿要控制好力量,速度不宜太快;取放木棒的幼儿要快速准确。教师要求每组选出一名队员,协调所有幼儿的行动,使游戏得以顺利进行。

练习方法 2： 教师把幼儿分成四人一组,四个小朋友平躺在地面上,要求人与人之间相互对齐,头朝一个方向,左右间隔一人距离。四个小朋友一起把较轻的长垫子盖在自己的身上,游戏开始。听到教师口令后,四个小朋友同时向一个方向滚动,此时垫子也随着小朋友的滚动向前移动。当有小朋友露出垫子以外时,此小朋友快速爬起,跑到垫子的最前面躺下;当垫子移到自己身体上时,此小朋友再继续滚动。如此反复,直至垫子移到终点。

分析： 此游戏主要练习幼儿侧向滚动的能力。幼儿滚动的速度不宜太快,要求相互配合完成此内容。游戏内容具有一定的难度,教师应允许幼儿进行反复练习。

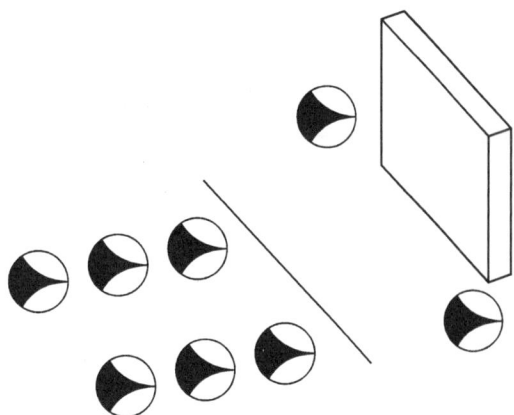

图 8－7－33

游戏方法三：立垫换位

如图 8－7－33所示，准备一张垫子。首先，教师任选两名幼儿，两人立起一张垫子，两人朝向同一方向站于垫子的两侧。其他所有幼儿分成两组，呈纵队站立。排头距离垫子1.5米左右的距离，游戏开始。教师发出口令："换位。"扶住垫子的幼儿放手，跑回队伍的末尾，同时排头两名幼儿快速跑到垫子处，扶住垫子，使其不倒。如此反复进行游戏。

分析：此游戏主要练习幼儿的协同反应能力，借助垫子立起的不稳定性进行游戏。此游戏可根据幼儿能力，进行难度的递增。例如，把跑动的距离适度增长；也可采用多个垫子进行练习，即每隔1.5米，增加一张垫子，平行放置。使幼儿在一次活动中得到多次的练习。

案例5　气球

游戏方法一：气球不落地

教师分配给每名幼儿一个气球，进行身体动作的各种练习。

练习方法1：教师要求用双手进行操作，左、右手各依次把球拍向空中。

练习方法2：教师要求用手掌面和手背各拍球一次。

练习方法3：教师要求用肘关节击打气球。

练习方法4：教师要求用头顶气球。

练习方法5：教师要求用脚的不同位置(正脚背、内脚弓、脚向侧)踢气球。

练习方法6：教师要求用大腿垫气球。

练习方法7：教师要求两脚轮换踢气球。

分析：以上方法中，主要针对幼儿个体结合不同的身体部位进行的练习。通过幼儿手、手臂、头部及下肢结合气球的操作，以提高身体的灵敏性和手眼协调能力。练习方法4—7，是足球练习中最基本的辅助动作。

教师在教学中，也可把以上内容进行混合编排，让幼儿在不断变化中进行练习，以提高身体的协调能力及灵敏性。

游戏方法二：扇子与气球

教师把幼儿分成三四人一组，每名幼儿一把扇子。游戏开始，每组一名幼儿把气球抛起，大家一起用扇子不停地扇风。看看哪一组的气球能在空中飘浮的时间最长。

分析：此游戏具有很强的趣味性。借助风力需要一定的技巧，三四名幼儿要很好地相互配合，才能较好地完成任务。在此过程中，主要练习幼儿上肢持续力量。教师也可针对弱势手提出要求。

游戏方法三：合作和对抗

练习方法1：教师在场地上拉一根1.5米左右高度的绳子。两名幼儿一组，隔绳进行合作游戏，通过相互击打，使气球不落地，看看哪一组相互传递的时间长。

练习方法2：场地布置同上。教师把幼儿分成三人一组，每两组之间进行对抗游戏。要求可以用较大的力量击打气球。三人相互配合，使得气球在对方落地为胜。

分析：此类游戏方式主要表现出幼儿间的配合和对抗，通过手击气球的练习，提高上肢的协调能力。

游戏方法四：桌面吹气球

此游戏为室内游戏，教师把幼儿分成五六人一组，每组围着桌子坐下。在每个桌面上放上一个小气球。游戏开始，幼儿通过用力吹气，让气球尽可能不靠近自己。

分析：此游戏主要练习幼儿肺活量。通过反复进行深呼吸，以达到练习的目的。教师在组织此游戏时，注意气球的气不宜太足。桌子尽可能采用正方形的。

解析：气球是幼儿非常喜欢的材料之一，由于本身具有的特点，极易被幼儿操控，非常适合进行身体活动的练习。在气球的选择上，应注意气球的质量；在给气球充气时，不宜太满。让幼儿能在安全的情况下操作气球。

案例6 轮胎

游戏方法一：碰撞

教师把幼儿分成两人一组，每名幼儿一个轮胎，每组两人面对面站立，间隔三四米。游戏开始。两名幼儿站于原地，用力滚动自己手里的轮胎，两个轮胎相互碰撞在一起为胜。如果成功，允许两名幼儿把间隔距离拉大，再次进行游戏。

分析：此游戏主要练习幼儿上肢力量及控制能力。借助轮胎的滚动，形成合理的路径，才能达到目的。

游戏方法二：飞跃轮胎

教师把两个轮胎如图8-7-34所示，上下叠放在一起，练习进行支撑跳跃的练习。练习步骤如下。

(1) 原地双手支撑轮胎上沿的两侧，双臂伸直，双膝稍屈——双脚蹬地——双腿后摆腾空，同时向两侧伸直展开。反复练习。

(2) 原地双手支撑轮胎上沿的两侧，双臂伸直，双膝稍屈——双脚蹬地——双腿前摆形成腾空——双手推轮胎，形成二次腾空，跃过轮胎——双脚积极在轮胎前并拢。反复练习。

图8-7-34

(3) 结合短距离助跑，运用步骤2中的方法形成助跑支撑分腿跳跃。

分析：此动作具有一定的挑战性，主要练习幼儿全身各部位的协调能力，对上肢的支撑力量也是一种锻炼，同时具有较强的心理负荷。教师在帮助幼儿练习中，需要在每个环节对能力较弱的幼儿进行合理的辅助和保护。由于幼儿上肢力量较弱，此练习的主要环节是直臂支撑的动作，教师主要辅助幼儿的手臂支撑。

游戏方法三：筑地基

教师在一个轮胎上系上若干绳索，如图8-7-35所示。教师让每名幼儿拉住一根绳索，也可以是两人拉一根。活动中，要求大家一起喊口号，形成统一的动作。首先所有人向外侧拉动绳索，使轮胎离开地面，再统一放松绳索，让轮胎自由落体，落在地面上。如此反复，进行练习。

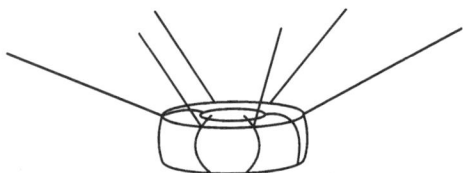

分析：此游戏是否成功，只有幼儿动作统一才能完成。对于幼儿上肢力量的发展具有一定的作用。此综合材料有多种用途：大家一起拖拉轮胎行进；或者把绳索归于两侧，大家一起摆动轮胎，使轮胎在空中荡秋千。也可借助绳索

图8-7-35

进行游戏,在小、中班中进行平衡走、跑、跳、钻、跨等练习。

解析:轮胎在幼儿园中是常见的运动材料之一。轮胎由于其特点鲜明,具有一定的重量,能滚动,可堆积,也可形成各种路径,因此可形成多种玩法。例如,在平放的轮胎上行走,借助轮胎跳上跳下,滚动轮胎跑等,还可以把多个轮胎叠放在一起形成各种大型的户外建筑。

案例7　长凳

如图 8-7-36 所示,把若干条长凳拼成一条直线,小朋友们成一路纵队站于长凳前。游戏开始,小朋友们依次按顺序出发,中间间隔一定距离。

图 8-7-36

游戏方法一:种和收

游戏准备:长凳若干条;塑料小筐若干;塑料细管若干。

教师在长凳上间隔一定距离放上一个小塑料筐,给排头小朋友一些塑料细管。教师要求排头小朋友把塑料细管依次放入到塑料小筐内,要求第二名小朋友把塑料细管取回来。如此反复进行练习。

分析:长凳上的平衡走,对于大班幼儿已不具有太强的挑战性。教师在设计此类游戏时,需要增加其他的要求,使幼儿平衡能力得以发展。例如:在长凳上设计取放的物品,使幼儿在平衡走的过程中,不断跨过障碍,同时将身体重心上、下不断调整。

游戏方法二:绕过障碍

教师面向小朋友们骑跨在凳子上,要求小朋友在凳上行走时,能绕过教师向前走。对于能力较强的幼儿,教师可以把双手放于身后,让幼儿抱着自己绕过去。对于能力较弱的幼儿,教师可适当保护。

分析:此游戏也是在长凳上设置障碍而形成的。此过程中,需要幼儿绕过障碍,作为平衡走中的挑战。若幼儿此方面能力较强,也可在长凳上间隔一定距离安排一名幼儿骑跨在长凳上。

游戏方法三:对应走

教师把幼儿分成两组,每组站于长凳的长侧。教师要求两组排头首先出发,在长凳上相遇时,要相互扶持,绕过对方,不能落下长凳,落下为失败。到达终点后,每组第二个小朋友出发,如此反复进行练习。

分析:此游戏是在游戏方法二的基础之上,形成的难度递增。在练习过程中,教师要求相遇的两名幼儿要相互配合,才能完成此内容。

游戏方法四:并腿变向跳

幼儿双脚立于长凳的一侧地面上,身体前屈,双手支撑在长凳上。练习时,双手支撑用力,双脚从长凳的一侧跳向另一侧。再次练习时,身体向前移动,如此反复向前移动进行练习。

分析:此动作主要练习支撑跳跃的能力。在操作过程中,要求幼儿的手臂必须伸直。练习的方向既可不断向前进,也可不断向后移动。

游戏方法五:更上一层楼

如图 8-7-37 所示,在一组长凳上再架上一个长凳,幼儿依次轮换,从第一层长凳上爬到第二层长凳上进行行走,教师控制幼儿间的间隔。

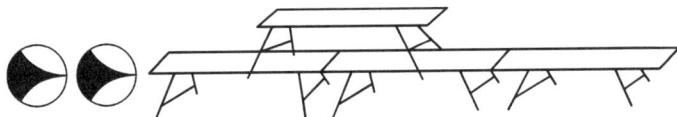

图 8-7-37

分析：此方式对于大班幼儿的平衡能力及负担更强的心理负荷提出了更大的挑战。不但需要有较强的平衡力，同时还需要在此过程中完成攀爬的动作。对于幼儿全身力量、协调能力及平衡能力都是一种练习。

游戏方法六：侧向爬行

如图 8-7-38 所示，教师把长凳并排摆放，两排长凳之间间隔五六十厘米。幼儿双手放在一排长凳上，双脚放在另一排长凳上，用同手同脚侧向移动的方式进行练习。

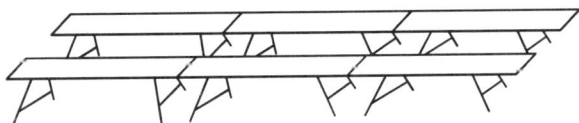

图 8 7-38

分析：此方式主要练习幼儿对自身身体的控制能力，除了对上肢的支撑力有练习外，对于幼儿腰腹部力量也有一定的练习。教师在操作此内容过程中，要求两凳之间的距离不要太宽，移动的速度不要太快。也可从原地开始进行练习。

注：在大班，结合长凳的练习，内容难度有了很大的提升，对于幼儿间的互动有了更多的涉及。通过此练习，进一步对幼儿的平衡力提出挑战，并进一步强调幼儿上肢力量的发展。由于幼儿发展的不均衡性，教师在操作有一定难度动作时，要多关注幼儿可能达到的能力，有针对性地运用以上内容。

附：幼儿园其他常用的一物多玩的材料

① 皮筋；② 木棒(纸棒、塑料棒)；③ 塑料袋；④ 吸管；⑤ 夹子；⑥ 沙包；⑦ 布袋；⑧ 木桩；⑨ 纸筒；⑩ 塑料垫；⑪ 羽毛球；⑫ 纸牌；⑬ 平衡板；⑭ 竹竿；⑮ 小飞碟；⑯ 网兜；⑰ 布条；⑱ 竹筒；⑲ 水桶；⑳ 手绢；㉑ 书；㉒ 游泳板；㉓ 箩筐；㉔ 扫帚；㉕ 小红旗；㉖ 桌子；㉗ 衣服；等等。

第九章　幼儿园集体体育教学活动

目标导航

1. 理解幼儿园集体体育教学活动存在的价值与意义
2. 理解幼儿园集体体育教学活动存在的多元目标取向
3. 掌握幼儿园集体体育教学活动的结构
4. 掌握幼儿园集体体育教学活动教案的编写方法

第一节　幼儿园集体体育教学活动的概述

一、幼儿园集体体育教学活动存在的意义

幼儿教育中,幼儿个体自然的发展和将幼儿的发展逐步纳入合乎社会要求的轨道,是幼儿园需要不断探讨的一对矛盾。处理好这两者之间的关系,是解决幼儿园教育最主要的任务。

从幼儿园体育活动的组织形式来看,一直体现着这两者之间的关系。幼儿园户外体育活动更多以幼儿自主性的选择进行操作,充分满足幼儿自我的需求,更多表现出在幼儿已有能力和经验基础之上的反复练习中。幼儿园早操活动是在获得一定经验基础之上的反复主动练习的过程,强调这两者之间的结合,逐渐带有一定的集体性和规范性。集体体育教学活动则更多表现出以课程为导向的一种有目的、有计划、有组织的由教师对儿童施加影响的教育活动。这是以身体动作的多种练习为主要内容,注重儿童身体的全面锻炼与发展,从而提高儿童的身体素质,发展儿童的基本活动能力,使身体、智力、情感以及社会等方面得以协调发展的组织形式。

集体体育教学活动是由教师立足于教学目标、教学任务和教学内容,来组织和实施教学活动的过程。就教学本身而言,它更多强调的是教师的作用,强调的是教学的"结果";更多表现出社会的期望,更加强调教师对于幼儿发展的目的性、促进性等特点。

集体体育教学活动的开展,与户外体育活动和早操活动等组织形式相辅相成,互为依托,形成幼儿园体育教育的一个整体,是幼儿园不可缺少的教育形式之一。

集体体育教学活动的开展,不但体现出有目的性的对身体发展的价值,同时对于调节幼儿心理、对于发展相关事物的认知、对于社会交往、对于幼儿早期思维能力及语言的发展都存在着不可低估的价值。

幼儿的年龄特点,决定了幼儿园集体体育教学活动必须体现游戏性的特点,体育游戏作为体育教学活动开展的基本形式,提高了幼儿在教学活动中的融入性。使幼儿在生理及心理中都得到积极的反映,才能满足幼儿健康成长的需要。

二、幼儿园集体体育教学活动的分类

(一) 运动能力发展层次下的体育教学分类

1. 新授课

通过教师正确的引导,逐步形成完整、正确的动作概念,并由易到难,让幼儿尝试、体会动作练习的过程。有些动作可以通过分解法与完整练习法相结合,不断形成初步完整的动作能力。新授课以教师为主体,指导幼儿不断形成新的运动能力。

2. 练习课

在新授课的基础之上,通过多元手段、多种形式进行练习,不断巩固和完善相关动作能力;并能划分出不同的层次要求,在改变条件、变换方法、提高难度等方面让幼儿围绕核心动作反复练习,逐步内化为自我的动作能力。练习课强调以教师指导、幼儿练习为主。

3. 综合运用课

通过合理设计,把核心动作综合到各种已有能力项目之中进行运用,并使幼儿在综合内容中把已内化的动作能力得以合理地表现。综合运用课强调教师为辅,幼儿为主。

(二) 多元目标结构理论视角下的体育教学分类

集体体育教学活动虽然以身体发展为核心,但在幼儿园教育中依然表现出其综合性的一面。以围绕身体的发展及以体育教学活动为平台,追求其他目标的获得也是幼儿集体体育教学活动的一大特点。综合来看,主要表现在以下七个方面。

1. 以身体发展为导向的体育教学

体育教学以关注幼儿身体的发展为核心,主要包括身体体能的发展、动作技能的发展、基础运动技能的发展等。因此,主要形成了体能发展课(以动作练习为基础,以生理负荷为指标的课的形式)、动作发展课(以幼儿的基本动作及基本动作技能为基础进行的活动)、基本技能学习课(以幼儿需要学习获得的技能或运动项目技能进行的活动)、综合运用课(对幼儿的基本动作进行综合的运用进行的活动)、效果展示课(对已掌握的基本技能进行自我表现,或集体表现的活动形式)等形式。

2. 以社会性的规范为导向的体育教学

此类教学活动主要强调幼儿在集体体育活动中,能遵从集体的需要,让教师和幼儿间形成合理的互动能力,同时对保障体育活动的开展所需要的基本意识和能力进行的体育教学活动,如组织纪律课、队列队形课、运动器材归整课等。内容主要有各种常规要求、身体姿势要求、队列队形要求、运动器材取放要求、伙伴间的合作交往等。

3. 以健康心理发展为导向的体育教学

此类教学活动主要强调幼儿在集体体育活动中,通过身体的体验和感受,能克服较强的心理负荷,使自身在意志力、控制自我情绪、果敢性等方面得以发展。例如:行为心育课、意志磨炼课等。内容主要有定向活动、长足活动、负重活动、耐力活动,以及各种带有极限挑战性的内容(爬高、从高处向下跳、走较高的平衡木等)。

4. 以兴趣满足为导向的体育教学

此类教学活动主要强调幼儿通过身体的活动,以获得心理的需求和满足。这种类型的教学活动,要求幼儿已有能力和经验在此类课中占主导,通过各种手段的运用,使幼儿获得运动的快乐。在幼儿园中,此类课的内容形式较多,如愉悦身心课(放风筝、吹泡泡、玩水、玩沙等)、体育游戏课(带领、组织或教会幼儿一些体育游戏)、兴趣培养课(让幼儿获得更多体育相关内容的认知,使幼儿对相对陌生的内容产生兴趣)、自主选择课(教学中提供一定数量的材料和内容,由幼儿自我选择进行活动)等。

5. 以探究性活动为导向的体育教学

此类教学活动旨在由教师发起,幼儿以个体或小组形式进行深层次的探索活动,表现出对某种相对陌生内容或事物的认知,从而形成多元思维及多元动作表现形式的活动方式,如一物多玩课、体育科学课、主题动作多元表现课等。

6. 以生活常识为导向的体育教学

此类教学活动旨在体育活动中,练习幼儿一系列与生活相关的内容,如运动安全技能课(训练幼儿在遇到应激危险时,如何通过身体的技巧来规避危险)、生活能力训练课(如穿衣、穿鞋、叠被等)、礼仪课(通过身体行为的礼仪表现)等。

7. 以体育欣赏为导向的体育教学

此类教学活动旨在幼儿通过对于体育视频或图片的观摩,以获得体育中相关知识的认知和对体育美的欣赏,主要途径有对各种高水平运动内容的欣赏、对自身和伙伴运动内容的欣赏等。

第二节 幼儿园集体体育教学活动的组织

一、幼儿园集体体育教学活动的结构

体育教学的结构一般是指一节课教与学内容的合理顺序;各练习之间的有机联系及时间分配等。课的结构主要包括基础结构和具体结构。

幼儿园集体体育教学活动的基础结构,主要依据人体生理机能活动能力变化的规律来进行划分的。一般可以分为开始部分、基本部分及结束部分。此结构的划分是不可变的。

具体结构是指各部分具体内容的安排,是依据不同的年龄特点、内容、目标、能力发展、手段的运用、客观条件与环境、组织方式等而进行划分的,是随教师设计方式的不同而改变的。

幼儿园依据年龄的不同,集体体育教学活动的时间也不相同。一般,小班中的教学时间为15—20分钟;中班为20—25分钟;大班为30分钟左右。

(一) 开始部分

开始部分(又称为准备部分)的主要任务是教师将幼儿迅速集中起来。通过合理的手段,让幼儿在心理及生理上进行积极的准备。

1. 集中的方式

"集中"的方式有规范性的集中方式和非规范性的集中方式。规范性的集中方式强调有组织地形成一定队列队形的组织方式。非规范性的集中方式,则以松散的方式进行集中。根据教学的目标不同、幼儿年龄不同等方面,进行集中方式的定位。

2. 心理的准备

心理的准备主要是指调动幼儿参与活动的积极性,精神饱满,情绪愉快,同时能遵从集体活动中的规范要求。心理的准备对于教师把控和组织幼儿集体的活动提出了较高的要求。为了让幼儿能在心理上尽快得以准备,幼儿园集体体育教学活动中常用到一些情境的创设,也经常借助一些材料和操作方式作为辅助引导的手段,如玩偶、手偶、图示、指偶、皮影、影像、音乐、舞蹈、故事、口诀、诗歌、绕口令、模仿等等。使幼儿能在兴奋的状态下,把注意力集中在活动之中。

3. 生理的准备

生理的准备主要是指通过身体积极的活动,逐步提高机体的机能活动能力,使幼儿身体的各关节、肌肉、韧带及各器官系统逐步进入到工作状态。生理的准备主要通过热身活动来完成,一般包括队列队形、热身操、舞蹈、基本体能练习、小游戏等。

4. 热身活动的分类

热身活动的准备包括一般性准备活动和专门性准备活动。一般性准备活动是指不分身体的侧重,对身体的各部位进行平均准备。专门性准备活动是指为主题内容而侧重于身体某部位进行的准备活动,如主题内容为跳跃,在准备中更多对于下肢进行准备的方式。在有主题的体育活动中,教师要把这两种准备活动方式相结合。

5. 准备活动的时间安排

准备活动的时间占一次体育教学活动的10%—20%。在小班集体体育教学活动中,由于选择的主题内容较为简单,运动负荷较小,同时整个教学活动更多以一个情境展开,因此准备活动和基本部分的内容往往形成一个连续性的整体,准备活动的时间较为模糊。

另外,准备活动的时间安排也因天气的不同有所区别。天气较热时,针对身体活动的准备可以较短些;天气较冷时可以较长些。

(二) 基本部分

基本部分的主要任务是完成本次教学活动的主要教学任务和目标,即通过一定的身体活动,有目的性地提高幼儿身体素质、动作技能、基础专项技能等方面的能力,及以身体运动为导向的其他相关能力的发展。

1. 基本部分的内容

基本部分的核心内容的选择,在幼儿园教育中非常宽泛,多元目标结构理论下的目标内容都可以成为幼儿园体育教学活动的选择方向。

2. 基本部分的组织形式

合理、有效的组织形式对于保障集体体育教学活动起着至关重要的作用,是确定教师与幼儿之间、幼儿与幼儿之间关系的组织方式。基本部分的组织形式多种多样,在幼儿园体育集体教学活动的基本部分中,主要采用以下四种方式。

(1) 不分组整体跟随式的组织方式。

每个幼儿在保障各自一定空间的基础上,以分散队形或某种队形跟随教师进行集体性的身体活动,全体幼儿同时做着相同的动作。此方式在幼儿园小、中班运用较多。主要针对某一基本动作或系列动作的练习而采用的组织方法。

(2) 分组组内个体依次轮换的组织方式。

把幼儿分成若干组,每组从排头开始,组内个体依次轮换进行。此方式主要表现为一名幼儿完成之后,接下一名幼儿进行的轮换方式。也可采用间隔一定距离或时间,再进行下一名幼儿的轮换方式。此方式主要用于中、大班。

(3) 不同目标达成,自由选择分组的组织方式。

教学围绕某一主题,形成不同层次要求的达成目标,由幼儿根据自我能力,进行自由选择形成的分组方式。例如:立定跳远中,教师把两根长绳放于地面,拉成V字形,幼儿根据自己的能力,选择不同的宽度进行立定跳远的练习。再如:走平衡木时,教师把平衡木分成若干组,每组形成不同的能力要求,幼儿进行自由选择进行练习等。此方式主要用于中、大班。

(4) 分组轮换的组织方式。

教学中把幼儿分成若干组,每组操作同一主题的不同内容,一定时间后每组之间进行交换,或以轮换的方式进行。此方式主要用于大班。例如：教学以椅子为主题,每组幼儿自我设计椅子的玩法并进行练习,一定时间后各组之间形成轮换,依次练习其他组椅子的玩法。

以上四种组织形式也经常被组合运用,根据教学目标、内容、人数、场地、器材、幼儿年龄特点等条件,采用先合后分,或先分后合的方式进行。

3. 基本部分的时间安排

基本部分的时间占一次体育教学活动的70%—80%。

(三) 结束部分

结束部分主要让幼儿逐步恢复到相对安静的状态。通过身体的积极放松,使幼儿情绪和身体都得以积极地调整,有组织地结束教学活动。

1. 放松部分内容的安排

放松部分内容的安排,主要依据基本部分幼儿活动的情况进行设计,是基本部分内容的有效延续,需要有一定的针对性。例如：本次教学活动主要针对上肢或下肢内容时,放松中需要对上、下肢体有更多的涉及;本次教学活动若运动负荷较大时,则需要强调全身的放松,并结合呼吸的调整;若本次教学活动心理负荷较大时,则强调愉快心理的设计等。

放松部分一般选择一些运动负荷较小,能使心情得以放松的相关内容。例如：轻松自如的走步、徒手的放松操、呼吸的调整、轻缓的舞蹈、有趣的缓和游戏等。做到有趣、生动,科学合理。

除此之外,教师需要对本次教学活动进行一定的总结,安排教学活动后幼儿需要进一步练习的内容及注意事项,同时安排幼儿对器材进行归放等。

2. 放松部分的时间安排

放松部分的时间占一次体育教学活动的10%左右。

二、幼儿园集体体育教学活动的准备

(一) 内容的准备

幼儿体育活动的内容来源非常广泛,一方面来自课程中的相关内容,更多的内容选择来自教师在幼儿园的教育中,发现幼儿可发展的内容。在选择内容时,教师应注意以下四个方面的要求。

1. 选择的内容具有合理性

教师在选择主体内容时,应更多针对幼儿基本能力及身体素质的发展,在幼儿已有经验基础之上进行内容的选择。幼儿的经验主要指生活经验、认知经验、运动经验、社会性经验等。

2. 选择的内容具有趣味性

教师在选择主体内容时,应强调主体内容具有快乐的元素,符合游戏的概念,以满足幼儿的情感需求。

3. 选择的内容具有发展性

教师在教学前应较全面地了解幼儿已有能力,对不同年龄的幼儿能力的发展有较清晰的评估。强调内容的选择在已有经验基础之上对幼儿能力进行有目的性的挑战,从而不断促进幼儿各种能力的发展。

4. 选择的内容具有多样性

多样性的体育活动,是幼儿园集体体育活动特色之一。一方面,能形成幼儿多种能力的发展;另一方面,可以形成幼儿多元的认知,同时对于激发幼儿的运动兴趣能起到很好的作用。

总的来说,幼儿园体育教学内容的选择,强调科学性、目的性、系统性、条理性、集体性及可控性等方面。

(二) 场地的准备

场地的准备是幼儿园集体体育教学活动中的重要组成部分。在场地准备过程中,主要针对以下三个方面进行设计。

1. 情境的场地准备

情境的创设是幼儿体育活动中的重要手段。通过有效情境的创设,使活动更具有真实性,从而达到教育的目的。幼儿年龄越小,越容易被情境所感染。在集体体育活动中,不要求教师过多、过繁地进行环境的布置,而更强调教师通过形象化语言的表述来进行情境的创设。但活动中的主要环节的情境,依然需要教师用心地布置,从而达到"共情"的效果。

2. 集合组织中的场地准备

在集体体育活动中,幼儿的集合和队伍的调动是教学中的难点。但根据活动的需要,常常涉及此方面。教师在教学过程中,需要对整体集中和调动的位置作合理的处理,通过场地的有效布置,能快速、有效地达到组织的目的。

在集体体育活动中,不提倡教师过多地改变场地,过于频繁地集中幼儿,应让幼儿将更多的时间放在体育活动中。

3. 路线安排的场地准备

路线的安排更多表明幼儿有序运动的途径。当活动的路线较为复杂时,需要在场地的布置上更清晰地标明幼儿运动的方向,从而减少过多的示范和讲解。

(三)器材的准备

器材主要包括必要器材和辅助器材。必要器材是指体育活动中被使用和操作的材料;辅助器材主要是营造氛围或情境创设需要的材料,如音乐、头饰、挂件等。在使用辅助器材时,教师应考虑到辅助器材是否会影响到身体的活动。

(四)教法的准备

教师在教法的准备过程中,应考虑到幼儿年龄的特点、主体内容的特点、难易程度及可形成的层次关系、教学的步骤、运动负荷的大小、组织的方法、指导的手段、目标的达成等方面的问题。

(五)教案的准备

在以上内容准备的基础之上,进行体育活动的整体设计与教案的编写。

三、幼儿园集体体育教学活动目标的编写

幼儿园集体体育教学活动的核心目标主要包括运动负荷目标、技能目标、认知目标、心理目标和社会性目标等。

幼儿园集体体育教学活动的目标达成主要包括即时性目标和发展性目标两种。

即时性目标是指以幼儿具体的、可被观察的行为,来表述幼儿教育活动目标,它指向的是在教育活动实施以后在幼儿身上可被观察到的行为变化。即时性目标具有客观性和可操作性等特点。在集体体育教学活动中,主要表现在技能、认知等方面的发展上。

即时性目标常用的表述词主要包括"明确""知道""懂得""能用""掌握""分辨""了解""获得"等。

发展性目标又称为教学目的,是建立在成人经验基础之上的,利用一定的方法和手段,促使幼儿不断向某一方面发展的目标。发展性目标具有促进性和不可观察性等特点。在集体体育教学活动中主要表现在运动负荷、身体素质、综合能力等方面的发展上。

发展性目标的常用的表述词主要包括"发展""促进""提高""加强""探索""感知""体验""尝试""探究""兴趣"等。

四、幼儿园集体体育教学活动教案的编写

教案的编写是教师对教学活动具体的、条理性的细化分析。在编写过程中,主要包括目标内容、重难点、教学准备、结构性的划分、层次递进关系、教学方法、学习方法、时间及练习次数、强度的安排、组织方法等方面内容的撰写。

幼儿园集体体育教学教案案例

幼儿园名称	××幼儿园	授课班级	大班	授课教师	×××
学习内容	勇敢的我——匍匐爬			授课时间	30分钟

学习目标	1. 学习匍匐爬的动作技能,促进幼儿手腿协调能力的发展 2. 幼儿懂得在火灾突发事件中采取多种爬行的逃生方法 3. 在游戏活动中体验成功的乐趣,增强自信心

学习重点	匍匐爬	学习难点	匍匐爬的运用

教学准备	大垫子(8张)、障碍筒(8个)、椅子(4张)、竹竿(3根)、布娃娃(30个)

次序	教学内容及步骤	幼儿主体	教师主导	次数	时间	强度	组织方法
开始部分 4分钟 激发兴趣	1. 集合 2. 慢跑 3. 热身操 4. 拉出火警	1. 精神饱满。排队静、齐、快 2. 绕操场慢跑 3. 投飞镖、打气、跳跳球、摩托车、海带 4. 积极回答问题	1. 师生问好 2. "开车"去游乐园玩 3. 模仿操 4. 119报警声	1 2	1 3	中 小	两路纵队 四列横队
基本部分 22分钟 展示自我 发展能力	1. 手脚着地爬 2. 接力逃生 3. 比赛 4. 匍匐爬概念 5. 探索匍匐爬 6. 讲解重点 7. 练习匍匐爬 8. 接力逃生(集体练习) 9. "救娃娃"	1. 积极动脑筋,勇于举手表现自己,展示自己的能力(幼儿示范) 2. 有次序地进行逃生 3. 团结合作、主动参与 4. 积极动脑筋,快速解决问题,勇于表现自我(幼儿示范) 5. 原地散开积极摸索动作(幼儿间相互交流) 6. 幼儿自由发言,积极回答问题 7. 分散练习动作,相互指导 8. 有次序地采用匍匐爬的方法逃生。全身心地投入,表现出沉着、冷静 9. 投入到游戏中,体验成功的乐趣,充满自信。把娃娃放到安全的地方让他休息一下	1. 创设环境,以问题引出手脚着地爬 2. 组织接力逃生 3. 四组进行逃生比赛 4. 以问题引出匍匐爬 5. 来回观察与帮助 6. 抛出问题 7. 个别指导,动作的准确 8. 组织接力匍匐爬逃生 9. 游戏:救娃娃 增加障碍筒,陆续营救	1 1 1 1 2	1 2 2 1 2 1 4 4 5	中 中 高	四路纵队 同上 分散,降低杆子 分散 四路纵队 两路纵队
结束部分 4分钟 身心放松	1. 身心放松 2. 课堂评价 3. 下课	1. 激情焕发,与娃娃共舞。身心放松,自由想象跳舞动作 2. 幼儿自评、互评 3. 幼儿帮助老师一起收器材	1. 庆祝我们成功地营救出娃娃来,带着娃娃一起跳舞 2. 教师评价 3. 收回器材	1	2 2	低	分散 四路纵队 一路纵队
课后反思	(略)						

五、幼儿园集体体育教学活动的评价

幼儿园集体体育教学活动主要从教师能力、教学的整体情况及幼儿表现三个方面进行评价。

（一）教师能力的评价

（1）教师对于教学内容的理解及把握是否准确；

（2）教师语速、语态、仪表是否恰当；

（3）教师示范的动作是否标准；

（4）教师对于应激事件的处理是否合理；

（5）教师自我情绪状态的调整是否积极；

（6）教学中师生关系的处理是否和谐；

（7）教师的观察能力、解决问题的能力是否达到较好的水平等。

（二）教学整体情况的评价

（1）教学的目标是否达成；

（2）教学环节的把握是否流畅；

（3）教学方法、手段的运用是否得当；

（4）教学时间的控制是否准确；

（5）各环节运动强度及密度的控制是否合理；

（6）教学中的组织方法是否恰当；

（7）环境创设及材料的运用是否有效等。

（三）幼儿表现的评价

（1）幼儿的情绪是否始终饱满；

（2）幼儿的身体运动是否达到合理的负荷（面色、出汗量、呼吸、身体疲劳程度等）；

（3）幼儿是否能较长时间地把注意力集中在教学活动中等。

附录一　3—6 岁幼儿动作发展

目标一：具有一定的平衡能力，动作协调、灵敏

3—4 岁	4—5 岁	5—6 岁
1. 能沿地面直线或在较窄的低矮物体上走一段距离 2. 能双脚灵活交替上下楼梯 3. 能身体平稳地双脚连续向前跳 4. 分散跑时能躲避他人的碰撞 5. 能双手向上抛球	1. 能在较窄的低矮物体上平稳地走一段距离 2. 能以匍匐、膝盖悬空等多种方式钻爬 3. 能助跑跨跳过一定距离，或助跑跨跳过一定高度的物体 4. 能与他人玩追逐、躲闪跑的游戏 5. 能连续自抛自接球	1. 能在斜坡、荡桥和有一定间隔的物体上较平稳地行走 2. 能以手脚并用的方式安全地爬攀登架、网等 3. 能连续跳绳 4. 能躲避他人滚过来的球或扔过来的沙包 5. 能连续拍球

教育建议：

1. 利用多种活动发展身体平衡和协调能力。如：
   - 走平衡木，或沿着地面直线、田埂行走。
   - 玩跳房子、踢毽子、蒙眼走路、踩小高跷等游戏活动。
2. 发展幼儿动作的协调性和灵活性。如：
   - 鼓励幼儿进行跑跳、钻爬、攀登、投掷、拍球等活动。
   - 玩跳竹竿、滚铁环等传统体育游戏。
3. 对于拍球、跳绳等技能性活动，不要过于要求数量，更不能机械训练。
4. 结合活动内容对幼儿进行安全教育，注重在活动中培养幼儿的自我保护能力。

目标二：具有一定的力量和耐力

3—4 岁	4—5 岁	5—6 岁
1. 能双手抓杠悬空吊起 10 秒左右 2. 能单手将沙包向前投掷 2 米左右 3. 能单脚连续向前跳 2 米左右 4. 能快跑 15 米左右 5. 能行走 1 公里左右（途中可适当停歇）	1. 能双手抓杠悬空吊起 15 秒左右 2. 能单手将沙包向前投掷 4 米左右 3. 能单脚连续向前跳 5 米左右 4. 能快跑 20 米左右 5. 能连续走 1.5 公里左右（途中可适当停歇）	1. 能双手抓杠悬空吊起 20 秒左右 2. 能单手将沙包向前投掷 5 米左右 3. 能单脚连续向前跳 8 米左右 4. 能快跑 25 米左右 5. 能连续行走 1.5 公里以上（途中可适当停歇）

目标三：手的动作灵活协调

3—4岁	4—5岁	5—6岁
1. 能用笔涂涂画画 2. 能熟练地用勺子吃饭 3. 能用剪刀沿直线剪,边线基本吻合	1. 能沿边线较直地画出简单图形,或能边线基本对齐地折纸 2. 会用筷子吃饭 3. 能沿轮廓线剪出由直线构成的简单图形,边线吻合	1. 能根据需要画出图形,线条基本平滑 2. 能熟练使用筷子 3. 能沿轮廓线剪出由曲线构成的简单图形,边线吻合且平滑 4. 能使用简单的劳动工具或用具

教育建议:

1. 创造条件和机会,促进幼儿手的动作灵活协调。如:

• 提供画笔、剪刀、纸张、泥团等工具和材料,或充分利用各种自然、废旧材料和常见物品,让幼儿进行画、剪、折、粘等美工活动。

• 引导幼儿生活自理或参与家务劳动,发展其手的动作。如练习自己用筷子吃饭、扣扣子,帮助家人择菜叶、做面食等。

• 幼儿园在布置娃娃家、商店等活动区时,多提供原材料和半成品,让幼儿有更多机会参与制作活动。

2. 引导幼儿注意活动安全。如:

• 为幼儿提供的塑料粒、珠子等活动材料要足够大,材质要安全,以免造成异物进入气管、铅中毒等伤害。提供幼儿用安全剪刀。

• 为幼儿示范拿筷子、握笔的正确姿势以及使用剪刀、锤子等工具的方法。

• 提醒幼儿不要拿剪刀等锋利工具玩耍,用完后要放回原处。

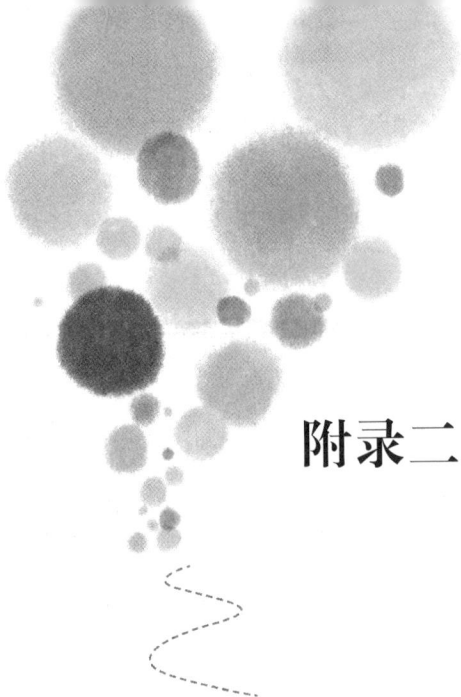

附录二 民间体育游戏的
创新与设计案例

"跳房子"

民间体育游戏是人类文化传承中的内容之一,经过历史的不断筛选与改造,其本身也随时代的变迁而发生着潜移默化的改变。近现代以来,更多的民间体育游戏被纳入儿童教育的范畴中,人们不断探索与研究其内在的价值,寻求科学有效的教育方法与策略,以追求人性需求与社会教育的融合。

体育游戏本身存在的独特性,就在于把儿童最基本的活动能力与最大限度的人的全面、整体的成长结合起来,而成为行为多样化的重要源泉。从而在体育活动中成为"发展"的高度概括,以达到个体发展和社会性发展的交织与融合。因此,行为多样化的表现,就作为"改造"的重要基点之一而存在。

一、"跳房子"游戏的价值

"跳房子"游戏是民间传统的体育游戏之一,是儿童基本运动能力中跳跃能力的集中表现。游戏内含单双脚的连续跳跃、单双脚的交换跳跃,分腿、并腿跳跃,转身跳跃及跨跳等基本动作形式。由于其较少受到地理条件、气候、器材、人数、性别、儿童能力等因素的制约,同时又具有一定程度的挑战性、规则性、娱乐性、社会性等特点,因此深受不同年龄段儿童的喜爱,成为儿童自主游戏的内容之一。同时,由于此游戏既具有一定的运动负荷,可发展儿童单双腿的力量,下肢的协调能力、平衡性及眼脚协调,又具有间歇性及群体可操作性的特点,是一种安全的、可锻炼体质的运动方式。因此,这也是幼儿园教育及小学教育中可运用的教学性游戏的内容之一。

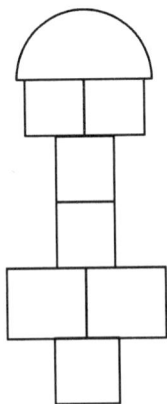

图一

二、传统"跳房子"游戏的主要存在方式及局限性

传统"跳房子"游戏又称"跳方阵""跳田字""跳方格"等。根据内容选择的不同,传统"跳房子"游戏本身就存在着玩法的多样性,如有六格房、梅花房、圆形房、圆顶房、梯形房、十字格房等,其中以圆顶房最具典型。(如图一所示)

(一) 传统"跳房子"游戏主要存在的游戏方式

1. 无材料的往返跳跃

此方式简单易操作,可多人轮换进行游戏,主要练习单、双脚的交换跳跃及转身跳跃。多用于学前

教育中。此方式除在地面画出图形外，也可借助呼啦圈、短绳等材料进行游戏场地的设置。

　　2. 有材料的往返跳跃

　　第二种方式具有一定的难度，主要借用砖瓦片或沙包进行游戏。以 3—5 人为宜，首先排定人次顺序。游戏时，先由第一人将沙袋用手抛进第一格，然后单脚跳进第一格，接着用支撑脚将沙包踢进第二格，然后用双脚跳的方式跳进第二格，再将沙包双脚夹进平行的第三格，接着用单脚跳的方式把沙包踢进第四格及第五格，如此方法，直到沙包被踢至最高的圆顶房中为胜。如若成功，第二轮用手把沙包掷入第二格中，游戏重新开始。如若失败，换人进行。此游戏多在小学以上阶段进行。

　　其他形式的"跳房子"游戏，基本同上述游戏方法，只是在场地的设计上有所区别。

（二）传统"跳房子"游戏存在的局限性

　　（1）此传统游戏多以直线或往返路线为主，缺少路线上的变化及间距的变化。儿童跳跃时，主要以单脚或双脚，及两者之间的轮换进行为主。缺少跳跃中其他动作形式的变换。跳跃能力的练习较为单一。

　　（2）此传统游戏人数不宜过多。当人数较多时，后面儿童等待的时间较长，不利于游戏的进行。

　　（3）此传统游戏更多强调下肢能力的发展，其他教育功能缺乏。

　　（4）此传统游戏中只存在隐性的对抗，没有显性对抗的成分。游戏的挑战性较弱。

　　（5）此传统游戏的场地设计多以固定的形式存在，没有可变化的空间。

三、"跳房子"游戏的创新与设计

　　如何使"跳房子"游戏在传统游戏的模式之下，更多地结合现代教育的元素，使其更好地服务于儿童自主游戏及教学性游戏的需求。这是值得进一步思考的问题。

（一）"跳房子"游戏的创新与设计主要涉及的问题

　　（1）儿童的各种跳跃能力如何通过此游戏更全面地得以表现和发展。

　　（2）在跳跃内容的设计上如何增加更为丰富的其他知识，以达到教育的最大化需求。

　　（3）在场地的设计上如何使其更具有可变性及可观赏性。

　　（4）在材料的使用上如何更能体现生活化及教育性的特点。

　　（5）在较多人数参与时，如何顺利地进行。

　　（6）在此游戏方式的基础之上进行创新，是否可形成显性对抗的游戏方式。

（二）幼儿跳跃动作的发展主要包括的方式

　　（1）以跳跃的路线及方位不同可分为原地纵跳、向前跳、侧向跳、原地绕转跳、变向跳、向后跳、向下跳及向上跳等。

　　（2）以跳跃次数的不同可分为一次性跳跃、多次及连续性跳跃等。

　　（3）以跳跃的支撑不同可分为单脚跳跃、双脚跳跃、单双脚的交换跳跃、跨跳及手臂支撑跳跃等。

　　（4）以跳跃时有无器材或障碍可分为无器材或无障碍跳跃、有器材或有障碍跳跃等。

　　（5）以人数的多少可分为单人跳、双人协同跳及多人协同跳等。

（三）案例的设计与分析

　　根据以上跳跃方式的分类，在传统"跳房子"游戏中，首先考虑如何增加各种跳跃的内容，以进行不同跳跃能力的练习。场地设计案例如下。

案例1　间隔"跳房子"

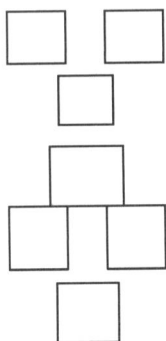

图二

如图二所示,将传统的"跳房子"游戏中场地的设计,进行拆分,形成不连接的各个区域,区域之间形成一定的距离,把传统"跳房子"游戏中的等距跳跃,改变成不等距跳跃,以增加儿童跳跃时的难度;同时把区域面积相等的空间改变成大小不一的区域空间,以提高儿童眼脚协调的能力。这个模式的设计变化可以非常多,可依据儿童运动能力进行间距大小及小区域空间的实际设计。为了增强可变性,建议此种设计中,每个小区域可借助镂空的纸板或塑料板进行制作,教师依据教学的需求,自我进行组建,形成不同特色的"跳房子"游戏。由于各个小区域之存在一定的空间距离,教师在上述游戏方式之上,可放置一定高度的障碍物在其间,使游戏的难度得以提升,儿童在跳过一定高度的障碍物时,可进行分腿并跳,或进行并腿跳跃的练习。

此游戏中运动能力发展的价值主要表现在如下四个方面。

(1)分腿跳跃时,两腿之间距离增大,以增强大腿外侧支撑力量及脚踝外侧支撑力量。

(2)小区域间距离增大,以提高儿童向上及向前的跳跃能力。

(3)不等距区域的设计及不同大小区域的设计,进一步增加儿童眼脚的协调能力。

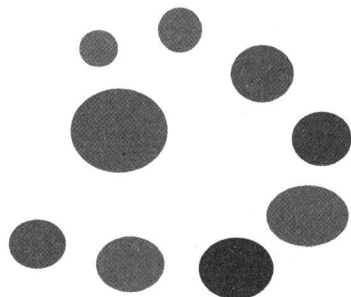

图三

(4)此游戏设计,其中强调两脚及单脚踏入时,练习幅度不断增加,以提高儿童对于身体的控制能力。

此种方式的游戏设计思路较多,也可借助一定的有形内容进行设计,例如图三所示,把太阳系中的太阳及各个行星进行有效设计,亦可达到这些练习的效果。

此方式最终可形成园内固定的地面设计,以提供儿童自主游戏,也可形成活动的材料,以用于教学性游戏。教师依据儿童能力,进行自主设计。

案例2　转体"跳房子"

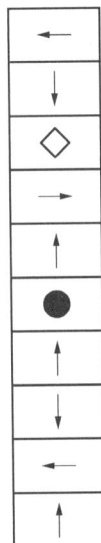
图四

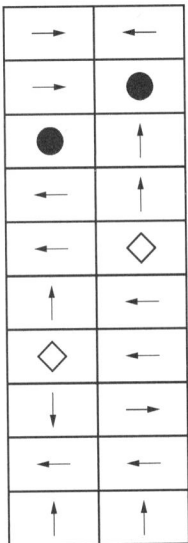
图五

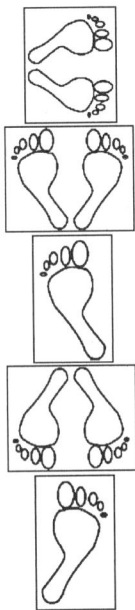
图六

如图四所示,设置相等的小区域,进行连接,教师在每个小区域内画上方向标;也可用小纸板做出方向标,粘贴在区域内,这样可随时进行调整。儿童可根据方向标的指向,来调整自己的身体方位,以达到不同角度的转体跳跃练习。在此基础之上也可在小区域内设置小黑点,充当"地雷",要求儿童必须跳过此区域。也可在其中设置小方框,要求单脚跳跃等,以提高难度。当然也可设计两组距离相等、难度相同的图案,进行分组对抗(如图五所示)。

此游戏的价值在于儿童不同方位跳转体能力的培养,以提高儿童对身体的控制能力,进一步发展儿童的前庭器官。此游戏同样可依据儿童实际能力进行设计,难度的层次划分需要教师把握。

这类游戏的方式也有很多,如图六所示,设计各种脚印进行游戏,脚印的大小要超过儿童实际脚的大小。当然,此游戏方式难度要远大于图四所展示的游戏方式,对于儿童眼脚的协调能力、身体的控制能力及腿部力量要求更高,因此此游戏多在较大年龄的儿童中开展。

案例2所展示的游戏方式,可用于儿童自主游戏和教学性游戏的开展。教师同样可运用纸板来进行游戏材料的制作,以达到教学性游戏中的灵活设置与儿童实际能力的匹配与挑战。

上述游戏方式中,教师应注意小区域数量的选择与控制。

案例3　花样"跳房子"

"跳房子"游戏与各种相关知识的结合,会产生各种新意的内容,如图七、图八、图九、图十、图十一和图十二所示。

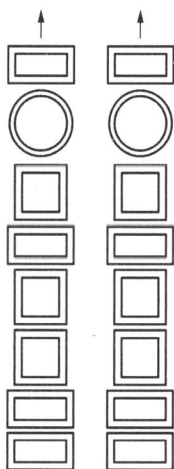
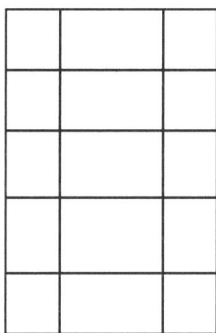

图七　　　　　　　　　　图八　　　　　　　　　　图九

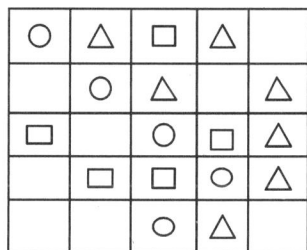

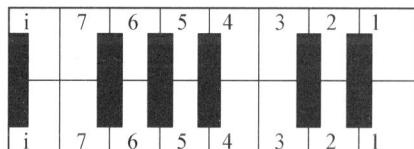

图十　　　　　　　　　　图十一　　　　　　　　　　图十二

图七所展示的是看图形"跳房子"游戏的场地设计,儿童依据场地上的不同图形来规定自己的动作。可看图以单脚、双脚跳跃,或跳转体等动作,进行游戏。这种游戏既可单组进行,也可分组对抗进行。教师应注意小区域数量的选择与控制。

图八所展示的是找数字"跳房子"游戏的场地设计,儿童根据对手的要求,从一个入口出发,跳出从"1至9"等不同的数字,同样可进行双脚或单脚的游戏设计。

图九所展示的是跳相同颜色的"跳房子"游戏的场地设计,儿童按照相同颜色的要求,或不同颜色的顺序要求进行游戏,以形成各种变向跳跃。

图十所展示的是跳相同图形的"跳房子"游戏的场地设计,儿童进行游戏时,依据场地上所设计的不同图案进行跳跃,此游戏既可单组轮换进行,也可以分几组同时进行。每一组选择一种图案,同时开始,看哪一组最先完成。这种游戏的设计也可把图案去掉,换成各种系列的小物品两种或三种,按相等的难度在场地内进行摆放,每个小区域内放一个小物品。儿童分成两组或三组,通过单脚或双脚跳的方式,看哪一个儿童最先收完属于自己的小物品。

图十一所展示的是七巧板"跳房子"游戏的场地设计，此游戏需要运用硬纸板制作成各种图形。可让儿童分组进行拼图，最后完成各种跳跃。此游戏的可变化的元素较多，其中涉及分组的方式、不同图形跳跃的方式、图形拼接的方式等，值得教师进一步思考。

图十二所展示的是音乐"跳房子"游戏的场地设计，音乐房子非常适合班级群体共同操作。在场地上绘制出以上钢琴琴键，儿童可根据白黑两种琴键进行单双脚的选择，也可进行由头至尾的连续跳跃；还可根据音乐按照音符的选择进行跳跃，在其中可结合电子琴、竖笛、歌曲简谱等手段进行游戏。游戏方式多种多样。此游戏的价值主要表现在：（1）组织中，儿童可以一人一个键盘进行跳跃，也可以多人一个键盘，以满足群体的需求；（2）游戏中可进行向上的纵跳、向前的连续跳跃、往返跳跃、按节奏要求跳跃、跨跳、单双脚的交换跳等动作，内容选择极为丰富。这样，就能很好地满足教学中的需求及与儿童自主游戏的结合。

案例4 曲线"跳房子"

传统"跳房子"游戏中在路线的选择上主要强调直线往返。在此基础之上，亦可进行曲线跳跃的设计，以增强儿童方位感及身体控制能力。如图十三、图十四、图十五所示，就结合了更多圆形或曲线形方向的设计。

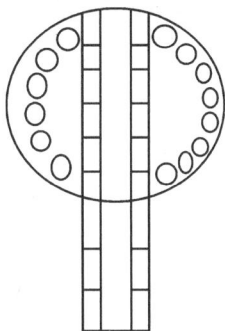 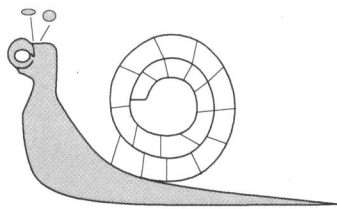 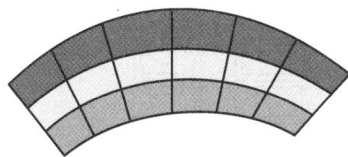

图十三　　　　　　　　　　图十四　　　　　　　　　　图十五

图十三所展示的是树型"跳房子"游戏的场地设计，此游戏强调儿童直线跳跃与曲线跳跃相结合，是小场地多功能的典型表现。在所展示的"树干"部分，以直线分段进行设计，在"树叶"部分侧于圆形或曲线形进行设计，儿童的直线跳跃及曲线或圆形跳跃相融合，以达到儿童各种跳跃动作的练习与发展。此游戏既可单组轮换进行，也可分组对抗轮换进行。游戏中亦可选择单脚跳跃或双脚跳跃，或两者之间相互结合进行游戏。此场地选择上，教师也可单独选择圆形进行教学，方式方法也很多。

图十四所展示的是蜗牛"跳房子"游戏的场地设计，此游戏场地以螺旋形为主要思路。儿童在游戏中可以由外向内收拢，也可由内向外展开，还可以内外同步进行跳跃的游戏。例如，把儿童分成两组，一组在螺旋形中间内部呈纵队站立；一组在螺旋形外部呈纵队站立。游戏开始后，每组排头同时以并脚跳的方式连续向前跳入每一格区域内，外围的儿童向内跳；内部的儿童向外跳；接触后，以"石头、剪刀、布"的方式决定胜负，胜者向前继续跳跃，负者退出。当负者退出时，负方的每两名儿童出发，如此往复，直至一方到达对方的起点为一个胜点，游戏最终看哪一方的胜点最多，即为最终胜利的一方。

图十五所展示的是彩虹"跳房子"游戏的场地设计，此游戏场地以曲线为主要设计思路。在曲线空间内形成各个小区域，最上端每个小区域空间最大；最下端每个小区域空间最小。从横向看，可适合不同能力儿童的选择，也可形成不同能力儿童间的对抗；从纵向看，亦可进行分组由下往上，或由上往下的往返对抗游戏。

曲线"跳房子"游戏场地的设计，更多结合了各种有趣的图案，非常适合校园内的环境设置。一方面能起到美化校园的作用，另一方面能提供给儿童自主游戏的空间，同时也能满足教师教学的需求。

案例5　　对抗"跳房子"

在案例4中,有更多的场地设计,共存着个体、隐性对抗及显性对抗游戏。本案例则强调显性对抗在"跳房子"游戏中的运用。如图十六所示,设计思路主要来自各种折线。此游戏可以分成两组进行对抗性游戏,也可以分成四组进行对抗性游戏。游戏中儿童可选择同侧线路完成游戏,也可以选择交叉线路。场地中间大方块形成中转站,在内可以进行对抗组之间人员的换位,也可在中转站中放置一些物品,进行抢物的游戏。教师依据儿童能力,要求单脚或双脚进行游戏。此案例可做各种变换,主要在折线设计的复杂上进行改编,从而决定游戏的难易程度。每组独立路线的格数必须相等,以保证游戏的公正性。

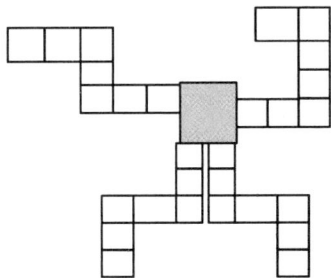

图十六

案例6　　立体"跳房子"

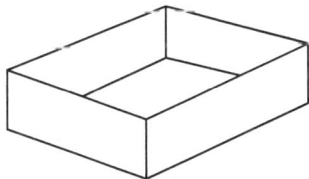

图十七

上述五种"跳房子"的游戏设计,基本都在平面上进行,有些设计中也可增加一定的障碍物来进行。本案例介绍的是强调向上跳跃能力的设计,如图十七所示,运用各种高低不一、大小不一的纸盒来进行游戏的设计。设计思路主要强调上下空间距离的跳跃。把各种衣服盒、鞋盒或各种食品包装盒去盖、去底。保留边框,结合上述大部分案例进行场地的设计,以增加儿童向上跳跃的能力,表现出独有的趣味。

除此之外,教师在考虑此类游戏时,也可结合更多的方式进行思考,如儿歌、音乐、色彩、图形、手铃、响鼓等。当然,"跳房子"游戏场地的设计及游戏方法和规则的运用,都需要教师仔细揣摩,使更多有趣、有运动价值的游戏方式真正为儿童服务。

附录三　民族体育游戏案例

竹竿舞教学过程

一、竹竿舞的简介

竹竿舞发源于我国少数民族黎族,它是一种以下肢运动为主、结合上肢协调配合的一种好玩又健身的活动,它可以通过用竹竿控制动作的繁简和快慢而达到调节运动量的目的,适合不同年龄和性别,跳竹竿能够促进幼儿下肢肌肉关节、韧带的发展,对于发展弹跳力、灵敏性、协调性等都有显著作用。同时,跳竹竿是多人配合的运动,能培养幼儿团结协作的精神。

二、竹竿舞的活动目标

(一)能根据音乐及儿歌节奏开合竹竿,在跳竹竿舞时动作协调、合拍。

(二)发展幼儿身体的灵敏、下肢力量、弹跳力、耐力等,提高动作的节奏感和协调性。

(三)在活动中增强合作意识、责任感以及在群体中的协调能力。

(四)通过学习跳竹竿舞,获得愉悦的感受与体验,感受音乐与舞蹈的完美结合,感受我国民族文化与民族风情。

三、竹竿舞教学案例(按动作发展进行案例的划分)

活动方案一:拍节奏

目标:

1. 初步练习竹竿舞的简单节奏。

2. 提高合作能力。

准备:踢踏舞录像、音乐磁带、节奏图谱。

过程:

1. 热身运动:一起做《幸福拍手歌》律动,初步感受 | X　X | 节奏。

出示节奏图谱,学习简单的节奏,配合音乐练习。

2. 分组练习,用各种身体语言表现节奏如下。

(1)把幼儿分成三组,轮流打出节奏。第一组:根据节奏 | X　X | 进行练习,配乐《幸福拍手歌》。

引导幼儿用各种身体语言表现节奏。（踩脚、拍肩、点头等）

(2) 第二组：根据节奏 | X X X X | 进行练习。配乐《摇篮曲》。

(3) 第三组：根据节奏 | X X   X | 进行练习。配乐《哈哈镜》。播放音乐时用身体语言表现各种节奏。

3. 放松运动。

活动方案二：敲节奏

目标：

1. 在音乐的配合下使用竹筷初步练习竹竿舞节奏。

2. 提高合作能力。

准备： 竹筷若干、音乐磁带、节奏图谱。

过程：

1. 热身运动：一起做《健康歌》律动，用身体语言表现以前所学的节奏。

2. 分发竹筷，让幼儿自由敲打。

3. 出示节奏图谱，练习节奏，配合音乐敲筷练习。

(1) 把幼儿分成三组，轮流用筷子打出节奏。第一组：根据节奏 | X X | 进行节奏练习。配乐《幸福拍手歌》。

(2) 第二组：根据节奏 | X X X X | 进行敲打练习。配乐《摇篮曲》。

(3) 第三组：根据节奏 | X X   X | 进行敲打练习。配乐《哈哈镜》。

4. 播放音乐《阿佤人民唱新歌》，用竹筷敲出不同节奏。

5. 活动延伸：用竹筷把熟悉的曲子的节奏敲出来。

活动方案三：敲竹竿

目标：

1. 学习两人合作敲打竹竿，掌握基本节奏。

2. 体验两人合作敲打的乐趣。

准备： 竹竿若干。

过程：

1. 播放歌曲《跳起来》激发兴趣。

2. 练习打竹竿的方法。

请一名幼儿配合教师敲打竹竿节奏：开—合—开开—合。（引导幼儿用竹竿打出有节奏的声音来，强调打竹竿时两人的动作一致，两根竹竿要有明显的开合以及打竹竿时不宜把竹竿抬得过高）

3. 分组进行练习，根据以上节奏，两个小朋友手拿竹竿面对面蹲下，听音乐，用竹竿同时分合敲击地面。（4 人一组，2 人先打，2 人用手指的开合模拟竹竿的开合后轮换）

4. 教师对幼儿打竹竿的方法进行讲评。

活动方案四：线上跳跳跳

目标：

1. 能在竹竿线上跳出基本步伐。

2. 体验跳竹竿的乐趣。

准备： 课前观看竹竿舞录像、音乐磁带、两条距离 40 厘米的平行线（代替竹竿）。

过程：

1. 播放竹竿舞音乐，教师示范在竹竿线上跳步伐。

2. 幼儿学跳竹竿舞的基本步法 | X X　X X | X X　X |，教师个别指导。

3. 播放音乐,幼儿随音乐反复练习基本步伐。

4. 放松活动。

活动方案五：跳竹竿

目标：

1. 能在静态的竹竿上跳出基本步伐。

2. 体验竹竿活动带来的快乐。

准备：

课前观看竹竿舞录像,音乐磁带,竹竿若干。

过程：

1. 热身运动：做《骑大马》律动进活动室。

2. 将竹竿平行摆放在地面上,幼儿自由跳出基本步法 | X X　X X | X X　X |，教师巡回指导,能力较强的幼儿带动能力较弱的幼儿。

3. 分组练习,幼儿随音乐节奏在单根竹竿上学习跳竹竿的基本步伐。

4. 把幼儿分成两组,分组练习跳竹竿节奏。(教师巡回指导)

5. 小结。

活动方案六：学习竹竿舞

目标：

1. 初步掌握竹竿舞基本步的跳法和敲竹竿的节奏,在轻松活泼的气氛中发展灵敏、协调、弹跳等身体素质。

2. 体验合作跳竹竿舞的乐趣。

准备：节奏谱,竹竿。

过程：

1. 教师讲解并示范基本步法 | X X　X X | X X　X |，并在动态的竹竿上示范动作。

2. 幼儿练习(集体进行,分组练习),能力较强的幼儿带动能力较弱的幼儿。

3. 教师巡视指导,重点指导步伐错误的幼儿。

4. 收拾器械回活动室。

安全指导及注意事项：教师示范并讲解跳开合竿的方法：在闭合的两竿即将分开的一刹那跳进去,并在其间跳相应的节拍。切不可把脚跳进已分开但即将闭合的两竿间,避免脚被竹竿夹住。

活动方案七：趣味竹竿舞(一)

目标：

1. 在初步掌握竹竿舞基本步跳法的基础上,配合古诗学跳。

2. 体验结合古诗合作跳竹竿舞的乐趣。

准备：竹竿若干。

过程：

1. 教师讲解并示范基本步法 | X X　X X | X X　X |，并在动态的竹竿上示范动作,配上古诗《锄禾》,边念边跳。

2. 教师巡视指导,重点指导步伐错误的幼儿。

3. 收拾器械回活动室。

安全指导及注意事项：同"活动方案六"。

活动方案八：趣味竹竿舞(二)

目标：

1. 在了解竹竿舞特点的基础上,初步学习在竹竿上跳,体验游戏带来的愉悦。

2. 在活动中尝试三人合作,提高动作的协调性和合作能力。

3. 尝试跟随音乐进行节奏乐、图谱游戏等活动,感受民族民间音乐的音乐风格。

准备：

竹竿若干,课前观看竹竿舞的课件。

过程：

1. 热身运动：幼儿将竹竿当马骑,来到活动场地,初步感受音乐的节奏特点。

2. 教师和幼儿一起欣赏竹竿舞。

3. 幼儿学习跳竹竿。

(1) 教师和配班老师三人组成一组做示范。幼儿三人一组自由分工,自行尝试跳一跳,教师巡回观看。

(2) 请一组幼儿做示范,教师从旁指导。先两个人一组练习打竹竿,老师跳,再请幼儿三人一组试一试。

4. 幼儿练习,教师设置分组的区域(两组或三组),其中每组两人打竹竿,其他幼儿学跳竹竿舞,并进行分解练习。如打竹竿的幼儿先练习,跳竹竿的幼儿观察,然后再练习。教师积极引导幼儿将舞步与节拍和节奏对应,再进入竹竿之间进行表演。

5. 教师简单小结。

6. 整理活动场地。

活动方案九：趣味竹竿舞(三)

目标：

在学会 | X X　X X | X X　X | 节奏的基础上,学习新的节奏,体验游戏带来的愉悦。

准备： 竹竿若干,课前观看竹竿舞的课件。

过程：

1. 热身运动,复习节奏 | X X　X X | X X　X |。

2. 学习新的节奏 | X　X | X X X |。

教师示范,幼儿练习。

两人一组打竿,跳竿的人有节奏地随着竹竿的开合移动脚步："开→合→开→开→合"。竹竿"开"时,跳的人左(右)脚在竹竿间点一下,竹竿"合"时,跳的人左(右)脚迅速移出,"开开"时,左右脚都跳进竹竿间,"合"时迅速跳出。继续向前跳,直到整个竹竿跳完。

3. 集体跳、分组跳。

4. 结束——整理活动场地。

活动方案十：趣味竹竿舞(四)

目标：

1. 在初步掌握竹竿舞基本步法的基础上,配合地方老话学跳。

2. 体验结合地方方言合作跳竹竿舞的乐趣。

准备： 竹竿若干,课前学说宁波老话"来发讲啥西"。

过程：

1. 热身运动：复习节奏 | X X | X X X |。

2. 教师讲解并示范基本步法 | X X | X X X |,进行示范动作并配上地方民谣边念边跳。

3. 教师巡视指导,重点指导步伐错误的幼儿。

4. 收拾器械回活动室。

活动方案十一:趣味竹竿舞(五)

目标:

1. 能根据歌曲节奏合作开合竹竿,动作协调、合拍,提高动作的节奏感和协调性。

2. 在活动中增强合作意识、责任感以及在群体中的协调能力。

准备: 竹竿若干。

过程:

1. 热身运动。

(幼儿四人一组,两人敲竹竿,两人合作跳)为便于幼儿学习提高活动兴趣,可让幼儿边练习边喊节奏:跳的同学喊"进—出—进进出出";打杆的同学喊"开—合—开开合合"。(轮换练习)

(教师巡视,及时进行指导)

2. 练习打竹竿方法。(两副竹竿)

教师示范练习,重点引导幼儿用竹竿打出有节奏的声音来,强调打竹竿时四人的动作一致,竹竿间要有明显的开合以及强调打竹竿时不宜把竹竿抬得过高。

3. 幼儿练习打杆。

分组:4人一组合作打杆。(轮换)

4. 教师巡视指导。

5. 结束。

活动方案十二:趣味竹竿舞(六)

目标:

1. 能根据歌曲节奏合作开合竹竿,动作协调、合拍,提高动作的节奏感和协调性。

2. 在活动中增强合作意识、责任感以及在群体中的协调能力。

准备: 竹竿若干。

过程:

1. 热身运动。

(幼儿四人一组,练习敲竹竿)为便于幼儿学习提高活动兴趣,可让幼儿边练习边喊节奏,打杆的幼儿喊"开—合—开开合合"。(轮换练习)

2. 学习在两副竹竿上跳。

(1) 教师示范练习。(两副竹竿上连续跳)

(2) 小组尝试。(重点提示学生跳进时果断,时机恰当)

(3) 幼儿配合,八人一组,四个打竹竿,四个依次或一起跳过两副竹竿。(轮换)

3. 播放音乐节奏,幼儿跟着音乐节奏跳。(教师巡视,指导)

4. 结束。

活动方案十三:趣味竹竿舞(七)

目标:

1. 在掌握两副竹竿连跳的基础上,能创编手部动作。

2. 体验学跳竹竿舞的乐趣。

准备: 竹竿若干,竹竿舞音乐《跳柴歌》。

过程:

1. 热身运动:幼儿4人一组,合作跳杆。

2. 播放音乐,根据节奏学习跳竿。

(1) 在教师的示范指导下,尝试跳竿练习。

(2) 各组在小组长的带领下,听音乐练习跳竿。

(3) 各小组在掌握该种跳法的基础,合作创新跳法。

3. 应用节奏,创编跳法。

(1) 合作创编跳法:手部动作(叉腰、搭肩等)。

(2) 幼儿练习。

(3) 师生互动,各组间相互交融。

4. 放松活动。

(1) 在教师的带领下,听音乐跳兔子舞。

(2) 总结、评价幼儿学习的情况。

(3) 收拾器材回活动室。

活动方案十四:趣味竹竿舞(八)

目标:

1. 在熟练掌握基本跳法的基础上,配合音乐进行多人合作花样跳。

2. 能自由合作拼搭竹竿,增强幼儿的合作意识、责任感以及在群体中的协调能力。

准备:音乐,竹竿若干。

过程:

1. 热身运动:根据上个活动中创编的动作进行练习。

2. 小组创编新的跳竿形式与方法。

3. 播放音乐,幼儿自由尝试花样跳。

(1) 将竹竿(摆出十字花、三角形等形状)摆放在地面上,幼儿自由探索花样跳法。

(2) 整理幼儿花样跳法,学习统一花样步伐。

(3) 播放音乐,幼儿随竹竿反复练习统一花样步伐。

4. 分组练习,配合音乐幼儿跟随竹竿跳出花样步伐。

(1) 把幼儿分成两组,敲竹竿、跳竹竿分组练习。

(2) 引导幼儿配合练习,分别敲出、跳出花样步伐节奏。

5. 播放音乐,幼儿跳出花样步伐。

要求:敲杆时发出有节奏的响声,舞者在竹竿开合的间隙中,灵巧地避开夹击,轻盈起舞。

活动方案十五:趣味竹竿舞(九)

目标:

1. 在熟练掌握基本跳法的基础上,进行创编动作,如转竿跳、转身跳、钻洞跳、变队形跳等花样跳。

2. 通过此活动,感受音乐与竹竿舞的完美结合,提高幼儿动作的节奏感和协调性。

3. 调动幼儿积极思维,提高幼儿自主探究学习的能力。

准备:竹竿,音乐。

过程:

1. 热身运动:幼儿跟着音乐跳竹竿舞。(花样跳练习)

2. 教师讲解示范:跳竹竿时加上各种舞蹈动作。

3. 幼儿创编动作:由几个人到十几人配合花样跳进行练习。

4. 幼儿互相学习创编动作。

要求:

1. 能灵巧地避开夹击,轻盈起舞。

2. 放松活动。

扫码查看"其他群体的体育活动内容"

图书在版编目(CIP)数据

学前儿童体育/汪超著. —2版. —上海：复旦大学出版社，2020.7(2024.12重印)
ISBN 978-7-309-15138-1

Ⅰ.①学… Ⅱ.①汪… Ⅲ.①学前儿童-体育教育-幼儿师范学校-教材 Ⅳ.①G613.7

中国版本图书馆 CIP 数据核字(2020)第 109548 号

学前儿童体育(第二版)
汪　超　著
责任编辑/赵连光

复旦大学出版社有限公司出版发行
上海市国权路 579 号　邮编：200433
网址：fupnet@ fudanpress.com　http：//www. fudanpress.com
门市零售：86-21-65102580　　团体订购：86-21-65104505
出版部电话：86-21-65642845
上海华业装潢印刷厂有限公司

开本 890 毫米×1240 毫米　1/16　印张 12.5　字数 379 千字
2024 年 12 月第 2 版第 5 次印刷
印数 16 401—20 500

ISBN 978-7-309-15138-1/G·2130
定价：45.00 元